本书为国家社科基金项目"农村股份合作社成员财产权利法律完善研究"
（14BFX078）成果。

农村股份合作社
财产权制度研究

刘 俊 著

知识产权出版社
全国百佳图书出版单位
——北 京——

图书在版编目（CIP）数据

农村股份合作社财产权制度研究/刘俊著. —北京：知识产权出版社，2020. 12
ISBN 978 - 7 - 5130 - 7256 - 4

Ⅰ. ①农… Ⅱ. ①刘… Ⅲ. ①农村股份合作经济—财产权—研究—中国 Ⅳ. ①D922.44

中国版本图书馆 CIP 数据核字（2020）第 203464 号

内容提要

农村股份合作经济是深入推进农村集体产权制度改革的重点推广模式，是发展农村新型集体经济、实现乡村振兴战略目标的重要路径之一。本书以新一轮农村改革和乡村振兴战略实施为背景，以农村股份合作社财产权利法律完善为视角，从基础理论、制度构建、实证调查等多重角度，对农村股份合作社集体财产权和成员财产权的现状、不足进行了深入分析，在法律层面上，从完善路径、完善原则、权能拓展、司法程序、退出机制等多个维度提出了相关建议。

责任编辑：李小娟　　　　　　　　　　责任印制：孙婷婷

农村股份合作社财产权制度研究
NONGCUN GUFEN HEZUOSHE CAICHANQUAN ZHIDU YANJIU
刘　俊　著

出版发行：	知识产权出版社 有限责任公司	网　　址：	http：//www.ipph.cn
电　　话：	010 - 82004826		http：//www.laichushu.com
社　　址：	北京市海淀区气象路 50 号院	邮　　编：	100081
责编电话：	010 - 82000860 转 8531	责编邮箱：	laichushu@ cnipr.com
发行电话：	010 - 82000860 转 8101	发行传真：	010 - 82000893
印　　刷：	北京九州迅驰传媒文化有限公司	经　　销：	各大网上书店、新华书店及相关专业书店
开　　本：	720mm×1000mm　1/16	印　　张：	16.5
版　　次：	2020 年 12 月第 1 版	印　　次：	2020 年 12 月第 1 次印刷
字　　数：	280 千字	定　　价：	78.00 元

ISBN 978 - 7 - 5130 - 7256 - 4

序　一

　　"三农"问题是全党工作的重中之重。走中国特色社会主义乡村振兴道路，需要全面实施乡村振兴战略；需要强化以工补农、以城带乡，推动形成工农互促、城乡互补、协调发展、共同繁荣的新型工农城乡关系；需要加快农业农村现代化，解决当前发展不平衡不充分的问题。这些问题的关键仍然是系统全面的解决"三农"问题。不久前召开的党的十九届五中全会强调，"十四五"时期要优先发展农业农村，全面推进乡村振兴。这成为我国系统全面解决"三农"问题的战略性号角。在党中央的高度重视下，在国家各类的政策的大力支持下，伴随乡村振兴战略的稳步推进，我国农村经济发展取得了巨大且长足的进步，与此同时亦面临和产生着新的发展问题，其中就包括农村股份合作社财产权制度问题。农村股份合作社作为当前迅速发展的农村集体经济实现的组织形式，对我国农村的发展有着十分重要的影响作用，深入研究其存在的相关法律问题具有十分重要的实践意义与理论价值。刘俊教授正是基于超强的"三农"问题研究学者的学术敏锐力和历史责任感将"农村股份合作社财产权制度研究"纳入自己的学术研究的视野，进行了有前瞻性、针对性、系统性和理论探索性的研究。

　　我们知道，在研究农村股份合作社财产权制度之前，首先需要了解我国农村集体经济组织的发展历史。中国农村集体经济组织并非一个刚出生的"新生儿"，其在我国已具有较长的发展历史，在我国农村地区长期存在。我国农村集体经济组织伴随着新中国成立初期的农业互助合作运动而产生，其组织形式在不同阶段依次表现为互助组以及初级、高级农业生产合作社（下简称初级社、高级社），是继土地改革后我国进行的社会主义改造在"三农"领域的重要实践成果，其实质在于将农村土地和其他生产资料的属性由农民个人所有转化为集体所有。农村集体经济组织的历史虽然可以追溯到农业合作化运动时期，但集体经济组织成为土地等生产资料所有权人是从 1955 年高级社的形成开始的。在互助组和初级社时期，土地等生产资料的所有权并没有发生本质的变化，仍然为农民私有，因此互助组、初级社严格来讲并不属于现在所认为一般意义上的农村集体经济组织。从 1955 年开始的"实行土地集体所有与收入按劳分配"的高级社，包括宅基地在内的土地所有权人由农民个体所有变为集体所有，而高级社因此成为我国农村集体经济组织的第一种组织形态。随后人民公社化运动的开展使得高级社变为"政社一体"的人民公社，成为当时农村集体经济组织最为典型的代表。随着改革开放后家庭联产承包责任制的推行，虽然一定程度上激发了农村经济活力，但因未对农村集体经济组织形式做出相应的具体规定，使得其整体上呈现出功能弱化的趋势，甚至面临形如虚设的风险。20 世纪 80 年代末期，在我国东部经济发达地区逐渐形成社区股份合作社的农村集体经济组织模式。其可以较为明晰地规划集体产权，随着时代发展，逐渐成为当前我国农村集体经济组织的重要改革方向。除农村股份合作社外，我国部分地区曾探索了诸如公司法人等集体经济组织形式。不论是股份合作社模式，还是公司法人制模式等，其都存有相应的具体问题。例如，股份合作社法人当前缺乏统一规范标准，而公司法人制等在财产基础、治理特定性等方面与农村集体经济组织的定位存在差异。由于农村集体经济组织在目前乡村振兴发展中的特殊地位，在《中华人民共和国民法总则》以及将于 2021 年 1 月 1 日施行的《中华人民共和国民法典》均规定了农村集体经济组织的特殊法人地位，其组织形式问题特别是当前蓬勃发展的农村股份合作社的法律问题也就自然成为需要研究的重点领域。

具体实践中，农业农村部、中国人民银行、国家市场监督管理总局于 2018 年发布了《关于开展农村集体经济组织登记赋码工作的通知》，对农村集体经济组织做出了较为具体的规定。通知明确：其登记赋码对象主要是农村集体产权制度改革后，将农村集体资产以股份或份额的形式量化到本集体成员而成立的新型农村集体经济组织，包括组、村、乡（镇）三级。农村集体经济组织的名称应含有"经济合作"（"经济联合"）或"股份经济合作"字样，且只能使用一个名称。组、村、乡（镇）农村集体经济组织名称可以分别称为经济合作社、经济联合社、经济联合总社，或者股份经济合作社、股份经济合作联合社、股份经济合作联合总社。仅有独立核算的村级组织的，名称可以称为经济合作社或股份经济合作社。这种新型的农村股份合作社有别于之前的合作制与股份制或公司法人制，其将合作制与股份制进行了有机结合，形成了新型的股份合作制模式。股份合作社以合作制为基础，以股份制作为补充，将传统的劳动合作与新型的资本投资进行了有效融合，是新时代中国特色社会主义市场经济背景下，集体经济的一种新的制度发展模式。合作制强调保护农村集体经济组织成员的合法权益，股份制看重资本的效益，而为了实现效益的最优解，股份制的"资方"与合作制的"劳方"均需进行相应的"妥协"，共同合作以实现利益的最大化，这亦使得股份合作社成为我国乡村社会的生产要素组织的重要方式。值得一提的是，农村股份合作社不是简单地将合作制与股份制进行数据化的相加，而是充分融合了二者的具体优势，这对当前我国农村经济的发展与乡村振兴的实现具有显著的作用与意义，而加强对农村股份合作社法律问题的相关研究也就显得尤为重要。

自党的十八大以来，我国开始在农村地区较大规模推行股份合作社改革。当前有关股份合作社主要分为社区股份合作社与土地（农地）股份合作社两种形式。社区股份合作社是指在不改变原有土地性质与不分割集体财产的前提下，将原有集体资产进行债务剥离，重新评估后进行折股量化，其内部成员在此基础上根据其所有份额平等参与农村集体经济组织的经济活动。当前我国采用该模式的主要分别在经济较发达地区，如北京、珠三角、长三角等地。而土地（农地）股份合作社是在土地确权基础上，遵循依法、自愿、有偿、平等等原则，将农村土地承包使用权的流转以土地股份的形式进行，在三权分置的前提下，其组织成员将新型的用益物权性质的土地经营权入股流转给土地股份制经济组织经营，并依股权从土地收益中按相应比例获得分配，其股东资格是基于其为农村集体经济组织的成员权获得。目前我国采用该模式的主要为中西部经济欠发达地区，如甘肃、四川、新疆等地区。

农村股份合作社是坚持和完善农村基本经营制度的重要制度安排，对推进农业现代化、增加农民收入具有重要意义。其中合作社与其成员的关系是整个制度构造的中心问题，关系到合作社的存续和运作，更是其中的焦点和难点问题。农村股份合作社成员绝大部分为农民，选择农村股份合作社成员作为赋予农民更多财产权益的研究对象，具有典型性和代表性，其成员财产权利的完善对促进农村集体产权制度改革，赋予农民更多财产权利的新一轮农村改革目标的实现具有积极意义。由于目前缺乏专门立法，在合作社财产权的范围、成员财产权的具体权能、成员财产权与合作社集体财产权的关系、股份合作社与农民专业合作社及股份制企业的关系、股份合作社治理结构等基础性理论问题上存在诸多亟待澄清的模糊现象。实践中，农村股份合作社的形态多样，各地政策指引难以统一，导致股份合作社在股权结构股份配置，尤其是集体资产折股量化的范围，应否设立集体户，应否适度开放股权的封闭设置等核心问题上模式多样，而在农村股份合作社剩余控制权与剩余索取权的分配，完善成员财产权的基本原则和法律进路以及股东退出权如何实现等疑难问题上，国内相关研究较少。因此，本书具有十分重要的理论价值和实践意义。

该书在对农村集体资产的概念和内涵进行科学界定的基础上，厘清了农村股份合作社财产权的内容和结构、成员财产权的体系与权能、成员财产权与集体财产权的关系等基础问题，进而对农村股份合作社的治理机构、剩余控制权与剩余索取权配置的应然与实然状态进行了比较研究。并且通过田野调查对农村股份合作社成员财产权的现实形态进行了考察和类型化分析以及实证分析，进而提出了完善农村股份合作社成员财产权的立法路径、原则以及具体的对策建议。

具言之，该书从制度论、疑难论、实证论、对策论四编展开，系统分析了当前乡村振兴战略背景下，我国农村股份合作社成员财产权的法律问题，并提出了相应的创新性观点。

首先，制度论编从农村股份合作社相关基础理论着手，立足其财产权的客体与结构、治理结构等方面，分析农村股份合作社财产权制度的应然与实然之义，继而对农村股份合作社成员的财产权展开了理论与实践方面的研究。

其次，疑难论编在首编制度论编的基础之上，探究了农村股份合作社存有的集体资产折股量化问题，分析了土地承包经营权入股的制度障碍，归纳了农村股份合作社中股东退出机制的法律问题，对农村股份合作社财产权的重点疑难问题展开了深入剖析。

再次，实证论编在刘俊教授长期进行"三农"问题实地调研的基础上总结而成，其通过对江西、福建等地的具体调研实践，获得了较多的关于农村股份合作社发展状况的现实资料，并通过对获取数据的分析，可以从中窥见和折射出我国当前农村股份合作社的发展现状与具体问题。

最后，对策论编通过对农村股份合作社成员财产权利完善的现实问题与基本原则以及农村股份合作社的立法完善路径展开分析，提出了对其成员资格认定、财产权权能拓展、剩余控制权与剩余索取权配置、退出机制等方面的对策建议与法律完善。

该书研究内容聚集在农村股份合作社财产权制度研究，在丰富相关学术成果的同时，还具有如下的典型特点。

一是选题热点。当前乡村振兴是党中央提出的重要国家战略，也是目前学界研究的热点问题，在此背景下，关注农村集体经济合作组织以及农村基本经营制度也就显得尤为迫切与必要。

二是视角新颖。虽然当前学界关于乡村振兴的研究较多，但是从农村股份合作社特别是其中的财产权制度视角研究较少，相关的学术理论稍显欠缺。刘俊教授基于农村股份合作这一研究内容展开了有关其具体财产权制度的分析，研究主题较为新颖，丰富了相关领域学术研究。

三是分析全面。本书从农村股份合作社背景展开，从基础理论、制度构建、实证调查等多重角度展开论证，深入分析了农村股份合作社集体财产权和成员财产权的现实状况与存在问题，并从完善路径、完善原则、权能拓展、司法程序、退出机制等多个维度提出了有针对性且有想法的思考建议，研究内容立体丰富。

四是学科交叉。本书综合运用了经济学、法学、社会学等研究方法，对农村股份合作社财产权法律制度研究进行了交叉与类型化分析，体现出较好的交叉研究。

刘俊教授长期以来一直深耕我国"三农"领域问题，对我国农村改革中的新型农业经营主体和土地权利问题展开了持续研究，在农村集体经济组织特别是农村股份合作社法律问题研究方面卓有见解，公开发表了一系列的学术论文，取得了系列研究成果。该书在其之前的系列研究基础上，系统分析了农村股份合作社的财产权问题，可谓是其关于农村股份合作社法律问题的系统思考的重要体现，是其在"三农"领域沉淀多年的学术结晶，较好地丰富了我国的"三农"法律研究内容与体系，对当前及未来我国"三农"问题特别是农村股份合作社的法律实践问题具有一定的指导意义。

从该书中还可以看出刘俊教授对我国"三农"问题的热切关注，反映出其具有厚重的家国情怀、社会责任与历史使命。农村发展大有可为，"三农"问题研究大有作为。希望刘俊教授在其未来的学术道路上能够始终保持这份初心，在我国"三农"法治领域尤其是农村股份合作社法律问题研究方面持续深耕下去，在新时代取得更为丰富卓效的学术成绩。是为序。

中国农业农村法治研究会副会长
湖北省人大农业与农村委员会副主任委员
中南财经政法大学法学院教授 博士生导师
湖北省法学会农业法学研究会会长
李长健
2020 年 12 月 3 日于武汉·南湖·狮子山

序 二

农村集体产权股份合作制改革经历了一个渐进的发展过程,早在 20 世纪 80 年代中期,山东省淄博和广东省广州、深圳等地就开始了有益探索,并一直未间断。中共中央、国务院办公厅《关于加强农村基层党风廉政建设的意见》(中办发《关于稳步推进农村集体经济组织产权制度改革试点的指导意见》(农经发〔2006〕22 号)32 号)提出:"积极推进股份制、股份合作制等村集体经济的有效实现形式",农业部《关于稳步推进农村集体经济组织产权制度改革试点的指导意见》(农经发《关于稳步推进农村集体经济组织产权制度改革试点的指导意见》(农经发〔2007〕22 号)22 号)明确"推进以股份合作为主要形式,以清产核资、资产量化、股权设置、股权界定、股权管理为主要内容的农村集体经济组织产权制度改革"。到 2013 年年底,全国已有 2.8 万个村和 5 万个组创新设立了社区性农村股份合作社。在"四化"新形势背景下,农村集体产权股份合作制改革作为我国农村经济体制的一项重大制度创新,不仅是发展壮大集体经济的重要措施,而且是农村改革发展的关键和核心所在,也是推进新型城镇化最重要的改革内容之一。为此,《中共中央、国务院关于全面深化农村改革加快推进农业现代化的若干意见》(中发〔2014〕1 号)指出:"推动农村集体产权股份合作制改革,保障农民集体经济组织成员权利,赋予农民对落实到户的集体资产股份占有、收益、有偿退出及抵押、担保、继承权,建立农村产权流转交易市场,加强农村集体资金、资产、资源管理,提高集体经济组织资产运营管理水平,发展壮大农村集体经济。"2014 年 9 月 29 日召开的中央全面深化改革领导小组第五次会议审议了《积极发展农民股份合作赋予集体资产股份权能改革试点方案》,标志着我国布局农村集体产权股份合作制改革试点工作即将全面展开。特别是 2016 年 12 月 26 日,中共中央、国务院印发《关于稳步推进农村集体产权制度改革的意见》（以下简称《意见》）"四、由点及面开展集体经营性资产产权制度改革"中指出"（九）有序推进经营性资产股份合作制改革。将农村集体经营性资产以股份或者份额形式量化到本集体成员，作为其参加集体收益分配的基本依据。"《意见》要求，从 2017 年开始，力争用 5 年左右时间基本完成股份合作制改革。可见，新时代下农村集体产权制度改革是党中央、国务院做出的一项重大的决策部署，是实施乡村振兴战略的重要抓手，对于保障农民权益、完善乡村治理、探索农村集体经济新的实现形式和运行机制具有重大意义，到 2020 年 6 月，全国 299.2 万个拥有农村集体经营性、非经营性和资源性资产的清产核资单位完成数据上报，清产核资工作已经基本完成，共清查核实账面资产总额 6.5 万亿元，其中经营性资产 3.1 万亿元、非经营性资产 3.4 万亿元；集体资源性资产总面积 65.5 亿亩；2020 年 6 月全国已有超过 43.8 万个村（占总建制村数 74.5%）完成改革，确认集体成员 6 亿多人。实践证明，社区性新型农村集体经济组织是农村公有制的主要组织载体和实现形式，农村集体产权股份合作制改革不仅是探索农村集体所有制有效实现形式，构建农村集体经济运行新机制和农村集体经济治理新体系，发展壮大集体经济的重要措施；而且也是维护农民合法权益，增加农民财产性收入，增进人民福祉、走共同富裕道路的重大举措。

现行新型的农村集体经济组织，是由人民公社"三级所有、队为基础"改制后设立并沿革或实施农村集体产权制度改革后重新创设的，建立在资源性资产、经营性资产、非经营性资产等生产资料农村集体所有制基础上的，具有地域社区性、多功能性、组织形式复杂性的经济组织。《意见》指出："农村集体经济组织是集体资产管理的主体，是特殊的经济组织，可以称为经济合作社，也可以称为股份经济合作社。"如安徽省天长市实施农村集体产权制度改革前不存在农村集体经济组织，全市 151 个村，其中有集体经营性资产的改制后成立集体股份经济合作社有 139 个、无集体经营性资产的改制后成立集体经济合作社有 12 个；又如浙江省 2014 年年初，制订并出台《浙江省人民政府办公厅关于全面开展村经济合作社股份合作制改革的意见》（浙政办发〔2014〕101 号），改革向全省推进实施村经济合作社改制为村股份经济合作社，到 2015 年年底，29489 个村集体经济组织完成改革，占总村社数的 99.4%，量化经营性资产 1151 亿元，界定成员股东 3527 万人，可见，农村股份合作社是除经济合作社外最主要新型农村集体经济组织的形式，其股份（经济）合作社制度设计充分体现兼有合作制和股份制之特质。东华理工大学文法学院副院长刘俊博士、教授，在承担教育部人文社科研究规划项目"我国农村股份合作社法律问题研究"（13YJA820026）和国家社科基金项目"农村股份合作社成员财产权利法律完善研究"（14BFX078）完成基础上，打造出版《农村股份合作社财产权制度研究》这一学术专攻性、内容体系性、理论探索性、观点新颖性、研究前瞻性、指导实践性融为一体的专著，其具有较强理论价值和实践意义。该专著充分体现如下之特色：

（1）学术专攻性。该农村股份合作社之理论涉及经济组织性质、法律地位、登记机构、农村集体资产界定和三类资产区分、资产量化、股权设置和种类、股权性质、股权管理模式、集体股性质和主体、股权享有对象界定、股东类型、章程内容、治理结构、股权流转、合并与分立及消灭、未量化集体资产行使等众多学术问题值得研究者深入探讨，而该专著主要在对农村集体资产的概念和内涵进行科学界定的基础上，厘清了农村股份合作社财产权的内容和结构、成员财产权的体系与权能、成员财产权与集体财产权的关系等基础和关键问题，进而对农村股份合作社的治理机构、剩余控制权与剩余索取权配置的应然与实然状态进行了比较研究；并且通过田野调查对农村股份合作社成员财产权的现实形态进行了考察和类型化分析以及实证分析，进而提出了完善农村股份合作社成员财产权的立法路径、原则以及具体的政策建议。该成果抓住了农村股份合作社之理论的较为核心内容，从而充分体现学术专攻性。

（2）内容体系性。该专著以新一轮农村制度改革和乡村振兴战略实施为背景，以农村股份合作社财产权利法律完善为视角，从基础理论、制度构建、实证调查等多重角度，探索农村股份合作社财产权的法律进路关键在于厘清农村股份合作社财产权的基础理论、内容、结构、体系、权能等问题；结合农村股份合作社治理结构、剩余控制权和剩余索取权配置的应然与实然状态的比较研究，及对农村股份合作社实践的实证分析，提出完善农村股份合作社成员财产权的立法路径、原则、法律进路及拓展成员财产权的对策建议。该研究内容及观点与以前相关研究比较来看体现更好一点的内容体系性。

（2）理论探索性。该成果对农村股份合作社财产权的范围、结构、内容及农村股份合作社成员财产权利制度之应然、实然等进行了相应的介绍分析，并基于一些地区农村股份合作社集体资产折股量化的调查研究，以实证方式分析了农村股份合作社财产权构造、成员财产权立法与制度存在的突出问题，在结合农村股份合作社成员财产权完善现实困境的基础上，提出了完善农村股份合作社制度应遵循"归属清晰、权责明确、保护严格、流转顺畅"的基本原则，依此进一步提出完善农村股份合作社制度的立法路径，以及拓展农村股份合作社成员财产权权能、完善农村股份合作社剩余控制权和剩余索取权配置、完善农村股份合作社成员退出机制的立法建议。该成果对于丰富农村股份合作社财产权理论，指导农村股份合作社成员财产权运用实践具有一定的理论意义和重要的实践价值。

(3) 观点新颖性。综合运用经济学、法学的方法对农村股份合作社财产权和成员财产权的法律问题进行了交叉研究，对农村股份合作社成员财产权进行了类型化分析，其完善农村股份合作社成员财产权的基本原则、赋权赋能、三类资产、"三分开"以及合理配置内部剩余财产权（包括剩余财产控制权和剩余财产索取权）等方面的研究结论具有一定的创新思考。

(4) 研究前瞻性。该成果通过研究农村股份合作社财产权和成员财产权，着力厘清了成员身份界定、成员对集体资产股份的占有、收益、有偿退出及抵押、担保、继承等权能，明确了成员在集体产权制度中的地位，并提出了完善成员财产权的法律原则和逻辑路径，不仅仅在农村股份合作社的理论基础建设中发挥重要作用，更是对农村集体产权制度完善具有重要的借鉴意义。

(5) 指导实践性。该成果一方面对农村股份合作社财产权范围、成员财产权权能、成员财产权和集体财产权关系、成员财产权的权能拓展、成员有偿退出的原则、条件和程序等方面都进行了具体研讨，为农村集体产权股份合作制改革提供了实践基础，也为全国各地的农村股份合作社运行提供了一定的指导作用。另一方面诸多内容的研究及观点的提出都是基于新时代中国特色社会主义"三农"相关政策的提出与相关立法的修改等层面，是诸多因素综合考虑后的研究成果，如通过改制后设立农村股份合作社，建立起适应社会主义市场经济的"归属清晰、权责明确、保护严格、流转顺畅"的新型农村集体经济组织产权制度，完善管理体制、经营机制和收益分配制度，促进农村集体资产的保值增值，保障集体和股东（原社员）的合法权益；又如特别以动态放活农村股份合作社成员财产权，健全农村社会保障综合机制，防止农村股份合作社成员财产权流转走入误区，该成果一些制度与规则完善的建议对相关制度完善、规则制定具有参考价值。

综上所述，刘俊博士、教授向我们呈现了这部充满正能量且学术价值较高的专著——《农村股份合作社财产权制度研究》，是为序。

中国农业农村法治研究会　副会长

浙江大学中国农村发展研究院　教授

浙江省"三农"法治研究会　副会长

丁关良

2020 年 12 月 2 日于浙江大学

前　言

　　农村股份合作经济是深入推进农村集体产权制度改革的重点推广模式，是发展农村新型集体经济、实现乡村振兴战略的目标的重要路径之一。农村股份合作社成员绝大部分为农民，选择农村股份合作社成员作为赋予农民更多财产权益的研究对象，具有典型性和代表性，其财产权利的完善对促进党的十八届三中全会及十九届四中全会《中共中央关于推进农村改革发展若干重大问题的决定》《乡村振兴战略规划（2018—2022 年)》中关于强化农村股份合作，深入推进农村集体产权制度改革，赋予农民更多财产权利的新一轮农村改革目标的实现具有积极意义。

　　我国的农村股份合作制经济探索始于 20 世纪 80 年代中期，发展至今经历了 30 多年的历程，实践中也涌现了多种股份合作模式。据最新数据显示，到 2019 年年底，全国拥有农村集体资产的共有 60.2 万个村、238.5 万个村民小组，其中 23.8 万个村、75.9 万个村民小组建立了集体经济组织，占总村数的 39.5%，村民小组占比超过 31.8%。农村集体资产总量为 6.5 万亿元，其中村级资产达 4.9 万亿元。截至 2020 年 5 月底，全国领取了登记证书的村集体经济组织已超过 34 万个❶。

　　但由于缺乏专门立法，农村股份合作社的法律地位长期难以确定，在合作社财产权的范围、成员财产权的具体权能、成员财产权与合作社集体财产权的关系、股份合作社与农民专业合作社及股份制企业的关系、股份合作社治理结构等基础性理论问题上尚存在诸多亟待澄清的模糊认识；实践中，农

---

　　❶ 农业农村部新闻办公室. 扎实开展全国农村集体资产清产核资工作——农业农村部有关负责人答记者［EB/OL］.（2017 – 07 – 10)［2020 – 07 – 12］. http：//www. moa. gov. cn/xw/zwdt/202007/t20200710_6348455. htm. /xw/zwdt/202007/t20200710.

村股份合作社的形态多样，各地政策指引难以统一，导致股份合作社在股权结构，股份配置，尤其是集体资产折股量化的范围，应否设立集体股，应否适度放开股权的封闭设置等核心问题上模式多样，而在农村股份合作社剩余控制权与剩余索取权的配置、完善成员财产权的基本原则和法律进路及股东退出权如何实现等疑难问题上，我国相关研究还基本未涉及。

笔者长期关注"三农"法治前沿，对我国农村改革中的新型农业经营主体和土地权利问题展开了持续研究，取得了系列研究成果。2013 年获批教育部人文社科研究规划项目"我国农村股份合作社法律问题研究"（13YJA820026），2014 年获批国家社科基金项目"农村股份合作社成员财产权法律完善研究"（14BFX078）。

课题立项后，根据课题预期研究目标积极开展研究工作，科学界定农村集体资产的概念和内涵，厘清了农村股份合作社财产权的内容和结构、成员财产权的资格认定、权能体系、成员财产权与集体财产权的关系等基础理论问题，进而对农村股份合作社治理结构、剩余控制权和剩余索取权配置的应然与实然状态进行了比较研究，并通过田野调查，对合作社成员财产权利的现实状态进行考察和类型化分析，通过考察股份合作社在成员股权设置、股权配给、股权权能、收益分配、司法认定程序及退出机制等方面的实践做法，对其中存在的问题进行实证分析。在此基础上，提出了完善农村股份合作社成员财产权的立法路径、原则、法律进路及拓展成员财产权的对策和建议。

课题研究中始终贯彻 what—why—how 的研究思路，凸出问题导向，遵循从基础理论—应然状态—实然状态—对策建议的技术路线，在研究内容和研究视角均具有一定独到性，提出了系列具有创新意义的观点和解决问题的对策。农村股份合作社成员财产权的完善应遵循"归属清晰、权责明确、保护严格、流转顺畅"的基本原则和法律进路；应综合考虑多种因素，遵循"分类推进、因地制宜"的原则，积极拓展农村股份合作社成员财产权的权能；应打破立法上的禁区，适当放宽现行法对土地承包经营权抵押、担保和转让所作的限制，赋予土地承包经营权完整的物权权能；可以按照"三分开"的思路，根据各地农村经济发展的不同情况和土地股份合作社的不同类型，针对三类不同资产实行差别化立法路线；应规范内外部股东权利，合理配置剩余控制权和剩余索取权，不断完善农村股份合作社成员退出权机制和相关立法。

　　本书是在上述课题成果的基础上，结合笔者多年研究成果及课题组其他成员和研究生展开的田野调查和案例研究的内容总结而成。希望本书的出版，能为我国今后研究制定农村集体经济组织法或乡村振兴促进法起到决策建议和理论参考的点滴贡献。

目　录

第二编　疑难论

第三编　实证论

第四编 对策论

附 录

绪　论

一、本课题国内外研究现状述评

共享发展是中国特色社会主义制度的本质要求和独特优势，也是中国共产党以人民为中心发展思想的一贯追求，有效的制度安排则是实现共享发展最重要的环节。党的十八届三中全会《中共中央关于推进农村改革发展若干重大问题的决定》（以下简称《决定》）中明确提出，要赋予农民更多财产权利，保障农民集体组织成员权利，积极发展农民股份合作。党的十九届四中全会《决定》中再次强调，要深化农村集体产权制度改革，发展农村集体经济，并将其作为坚持和完善社会主义基本经济制度，推定经济高质量发展的重要举措之一。农村股份合作社成员绝大部分为农民，选择农村股份合作社成员作为赋予农民更多财产权益的研究对象，具有典型性和代表性，其成员财产权利的完善对强化农村股份合作，促进赋予农民更多财产权利的新一轮农村改革目标的实现具有积极意义。

经过三十多年的发展，我国农村股份合作社的形式、内容与类型均呈现出多样化的特征，涌现出多种股份合作模式。作为农村股份合作社财产制度的核心，成员的财产权利能否得到最大程度的保障和实现，不仅关系到股份合作社本身的发展壮大，更直接影响到农民能否获得更多财产权利和农村改革能否进一步深入。

国外学界多从经济学角度对农业合作社展开理论研究，20 世纪 60 年代，欧美一些学者首先将企业理论运用于合作社研究中❶；20 世纪 80 年代之后，

---

❶　FAMA E F. Agency problems and the theory of the firm［J］. The journal of political economy, 1980, 88（2）: 288 - 307.

许多学者借鉴新制度经济学理论分析合作社的内部制度安排及变革态势。

国内学者的相关研究主要集中在以下四个方面：①农村股份合作制的性质的界定；②股份合作社的实证化研究；③股份合作制股权制度研究；④集体资产折股量化研究。

综上所述，国外学者的研究主要针对传统合作社制度和理论，国内学者早期的研究成果多停留在对股份合作经济组织的性质界定及是否要设立集体股等问题的争论上，并未上升到财产权理论和立法层面进行系统思考，关于农村股份合作社的研究还处在初始阶段，对农村股份合作社成员财产权利的研究成果更显匮乏。因此，本书具有广泛、深入的学术研究空间。

二、项目预期研究目标

（1）农村股份合作社成员财产权利基础理论研究。主要包括股份合作社财产的范围、股份合作制财产权利的结构、股份合作社成员财产权利的内容等研究。

（2）农村股份合作社成员财产权利制度之应然。主要包括农村股份合作社的成员制度、农村集体资产股份制改革的原则和路径、股份合作社治理结构及成员财产权利完善的制度构架等内容。

（3）农村股份合作社成员财产权利制度之实然。本书采取对合作社成员财产权利的现实状态进行考察和类型化分析，通过考察股份合作社在成员股权设置、股权配给、股权权能、收益分配及退出机制等方面的实践做法，对其中存在的问题进行实证分析，在个性中寻找出共性问题。

（4）完善农村股份合作社成员财产权利的对策及建议。主要包括成员财产权利完善的法律进路、农村股份合作社法的立法路径选择、剩余控制权与剩余索取权的合理配置建议及农村股份合作社成员退出权的基础性法律架构和完善对策等内容。

三、研究内容及方法的创新程度、突出特色和主要建树

（一）研究内容及方法的创新程度和突出特色

（1）研究内容的体系化。本书在对农村集体资产的概念和内涵进行科学

界定的前提下，厘清了农村股份合作社财产权的内容和结构、成员财产权的体系与权能、成员财产权与集体财产权的关系等基础理论问题，进而对农村股份合作社治理结构、剩余控制权和剩余索取权配置的应然与实然状态进行了比较研究，并对农村股份合作社的实践进行实证分析。在此基础上，提出了完善农村股份合作社成员财产权的立法路径、原则、法律进路及拓展成员财产权的对策和建议，相比目前国内相关研究内容较为零散、碎片化特点明显的研究现状，本课题的研究成果均与研究主题和研究目标紧密结合，在研究内容上更加具有整体性、系统性。

（2）研究方法的多样性。本书在研究的过程中，综合运用法学、经济学、社会学等多学科交叉的研究手段，除采取文献研究法、规范分析法、比较研究法等常用理论研究方法外，还对农村股份合作社在成员股权设置、股权配给、股权流转、收益分配等方面的做法展开田野调查并进行实证分析，掌握了第一手资料，得出了相对客观的结论。

（二）主要建树

本书的创新和建树主要体现在视角的独到性上，以及部分内容和提出的系列观点具有较高程度的创新性。

1. 研究内容方面

（1）提出完善农村股份合作社成员财产权应遵循"归属清晰、权责明确、保护严格、流转顺畅"的基本原则，并将其作为法律进路进行了深度解读，国内现有相关研究成果仅作过简单归纳而未展开专门性研究。

（2）综合运用经济学、法学理论展开学科交叉研究，对农村股份合作社治理结构中的难题之一剩余控制权和剩余索取权的合理配置问题进行专门论述，目前国内相关研究成果尚不多见。

（3）对农村股份合作社股东退出的方式、原则、条件、程序及保障制度进行了全方位研究，构建出合作社股东退出权的整体法律框架，对学界存在的诸多疑问进行了深度解析。截至 2020 年年初，国内尚未有专题性研究成果发表，研究内容和视角具有独到性。

2. 观点方面

（1）应采用"分业立法"模式，单独制定农村股份合作社法或农村集体经济组织法。修补式立法路径无法从根本上解决立法缺位问题，若强行将农村股份合作制经济的相关法律规定寄生于农民专业合作社法或公司法之中，则可能会抹杀其独特性。

（2）明确股份合作社成员财产权利归属需要重点加强四个方面的工作：第一，明确农民个体成员可以成为农村股份合作社成员财产权的权利主体；第二，适当突破股份合作社成员资格上的封闭性限制；第三，坚持股份合作社成员财产权以其在集体内部享有的股权为基础；第四，"循序渐进、因势利导"，逐步取消集体股，控制公积金提取比例，将集体产权依法量化到个人。

（3）应积极拓展农村股份合作社成员财产权的权能。拓展农村股份合作社成员财产权利各项权能不能仅依照一种模式，而应综合考虑多种因素，遵循"分类推进、因地制宜"的原则。

（4）应赋予土地承包经营权完整的物权权能。现行法对土地承包经营权的抵押、担保和转让均采取禁止或严格限制立场，农村土地股份合作社成员财产权利的基础又在于土地承包经营权，只有打破立法上的这些禁区，才能真正实现"三权分置"的理想设置，不断丰富农民财产权利。

（5）应建立健全集体资产入市的相关立法。可以按照"三分开"的思路，根据各地农村经济发展的不同情况和土地股份合作社的不同类型，针对三类不同资产实行差别化立法路线。

（6）应规范内外部股东权利，合理配置剩余控制权和剩余索取权。在设置了募集股允许外部人员融资加入的股份合作社，可以借鉴西方现代合作社的做法，合理限制外部股东持股的比例，明确区分内、外部成员持股的权利具体内容；在没有设置外来募集股的股份合作社，要坚持"政社分开"，尽可能防止"内部人现象"的产生，合作社社员在享有剩余控制权时也须同时享有剩余索取权，将二者对称分布，防止权力被滥用，保护小股东的合法权益。

四、学术价值和应用价值，以及社会影响和效益

（一）丰富了"三农"法律问题的理论研究成果

党的十九大报告描述了实施乡村振兴战略的宏伟蓝图，强调要深化农村

集体产权制度改革，保障农民财产权益。《乡村振兴战略规划（2018—2022年)》（以下简称《规划》）更是明确将发展多种形式的股份合作作为深入推进农村集体产权制度改革、鼓励农民参与产业融合发展的主要途径，并进一步提出要完善农民对集体资产股份的占有、收益、有偿退出及抵押、担保、继承等权能，推动农村集体经济组织立法。党的十九届四中全会《决定》中，再次强调要深化农村集体产权制度改革，发展农村集体经济，并将其作为坚持和完善社会主义基本经济制度，推定经济高质量发展的重要举措之一。本书的研究成果对丰富"三农"法治研究具有积极促进作用。

（二）对农村股份合作社的实践具有一定的指导意义

本书研究的内容较为全面，对农村股份合作社财产权范围、成员财产权的权能、成员财产权和集体财产权的关系、成员财产权的权能拓展及成员有偿退出的原则、条件、程序等问题均做出了解答，同时结合实地调研，对农村股份合作社股权设置、股权流转、集体资产折股量化的范围及其不足均提出了完善建议，对指导各地股份合作社运作具有普遍指导价值。

（三）可以为相关立法完善提供决策参考

2018 年中央 1 号文件《中共中央　国务院关于实施乡村振兴战略的意见》已经明确将抓紧研究制定农村集体经济组织法。本书的研究成果中，提出了系列完善立法的建议，如农村股份合作社的立法路径、合作社的法律地位和法人类型、合作社资产的范围、成员财产权的权能、成员退出的原则、方式、条件等，均可为今后制定农村集体经济组织法提供决策依据或理论参考。

五、不足及尚需深入研究的问题

本书的不足及尚需深入研究的问题主要体现在两个方面。

一是理论研究的深度和广度有待进一步加强。从深度上说，对一些实践中的难点问题，如集体股取消后，原由集体股所承担的社会责任和集体成员福利如何保障等，本书在研究过程中虽阐明了观点，但未深入进行具体的制度设计；在广度上，本书原拟对农村集体经营性建设用地流转、非建设用地生态补偿制度等问题进行研究，但随着研究的深入，考虑到这些问题的研究与本书主题关联性不够紧密，因此，笔者仅进行了资料收集和整理，未发表相关研究成果，需要在今后持续展开研究。

二是调查研究的覆盖面不够全面。农村股份合作社经过三十多年的探索和实践，形成了多种模式和类型，本书主要针对沿海经济发达地区和中部地区社区型股份合作社和土地股份合作社展开田野调查，对广大西部地区农村股份合作社的发展运行状况未进行实地调研，可能对课题研究结论的准确性带来一定影响。

第一编

制度论

第一章 基础理论

第一节 农村股份合作社的类型与实践形态

农村股份合作社作为我国农民在新一轮土地改革实践中进行制度创新的结果，在不改变农民土地承包经营权的前提下，按照股份制和合作制的基本原则，农民把土地承包经营权转化为股权，委托合作社经营，并按照股份和交易量受益，能够有效弥补家庭承包责任制的不足，对实现土地规模化经营，促进传统农业向现代农业的转型，具有明显的推动作用。党的十八大报告指出，要"发展农民专业合作和股份合作，培育新型经营主体，发展多种形式规模经营，构建集约化、专业化、组织化、社会化相结合的新型农业经营体系"。党的十八届三中全会《决定》中更明确提出："赋予农民更多财产权利，保障农民集体经济组织成员权利，积极发展农民股份合作，赋予农民对集体资产股份占有、收益、有偿退出及抵押、担保、继承权。"党的十九届四中全会《决定》中再次强调要深化农村集体产权制度改革，发展农村集体经济，并将其作为坚持和完善社会主义基本经济制度，推定经济高质量发展的重要举措之一。

一、我国农村股份合作社发展的现状与类型

农村股份合作制经济最早起源于 20 世纪 60—70 年代浙江温州、台州地区的农村社办企业，1984 年山东省淄博市周村区长行村成立第一个土地股份合作社，拉开了我国股份合作社发展的帷幕❶。1987 年，国务院确定首批农

---

❶ 田代贵，陈悦. 农村新型股份合作社改革的总体框架［J］. 改革，2012（7）：82.

村股份合作制改革实验区后,各地农村积极探索试行股份合作制的试点,此后,由农民和乡村集体经济组织筹集资金兴办的小型股份合作经济组织如雨后春笋般涌现出来。2007 年开始,又在成都、重庆进行了"全国统筹城乡综合配套改革"的试验。随着农村股份合作社试点的推进,农村集体资产不断累积,集体资产数额巨大,2012—2016 年,全国农村集体经济组织账面资产总额由 2.18 万亿元增长到 3.1 万亿元,年均增长 9.2%,其中有 6.7 万个村和 6 万个村民小组完成了集体资产股份制改革❶。而到了 2019 年年底,全国拥有 23.8 万个村、75.9 万个村民小组建立了集体经济组织,占总村数的39.5%,村民小组占比超过 31.8%❷。

由于各地的经济结构和发展水平一直变化,各地股份合作社的特点不一样,股份合作社的表现方式也不尽相同。根据其特点的不同,将股份合作社划分为四种类型。

(一) 社区型股份合作社

一般来说,社区型股份合作社是在原农村社区性集体经济组织的基础上,不变动集体所有形式,将集体资产折股量化到村民个人,依照股份制和合作制相结合的模式,实行统一管理,组建股东代表大会和董事会,合作社成员均有一票投票权,依股份多少享受利益。

(二) 土地股份合作社

土地股份合作社是依照家庭联产承包责任制的"两权分离"形式,在维持土地承包经营权不变的前提下,把土地承包经营权划分为土地承包权和土地经营权,借鉴股份制和合作制的管理规则,明确土地承包权和土地经营权的具体含义及各自权益范围,把财产、土地、实物、信息等生产要素共同量化成股份,成立土地股份合作社。参与股份的土地由合作社管理,经营收益根据农民股东占有的份额进行分配的土地合作机制❸。

---

❶ 将深化农村改革进行到底——党的十八大以来农村改革成就综述 [N]. 农民日报,2017 - 09 - 20.
❷ 农业农村部:将抓紧研究制定农村集体经济组织法 [EB/OL]. (2019 - 12 - 05) [2020 - 07 - 12]. http://www.sohu.com/a/236599546_116897.
❸ 王康如. 农村土地股份合作社的运行机制及构建研究 [D]. 郑州:河南农业大学,2012.

（三）法人型股份合作社

法人型股份合作社主要由原来的家庭、个体和私营企业，按照合资与合劳的途径，把分离的生产要素汇集起来，遵从股份合作的规则而建立的。此种合作社在家庭、个体、私营经济相对繁荣的地方数量较多。

（四）专业型股份合作社

专业型股份合作社是相同或有关的领域中，依照股份合作形式，各个所有权者或投资者合作建立的专业经营主体，是股份性质与社团性质相融合的产物，有经营、调和成员关系、提供服务等功能。实例典范有农村信用合作社、农村供销合作社及其他具有股份合作性质的农民专业合作社。

二、农村土地股份合作社的实践模式比较

经过三十多年的发展，我国农村股份合作社的形式、内容与类型均呈现出多样化的特征，涌现出广东南海、浙江温岭、江苏苏州、北京大兴、成都温江等股份合作模式。根据其股份化程度不同，农村土地股份合作的实践模式大致可以分为内部互助型、嵌入控制型、资本转换型三大类[1]。

内部互助型指的是虽有股份制之名，但实为对传统合作社改良，本质上仍属于传统的农民专业合作社或者说仍处在股份合作的萌芽状态。此类股份合作社成员多系原村民小组农户或农民，以承包土地面积量化入股，由合作社统一进行规模化经营或对外发包或租赁，所得收益在扣除集体积累后按入股份额分配，股份一般不涉及农村集体资产，此类土地股份合作社的社员权与股权高度统一，农民既是社员又是股东，还是土地的实际经营者。

嵌入控制型指的是本村农民以土地承包经营权入股合作社外，还部分吸纳工商企业、农业龙头企业以资本或技术嵌入式入股，以期实现农户利益与资本技术利益的共赢，如成都的"农业银行"模式。村组集体经济组织注册成立土地股份合作社（内部称为"土地银行"），农民自愿以自己获得的土地

承包经营权以股份形式存入合作社，再由合作社牵头将土地转包或租赁给农业龙头企业或农业种、养植大户。此种模式下，权利主体和利益分配方式都具有多元性，农民股东获得的股息及不定期分红可以是实物（如粮食、粮食加工产品、禽畜等），也包括保底金、红利、补助金等多种形式。其成员身份开始发生"异质性"的变化，与上一类土地股份合作社相比，开始由单纯的互助合作转为财产、技术和管理合作并用，初步实现了土地与资本、技术、劳动力多种生产要素的结合。吸纳嵌入型土地股份合作社的实质则是土地流转中介服务组织，当然，农户已经通过土地吸纳社会资本和技术进入农业生产，具备了"资合"与"人合"兼具的基本特点，在即将实行城镇化的中西部地区的中心城市郊区设立较为普遍。

资本转换型指的是采用"土地+货币资本+企业运营"模式，对集体土地进行股权化确认，对集体资产进行股份制改造，已逐步取消了前述两种模式均保留的集体股。农民以土地承包经营权、资金及对集体土地和集体资产的股权份额折价入股，工商企业或农业大户以资金入股，采取企业化的运作方式，共同组建土地股份合作社。此类模式一般出现在经济发达地区的城市郊区，原村民集体经济组织积累了较多的集体资产，在城市化进程中，合作社的土地能够产生租金等较高的土地收益增殖。它与股份制改革后的国有企业有异曲同工之处。甚至可以说，农村股份经济合作社就是"公司化"的集体合作经济❶。由于其具有出资多样化、运营产业化、资本股份化、运作市场化的特点，将现代公司企业的股份制特点纳入社会主义集体经济合作社的组织形式，把股份制的经营管理模式与公有制集体合作经济相结合，实现了各种农业生产要素的资本化和股权化，与党的十八届三中全会《决定》的精神具有较高契合度，故被认为代表了农村股份合作制改革的方向。

需要说明的是，虽然后两种实践模式在股权设置、治理结构、收益分配等方面有所区别，在实践中这两种模式下还有不少具体的操作方式，但均融合作社与股份制为一体，体现出极为浓厚的中国农村改革特色❷。

---

❶ 李宴. 关于农业集体经济组织成员权的法律探讨 [J]. 农村经济，2009 (7)：126.
❷ 徐旭初，等. 合作社的质性与现实——一个基于理想类型的类型学研究 [J]. 东岳论丛，2014 (4)：91.

第二节 农村股份合作社的法律属性

合作社作为劳动者的互助合作团体，理应在法律上享有独立人格。各国（地区）合作社法（或规定）都赋予合作社组织以民事主体资格，规定其为法人。例如，《越南社会主义共和国合作社法》第 20 条，我国台湾地区有关合作社的规定第 2 条。❶ 也就是说，赋予合作社以法人资格，承认合作社为独立的民事主体，是各国和地区合作社立法（或规定）的通例❷。我国《中华人民共和国农民专业合作社法》（以下简称《农民专业合作社法》）第 4 条规定："农民专业合作社依照本法登记，取得法人资格。"这表明在我国，法律上已承认了农民专业合作社的法人属性。但对于农村股份合作社的法律地位或属性，在 2017 年《中华人民共和国民法总则》（以下简称《民法总则》）颁布之前，在立法上一直处于空白状态，这也导致对农村股份合作社法律属性认识上存在各种不同主张。

一、关于农村股份合作社法律地位的争论

按照传统民法的法人分类，法人可以分为公法人和私法人，依公法（如行政法）设立的法人为公法人，依私法（如民法）设立的法人为私法人。公法人主要指国家机构和地方自治团体，其他法人一般为私法人。私法人又可以分为社团法人与财团法人。社团法人是人的集合体，其存在的基础是参加社团的人（社员、会员或股东）。社团法人多以营利为目的，但也可从事公益事业。财团法人是财产的集合体，其存在的基础是为一定目的而集合起来的财产。财团法人没有组织成员，只有来源于捐献的财产。例如，各慈善团体、基金会等。社团法人更进一步分为营利法人与公益法人，以营利为目的的法人为营利法人，如公司、银行等。以公益为目的的法人为公益法人，如工会、农会、商会等。

---

❶ 《越南社会主义共和国合作社法》第 20 条："合作社自领取营业执照之日起享有法人地位。"我国台湾地区有关合作社的规定第 2 条规定："合作社为法人。"
❷ 漆多俊. 中国经济组织法［M］. 北京：中国政法大学出版社，1992：226.

　　农村股份合作社作为我国农民在新一轮土地改革实践中进行制度创新的结果，在不改变农民土地承包经营权的前提下，按照股份制和合作制的基本原则，农民将土地承包经营权折价入股，或以资金、实物、技术等作为股份形式投入转化为股权，委托合作社经营，并按照股份和交易量受益的一种新型农村经营主体。农村股份合作社兼具合作制和股份制的特点，从某种程度上来说，亦可将其视为一种社团法人。如此，接下来的问题就是，合作社是公益性社团法人还是营利性社团法人呢？对此，各国立法规定不一，学者间的意见也不统一。有人认为，合作社为公益性社团法人，也有人认为，合作社为营利性社团法人，还有人认为合作社是既非公益性又非营利性的中间法人。例如，日本商法便将农协等界定为中间法人，表明它既不是以专门营利为目的的企业，也不是公益性的社会团体。❶

　　对农村股份合作社的法律属性，我国学界亦存在较大争议。有学者认为，合作社为公益性社团法人❷，也有人认为合作社为营利性社团法人，江平教授是其典型代表，他认为："合作社也是营利性的社团法人，它是由两个以上社员出资组成的、以营利为目的的法人组织。"❸ 还有学者提出，农村股份合作社是兼具公益性和营利性的法人❹。该观点认为，合作社的法人属性应取决于合作社的组织特性。合作社这种经济组织有它不同于其他经济组织的特点，这集中体现在它以劳动者之间的互助和服务为己任，而不是以追求利润为目的。正如国际合作社联盟大会在《关于合作社特征的声明》中对合作社定义时所指出的那样，合作社是一种"满足共同的经济、社会和文化需求"的自治组织。合作社从来就是以为社员提供服务为最高原则，正是合作社的服务原则，才吸引了前后无数的劳动者自愿联合起来，采取这种组织形式，以达到自身生产或生活条件的改善。合作社的服务性，使得它同纯粹的经济组织或商业组织严格区别开来，前者不以营利为宗旨，而后者则以营利为目标。从这个意义上说，合作社不宜划归为营利性社团法人，否则，合作

---

❶ 凌相权. 马俊驹中国社会主义经济组织法律问题研究 [M]. 武汉：武汉出版社，1992：401 - 406.

❷ 李锡勋. 合作社法论 [M]. 台北：三民书局，1982：46 - 47.

❸ 漆多俊. 中国经济组织法 [M]. 北京：中国政法大学出版社，2003：149.

❹ 黄娴. 农民专业合作社法律研究 [D]. 武汉：华中科技大学，2007.

社便等同于公司、企业这类纯粹经济组织或商业组织。如果这样的话，合作社组织就偏离了其办社宗旨和原则。同时，合作社又是实行成本运行的经济组织，是"在保本或非营利基础上由他们自己为自己经营的经济实体"❶。

笔者认为，农村股份合作社兼具公益性和营利性，不仅是合作社应有的法律属性，同时也是合作社办社的宗旨和原则。合作社的公益性和营利性对立统一于合作社这个组织体当中。合作社的公益性主要体现在它的服务性上，为社员或股东服务是农村股份合作社的重要宗旨之一，这是合作社办社的根本所在，不能破坏。其次，合作社作为一个市场主体，需要通过经营取得利润的，并按照成员所占有的股权份额的比例进行利益分配，另有一部分将被依法提取公积金和公益金，以谋求合作社成员在内的集体利益和长远利益。

由此看来，一方面，合作社必须坚持为社员服务这一宗旨，如果离开了这一条，那它就无异于一般的营利性经济组织了；另一方面，合作社为其成员服务，又离不开商品经济的经营，离不开取得利润。正是在这个意义上，笔者认为合作社既非典型的营利性社团法人，也非典型的公益性社团法人，而是具有自身特殊性的一种社团法人。

二、我国立法关于农村股份合作社法律属性的规定

在立法实践中，从国外及一些地区的立法实践来看，其对合作社法律地位的确定，通常有两种做法：独立法人类型与非独立法人类型。前者是在法人分类中，设立专门的合作社法人，如日本、德国；后者是在法人分类中，不将合作社法人作为一种独立的类型，而是把合作社视为公司法人（企业法人）的一种，如美国、澳大利亚。

《农民专业合作社法》是我国第一部规定农民专业合作社民事主体地位的法律，它明确了农民专业合作社的市场主体地位，在该法第5条对其法律地位作了明确规定："农民专业合作社依照本法登记，取得法人资格。"同时，修改前的《农民专业合作社法》又在第13条对其设立登记作了如下规定："设立农民专业合作社应当……向工商行政管理部门提交下列文件，申

---

❶　SCHAARS M A. Cooperatives principles and practices［D］. Madison：University of Wisconsin, 1973.

请设立登记。登记机关应当自受理登记申请之日起二十日内办理完毕，向符合登记条件的申请者颁发营业执照。"由此可见，《农民专业合作社法》首先，赋予了农民专业合作社法人地位。其次，又对其法人属性作了推定性的规定：因为在《民法总则》颁布之前，存在两种法人登记制度：由工商行政部门负责办理企业法人登记，由民政部门负责办理社会团体法人登记❶。农民专业合作社依据上述规定，应该在工商行政部门登记。因此，我们可以推定当时的《农民专业合作社》立法认为合作社为企业法人之一种。

但上述对农民专业合作社法人类型的推定与我国民法传统理论有悖。理由是合作社的特征难以契合我国《中华人民共和国民法通则》（以下简称《民法通则》）和大陆法系传统民法关于法人的分类。我国《民法通则》将法人分为企业法人和非企业法人，非企业法人又分为机关法人、事业单位法人和社会团体法人。企业法人是指以营利为目的，独立从事商品生产和经营活动的法人大陆法系传统民法学的分类，将法人分为公法人和私法人、社团法人和财团法人、公益❷。如前所述，合作社兼具公益性和营利性，所以很难将其简单划入企业法人或者非企业法人的类别。同时，按照法人、营利法人和中间法人❸，同样也可以得出，我国农民专业合作社不能归入其中的任何一类。因此，在《民法总则》颁布及《农民专业合作社法》2017年修改之前，农民专业合作社的法律地位实际上是模糊的，只能将农民专业合作社作为一种特殊类型的企业对待，归入企业法人当中，在登记时界定为企业法人的特殊形态。它既不属于公司制企业（如股份有限公司和有限责任公司），也不属于非公司制企业（如个人独资企业和合伙企业）。

2017年颁布的《民法总则》，大胆突破《民法通则》将法人类型区分为前述企业法人和非企业法人，非企业法人又分为机关法人、事业单位法人和社会团体法人的前述做法，又与大陆法系将法人分为公法人和私法人，其中私法人又分为社团法人和财团法人的做法有所区别，根据法人设立的目的和功能的不同，将法人分为营利法人、非营利法人和特别法人，其中非营利法

---

❶ 梁慧星. 合作社的法人地位 [EB/OL]. (2003 - 06 - 22) [2020 - 07 - 12]. http: // www. civillaw. com. cn/article.

❷ 余能斌. 民法学 [M]. 北京：中国人民公安大学出版社，2003：121.

❸ 同❷122 - 123.

人又细分为事业单位法人、社会团体法人及捐助法人；特别法人又分为机关法人、农村集体经济组织法人、城镇农村合作经济组织法人、基层群众性自治组织法人。至此，农村股份合作社和农民专业合作社的特别法人性质已经明确，也与本书前述关于农村股份合作社法律属性的论述和结论基本一致。2017年12月，《农民专业合作社法》进行修改，对《民法总则》关于合作社特别法人的定性进行了回应，登记机关虽还是工商行政管理部门，但在修改后的第16条中明确了"登记类型为农民专业合作社"的规定。同时，增加了"登记机关应当农民专业合作社的登记信息通报农业等有关部门"的条款。

但值得注意的是，与其他两类法人不同的是，农村股份合作社作为特别法人之一种，其成员资格的界定、设立、组织的性质、治理结构等核心问题依据《民法总则》的规定均未予以明确，也导致司法实践中对涉及农村股份合作社乃至整个农民集体经济组织的成员资格认定、成员权的内容、成员权的救济等敏感问题上均无法可依，裁判标准不一，"同案不同判"的情形较为普遍❶，这都有待通过制定农村集体经济组织法或其司法解释等途径加以明确，为集体经济组织的依法自治及健康发展提供法治和司法保障。

第三节　农村股份合作社与农民专业合作社及股份制企业的关系

一、农村股份合作社与农民专业合作社的异同

农村股份合作社与农民专业合作社在许多方面存在相似之处，甚至出现相互融合的情况。

首先，两者本质相近，《农民专业合作社法》对农民专业合作社的定义是"在农村家庭承包经营基础上，同类农产品的生产经营者或者同类农业生产经营服务的提供者、利用者，自愿联合、民主管理的互助性经济组织"；

---

❶ 陈芸莹. 侧供给改革视域下：农村集体经济组织及其成员资格的认定 [M] //农业部产业政策与法规司. 农业法律研究论丛. 北京：法律出版社，2018：15.

股份合作则是指:"劳动群众自愿组合、自筹资金、并以资金、失误、技术等作为股份形式投入,在财产按份共有的基础上,实行集体经营、共同劳动、企业民主管理、以按劳分配为主、提留一定比例公共积累,从而成为集体所有制经济的一种有效实现形式,它的本质是劳动群众之间实行行动联合、资金联合、智力联合的联合经济。"❶

从农民专业合作社与农村股份合作制的定义中,不难发现其强调的是劳动的联合,而股份合作社不仅要求劳动的联合,同时要求资金的联合、智力的联合。由此可见,股份合作社作为一种农村新型集体经济组织形式并非是对专业合作社经济形式的否定,而是在保留合作社本质的基础上对专业合作社存在的融资难、效益低下等缺陷的校正。

其次,立法理念相通。农民专业合作社是一种特殊的经济组织形式,它是人们自愿联合组成的自助性协会,以共同所有和民主控制的企业来满足其成员在经济、社会、文化方面共同的需求和愿望,而农村股份合作社经济是在合作制基础上,适应市场经济进一步发展和资金来源投资主体多元化的需求,引入股份制的一些做法和特点,成为集体公有和个人所有相结合的新兴经济组织❷,可见,我国农村股份合作社经济是以"合作社"为基础,属于农民合作组织的重要组成部分。

最后,立法的基本原则存在重合性。农村股份合作社与农民专业合作社都遵循自愿原则、互助互利、民主管理等原则。因此,如果将来制定农村股份合作社的专门立法,其在篇章内容上与现行的《农民专业合作社法》基本上是可以重合的。

农村股份合作社与农民专业合作社的区别,主要表现在以下几方面(见表1.1)。

第一,性质上有一定区别。专业合作社属于非营利性法人,虽面向社会,但主要是服务成员;农村股份合作社则具有营利性质,是参与交易行为的市场主体之一。

---

❶ 毛来,葛修禄. 股份合作制经济:中国社会主义市场经济探索 [M]. 上海:立信会计出版社,1993:81-82.

❷ 同❶70.

第二，资本结构有所区别。农村股份合作社经济为了扩大积累，在资本结构上除了存在集体股、个人股外，还允许外部股存在；而农民专业合作社经济的资本结构只能由集体股与个人股构成。

第三，治理结构有所不同。农村股份合作社采用股份制企业的治理模式，而合作制经济则采取社员（代表）大会的治理模式。

第四，收入分配方式差别较大。农村股份合作社的收入分配方式为"按劳分配与按股分红相结合"，农民专业合作社的收入分配方式则是"按与本社的交易量分配为主，按出资额分红为辅"。

第五，决策方式有所差异。农村股份合作社采用"一人一票"与"一股一票"相结合的决策方式，农民专业合作社则采取简单的"一人一票"的决策方式。

表 1.1　股份合作社与农民专业合作社的区别

项目	农村股份合作社	农民专业合作社
资本结构	集体股、个人股、外部股（募集股）	集体股、个人股
治理结构	股东大会 ↓ 董事会　监事会 ↓ 经理	社员（代表）大会 ↓ 理事长（会）　监事（会）
收益分配	按股金分配与按劳分配相结合	按交易额或社员的贡献分配，资本报酬受到限制
决策方式	"一人一票"与"一股一票"相结合	"一人一票"

二、农村股份合作社与股份制企业的异同

农村股份合作制经济与公司股份制经济本身就具有天然的相通之处，在资金、财产和经济管理等方面都与股份制公司都存在共性。

第一，在资金制度方面，农村股份合作制与股份公司都是通过投资者入股的方法，从而将个人财产转化成联合资本形成股东共有财产，个人则以股权的形式占有财产，通过行使股东权利代替对财产进行独立直接支配、使用的权利。

19

第二，在财产制度方面，虽然目前农村股份合作社的企业法人地位尚未得到法律的确认，但在财产制度方面却与股份制企业一样，实行企业法人财产制度。投资者将个人财产入股后，个人享有财产收益权，而财产的经营权则归属于企业法人，也是企业法人对外承担责任的基础。这在公司的产权结构中，则表现为股东拥有剩余索取权，但不享有全部的经营决策权，即索取权与控制权适度分离。

第三，在经营管理制度方面，企业产权结构的集体性质决定了企业的经营管理制度所有权与经营权的分离，对经营机构的专门性与独立性要求较高，农村股份合作社与股份制企业的财产结构都是由多个股东通过股票持有，股东通过选举产生董事会，由董事会行使经营决策权。

农村股份合作社与股份制企业的区别则主要表现在以下几方面（见表1.2）。

表1.2　农村股份合作社与股份制企业的区别

项　　目	农村股份合作社	股份制企业
资本结构	集体股、个人股、外部股（部分），半开放式	股本结构开放，以个人股为主，开放式
个人持股数量	股权相对均等	差别占有
股权处置	限制出售对象、出售条件	转让较自由
收益分配	按股金分配与按劳分配相结合	按股金分配
决策方式	"一人一票"与"一股一票"相结合	"一股一票"

第一，在资本结构上，农村股份合作社在资本结构上虽然允许外部股的存在，但在数量上受到限制，而股份制企业在资本结构上以个人股为主，股本结构开放，不限制、不排斥外部股。

第二，在个人持股上，股份合作制经济虽不要求成员平均占有，但其要求个人持股比例相对均等，而股份制企业则主张差别占有，并不限制个人持股数量。

第三，在股权处置上，虽然农村股份合作社引入了公司的集资、转让方式，但并非完全接受股份制企业的做法，而是赋予其合作社的特色，股份合作社中的普通股就相当于专业合作社中的成员股金，对出售的对象、转让都具有严格要求，只能向合作社成员出售，未经董事会同意不得随意转让或买卖。

第四，在收入分配方式上，农村股份合作社采取"按劳分配与按股分红相结合"的分配方式，这与股份制企业采用的"按股分红"的分配原则有所不同。

第五，在决策方式上，农村股份合作社采用"一人一票"与"一股一票"相结合的决策方式，股份制企业则采取单一的"一股一票"的决策方式。

第四节　农村股份合作社的设立

合作社的设立又称合作社的开办，是指合作社成立并取得法人资格的一系列法律行为的总和。合作社的设立制度关系到合作社能否作为一个市场主体而存在。

一、农村股份合作社的设立原则

合作社的设立原则是指合作社设立的基本依据及基本方式。合作社是一种法人组织，从法人设立的原则来看，主要有自由设立主义、特许设立主义、许可设立主义、准则设立主义与严格准则设立主义五种模式。

（1）自由设立主义。自由设立主义又称放任主义，是指国家对法人的设立不加任何干预，是否设立法人组织、设立何种法人组织、怎样设立等完全由当事人自由为之。从罗马社会到中世纪，商业社团是依事实而存在，而不是依法创设，成立商事社团既无法定条件限制，也无注册登记程序。这一原则在欧洲中世纪末自由贸易时代颇为盛行，当时的商事公司多采用此种原则设立。

（2）特许设立主义。又称为立法特许主义，即法人的设立须经过国家元首的特别许可或者由国家立法机关颁发特别法令予以许可。特许设立制度体现了国王和议会的权威，但因这一原则有碍于交易平等和交易安全，近代以来，除瑞士民法对于非营利法人仍采用此主义外，已不多见❶。目前，特许

---

❶ 王利明. 民法 [M]. 北京：中国人民大学出版社，2000：81.

设立主义原则主要适用于国家机关法人和事业单位法人的设立。

（3）许可设立主义。又称为核准设立主义，是指法人的设立除了应符合法律规定的条件外，须先经行政主管部门的核准。1673 年，法国路易十四颁布《商事赦令》创始该制度。从当今各国立法来看，许可设立主义原则主要用于公益社团法人与财团法人的设立，因这些法人对于公众利益关系重大，有必要加以严密监督与控制。

（4）准则设立主义。是指法律预先设定法人设立的必要条件，只要符合规定的条件要求，行为人就可以获得法人主体资格，无须取得行政机关的核准。1862 年，英国公司法首先引用此原则，并在 19 世纪为许多国家效仿。这一原则的弊端是，如果法律对法人设立的必要条件规定不详细、不严谨，则容易产生法律漏洞。

（5）严格准则设立主义。是指法律不仅规定法人设立的必要条件并加重了发起人的责任，而且，还规定法人设立必须经登记机关登记才能得以成立并获得法人资格。鉴于准则设立主义的弊端，许多国家和地区在准则设立主义的基础上，采用了严格准则设立主义。目前，多数国家奉行这一原则。

从当今各国合作社立法与实践来看，合作社的设立原则不尽相同。挪威早期的合作社采取的是自由设立主义，合作社设立完全由社员自由决定，不受国家任何干涉；英国早期的合作社设立必须经过英国国王的批准，并且颁发"特许令"方可设立；日本和澳大利亚新南威尔士的合作社法均要求合作社的设立必须先经过批准，批准以后才能申请登记，因此，采取的是许可主义的设立原则；美国、英国、法国、瑞士、印度等国的现行合作社法采取的都是准则设立主义；丹麦的合作社法采用严格准则设立主义原则，"对社员具有有限责任的合作社必须在丹麦商业和公司管理机构注册，以便获得法人地位"❶。由于自由设立主义随意性太大，不利于成功地实现合作社的目的，容易损害交易安全和社会经济秩序，所以，只有很少国家采取此种设立主义。而特许设立主义和许可设立主义则造成政府的过多干预，容易滋生腐败，并且增加设立成本，所以早期实行许可设立主义的法国、瑞士等国现在都改成了准则主义。

---

❶ 韩俊. 中国农民专业合作社调查［M］. 上海：上海远东出版社，2007：184.

在我国，不同类型法人的设立原则存在较大差异，具体归纳如下。

（1）公司法人设立，应当以《中华人民共和国公司法》（以下简称《公司法》）《公司登记管理条例》《公司登记管理若干问题的规定》等为依据，其中，有限责任公司的设立，一般采取严格准则设立主义原则，而股份有限公司的设立，采取的是许可设立主义原则。

（2）非公司企业法人的设立，应当以《中华人民共和国企业法人登记管理条例》（以下简称《企业法人登记管理条例》）及《中华人民共和企业法人登记管理条例施行细则》（以下简称《企业法人登记管理条例施行细则》）等为依据。根据《企业法人登记管理条例》第14条的规定，有主管部门或者审批机关的非公司企业法人的设立，采取许可设立主义原则，而没有主管部门或者审批机关的，则采取严格准则设立主义原则。

（3）机关法人的设立，依据宪法和国家机关组织法的规定，采取特许设立主义原则。

（4）事业单位法人的设立，需要依据国家法律或者行政命令的规定，采取特许设立主义原则。

（5）社会团体法人的设立有两种情况：有的需要根据国家法律或者行政命令规定，采取特许设立主义，如工会、团组织、妇联等；有的需要经过主管部门审查同意，采取许可设立主义原则，如各种协会、商会等。

依《民法总则》第96条的规定，农村股份合作社与农民专业合作社一样，均属特别法人的类型，均为农民合作自治的法人。对于农民专业合作社的设立和登记，《农民专业合作社登记管理条例》第2条规定："农民专业合作社的设立、变更和注销，应当依照《农民专业合作社法》和本条例的规定办理登记。"可见，目前，我国农民专业合作社奉行严格准则设立主义原则。应该说，严格准则主义设立原则体现了合作社的本质要求。作为与农民专业合作社性质既有类似，但又有所区别的新型农村经营主体，农村股份合作社虽兼具股份制与合作制的特点，但其农民合作自治的根本属性与农民专业合作社近似，因此，其设立的原则也应采取准则设立主义为宜。

根据1995年国际合作社联盟大会《关于合作社特征的声明》的规定，合作社是社员自愿成立的组织，同时也是社员自治、自立的组织，"自愿""自治""自立"已成为合作社原则的重要内容。因此，在农村股份合作社设立过程中,一方面,国家应当充分尊重社员的意愿;另一方面,国家对合作社的设立也不能放任不管,尤其是在我国全面建设社会主义法治国家的时代背景下,通过基层政府对农村股份合作社的设立、运行和监管进行积极引导并适当干预,对农村集体资产折股量化精准到人、保证合作社健康发展非常必要。实行严格准则主义设立原则,既能充分尊重社员意愿,又能保证国家对合作社设立进行适度干预,既符合合作社的本质要求,又符合我国国情。

二、农村股份合作社的设立人

关于设立人的资格,从各国合作社立法来看,设立人通常须是农业生产经营者,具体而言,可分为两类做法:一是规定从事农业生产经营的任何自然人、组织都有资格成为农民专业合作社的社员,如在美国,农场主、种植者、牧养者、奶品生产者、水果或者坚果生产者等均有资格成为农民专业合作社社员❶;二是规定只有从事农业生产的农民(自然人)才能成为农业合作社社员,如意大利。在设立人的人数上,世界一些国家与地区合作社通常对合作社最低人数有明确的要求,若达不到最低人数,合作社就不能设立,如《韩国合作社法》《日本合作社法》、我国台湾地区有关合作社的规定均有类似规定。❷ 还有少数国家合作社立法设定了社员人数的上限,如泰国合作社法规定,社员人数不得超过 50 人。❸

由于缺乏农村股份合作的专门立法,其设立、运作和管理监督在实践中一般参照农民专业合作社的模式进行。2017 年,修改的《农民专业合作社法》对农民专业合作社的设立主要有以下三项规定:

其一,《农民专业合作社法》第 19 条规定:具有民事行为能力的公民,以及从事与农民专业合作社业务直接有关的生产经营活动的企业、事业单位或者社会组织,能够利用农民专业合作社提供的服务,承认并遵守农民专业合作社章程,履行章程规定的入社手续的,可以成为农民专业合作社的成员;

---

❶ 陈德军. 美国的农业合作社:特征、类型与功能 [J]. 世界经济与政治, 1997 (9):66.

❷ 《韩国合作社法》规定,农业合作社人数不得少于 20 人;《日本合作社法》55 条规定,对于农业合作社的设立,至少有 15 个农民作为发起人。我国台湾地区有关合作社的规定:"合作社非有 7 人以上,不得设立。"

❸ 李锡勋. 合作社法论 [M]. 台北:三民书局, 1982:73.

其二,《农民专业合作社法》第 12 条规定:设立农民专业合作社,必须有 5 个以上符合第 19 条规定的成员;其三,《农民专业合作社法》的第 20 条规定:农民专业合作社应当有 5 名以上的成员,其中农民至少应当占成员总数的 80%。成员总数 20 人以下的,可以有 1 个企业、事业单位或者社会团体成员;成员总数超过 20 人的,企业、事业单位和社会团体成员不得超过成员总数的 5%。

参照以上三项规定中,农村股份合作社设立人的特点包括以下几点。

首先,农村股份合作社的设立人,是由从事农业生产经营的自然人以及从事与农民专业合作社业务直接有关的生产经营活动的企业、事业单位或者社会组织组成的。

其次,《农民专业合作社法》地 19 条第一项当中规定的 5 人,既是合作社设立人人数的最低要求,同时也是合作社成员人数的最低要求。(设立人人数是合作社设立时的人数,合作社成员人数是合作社成立之后的人数,后者随着合作社的存续有可能增加或者减少)

再次,《农民专业合作社法》20 条第三项中规定的 "80% 的成员是农民" 是对合作社成员内部的比例要求,而不是对合作社设立人内部的比例要求。换言之,在农民设立人和非农民设立人的比例上没有限制,完全由设立人自主决定。

最后,农村股份合作社的设立人中同样要限制非自然人成员数额,其主要目的不仅在于防止这些成员据此取得大量附加表决权而对合作社的经营进行控制,而且在于保证合作社是以农民为主要成员的组织,保证国家在金融、税收、产业政策、反垄断豁免等方面给予合作社的优惠,真正施惠于农民,而不是被非自然人成员变相套取。

一般来说,在设立股份合作社过程中,设立人需要筹备相关事项。在发起人筹备的事项或内容上,各国和地区的规定差异不大,发起人一般负责:决定合作社的形式和目标;评估社员资格并确定营业范围;对合作社欲从事营业进行可行性研究;制定社员名单和出资明细表;准备适当的章程。在发起人筹备形式上,存在两种形式:一是规定发起人或被选举代表的筹备义务和筹备事项;二是通过成立设立委员会或筹备委员会履行筹备工作,如《纳米比亚合作社法》《日本合作社法》的相关规定❶。我国《农民专业合作社法》并不要求成立筹备委员会，但是，设立人数较多时，应当鼓励成立筹备委员会。

三、农村股份合作社的章程

农村股份合作社章程是关于合作社组织和行为的基本规范。合作社章程不仅是合作社的自治法规，而且也是国家对其进行指导和监管的重要依据。制定合作社章程是设立行为的基本内容和必备要件。合作社章程应当满足法律、法规的强制性规定和限制性规定，并在法律、法规有授权性规定或者任意性规定的范围内确定各项规章制度。合作社章程一经确定，即对合作社成员产生拘束力，新成员的加入，也以承认和遵守合作社章程的规定为前提。实践中，合作社章程往往由发起人联合制定，并经由股东大会通过生效，因此，其内容除不得违反法律法规强制性规定外，必须充分体现合作社的自治性，同时，兼具股份制运行管理的特点。

（一）合作社自治性在合作社章程中的体现

合作社是成员自治的组织。对于合作社来说，章程是最重要的自治规则，它是对合作社中的成员及管理人员具有约束力的调整内部组织关系和经营行为的自治规则。合作社章程的自治性主要体现在以下三个方面。

一是订立章程的自由。合作社是以人合性为主的社团法人，合作社的设立人自主选择合作对象，在确定了合作对象之后，就合作社的管理事宜和自治规范进行商讨，从而订立合作社的章程。合作社章程的自治性首先表现为订立合作社章程的自由。

二是修改章程的自由。股份合作社的章程是合作社成员及管理人员必须遵守的自治规则，为了使合作社章程能够具有权威性，应当使章程保持相对

---

❶ 《纳米比亚合作社法》第 13 条规定：想设立并登记合作社的发起人应当召集组成设立委员会议，设立委员会应该从成员中选出至少 3 个人，分别执行主席、秘书和财务的职能。《日本合作社法》第 57 条规定：在筹备会议上，决定诸如社员的范围、资格以及章程中应包括的其他重要内容；提名至少由 15 个农民成员组成的农业合作社的章程起草委员会，在起草合作社联社章程时，则至少有 2 个合社董事被提名。

的稳定性，未经法定程序不能更改。然而，农村股份合作社作为市场经济主体之一，在合作社的运营、管理过程中，随着经济的发展和社会环境的变化，出现章程尚未涵盖的各种特殊情况在所难免。此时，合作社成立之初的章程就不能满足合作社发展的新情况，新要求，需要做出适当的修改，从而适应合作社的发展。修改章程的目的，是为了使得章程能够保持一定的规制效率，从而使社员能有合理的预期。同样，适时地调整和完善合作社章程记载内容，增强规制的合理性与针对性，体现了社员对于章程效力的认知程度和对章程的重视程度，从而在客观上使章程不流于形式，真正保持其规制的效率。在不违反法律强制性规定的前提下，可以根据实际需要，对合作社章程所记载的相对必要记载事项和任意记载事项进行修改。

三是确定章程内容的自由。章程内容体现为章程记载事项。除了合作社法规定的章程必须记载绝对必要记载❶之外，只要不违反法律强制性规定，合作社可以根据自身情况和不同需要，通过社员大会自由决定章程的相对必要记载事项❷和任意记载事项❸。

（二）合作社章程自治性的限度

合作社的自治应当是一种有序而有效的自治，强调合作社的自治性，不等于放任自流，也即合作社章程的自治性不是绝对的，而是有限度的。这种限度主要体现为国家对合作社章程自治的适度干预。国家对合作社章程自治的适度干预，既体现在合作社章程的订立与修改方面，又体现在合作社章程的具体内容上。一是在合作社章程的订立方面。各国合作社立法通常要求，设立合作社必须订立合作社章程，并由注册登记机关进行登记，订立合作社章程已成为合作社设立的一个重要程序，也是合作社设立的必要条件。只有

---

❶　绝对必要记载事项，是指合作社法规定的合作社章程必须记载的事项，就性质而言，合作社法有关绝对必要记载事项的法律规范，属于强制性规范。若不记载、记载缺漏或者记载违法，则章程无效。

❷　相对必要记载事项，即指合作社法规定的合作社章程既可以记载也可以不记载的事项。合作社法有关相对必要记载事项的法律规范在性质上属于授权性规范。这些事项记载与否，不影响合作社章程的有效性。

❸　任意记载事项，是指在合作社法规定的绝对必要记载事项和相对必要记载事项以外，在不违反法律强制性规定、不侵犯他人或社会利益的前提下，社员自愿记载于合作社章程的事项。

订立章程，才能设立合作社，否则，不能设立。二是在合作社章程的修改方面。大部分国家和地区并不要求章程或章程的修改必须经登记机关批准，只要设立大会或社员大会批准即发生效力。个别国家，如澳大利亚则要求必须由登记机关批准。❶ 办理章程变更登记是一项强制性规定，体现了国家对合作社章程修改的干预。三是在合作社章程的内容方面。从各个国家与地区现有的合作社立法来看，尽管绝对必要记载事项有区别，但是，要求合作社章程明确规定绝对必要记载事项，已成为一种通行做法。合作社章程必须全面记载绝对必要记载事项，漏记或者违法记载，将导致合作社章程无效。合作社章程绝对必要记载事项的规定，体现了国家对合作社章程内容的干预。应该说，国家对合作社章程的限制是有其必要性的，这种必要性可以从以下两个方面来解释：

一是从章程的效力来分析，合作社的章程是设立成员之间共同拟定的，因此，首先，章程是成员之间的协议，各个成员必须遵守。其次，合作社章程中有关对外交易或者涉及第三方的内容，只能约束合作社的成员，对第三方没有约束效力。这是合作社作为一种成员内部的协议的性质所决定的。当然，第三人可以通过合作社章程了解到合作社的相关信息，从而主动避免交易风险和冲突。

二是从调整作为市场主体的合作社的角度，对合作社章程的限制是国家通过《农民专业合作社示范章程》这一规范性文件，对章程的必要记载事项进行规定。通过这个手段，使得合作社章程的标准在大体上得到统一，从而使章程的设计有规可循，不致于出现不设章程或者章程形同虚设这两个极端的现象。

修改后的《农民专业合作社法》第 15 条将合作社设立的章程内容规定为：农民专业合作社章程应当载明下列事项：

（一）名称和住所；（二）业务范围；（三）成员资格及入社、退社和除名；（四）成员的权利和义务；（五）组织机构及其产生办法、职权、任期、议事规则；（六）成员的出资方式、出资额，成员出资的转让、继承、担保；

---

❶ 黄步军. 澳大利亚合作社：把坚持和发展合作社原则结合起来 [EB/OL]. (2006 - 08 - 24) [2020 - 08 - 01]. http：//www. agricoop. net/news_view. asp? id = 189.

（七）财务管理和盈余分配、亏损处理；（八）章程修改程序；（九）解散事由和清算办法；（十）公告事项及发布方式；（十一）附加表决权的设立、行使方式和行使范围；（十二）需要载明的其他事项。

与立法修改前相比，合作社章程的内容新增加了"成员出资的转让、继承、担保"，此种修改意在回应《农村土地承包法》所确立的农村土地权利"三权分置"的有关规定，再次明确了对农地流转进行制度解缚。

此外，合作社章程的内容还增加了"附加表决权的设立、行使方式和行使范围"的要求，正是为了确保合作社互助、合作本质属性，防止外来资本利用其资金优势所获得的附加表决权形成对合作社经营管理和利益分配上的控制权，在合作社剩余控制权和剩余索取权的配置中占据有利地位，走入合作社"外部人控制"的怪圈。同时，这也是合作社章程社员自治性的体现。

四、农村股份合作社的设立登记

公民作为自然人，其民事主体资格是基于出生这一法律事件而产生；合作社作为法律拟制的特别法人的一种，其民事主体资格则是基于设立人的创建和法律拟制的行为而产生。这种"法律拟制"的行为，表现为由具有公共性质的社会组织或国家机关进行注册或登记。合作社设立登记的最主要的意义在于赋予合作社作为法律所拟制的"人"所具有的类似于自然人的独立的民事主体资格，其实质是国家以法定的形式确认合作社人格的成立。因此，绝大部分国家和地区的合作社法规定合作社只有经过登记才能具有法律人格。并且，对设立大会召开后申请登记的法定期限、应提交的文件、登记机关收到文件后批准的期限，以及拒绝批准的理由、书面告之义务、登记后的公告程序等都有明确规定。

参照《农民专业合作社法》第 16 条的规定，设立农村股份合作社，应当向工商行政管理部门提交下列文件，申请设立登记：登记申请书；全体设立人签名、盖章的设立大会纪要；全体设立人签名、盖章的章程；法定代表人、理事的任职文件及身份证明；载明成员的姓名或者名称、出资方式、出资额及成员出资总额，并经全体出资成员签名、盖章予以确认的出资清单；载明成员的姓名或者名称、公民身份号码或者登记证书号码和住所的成员名册，以及成员身份证明；住所使用证明；全体设立人指定代表或者委托一代理人的证明；法律、行政法规规定的其他文件。登记机关应当场或者自受理申请之日起 20 日内，做出是否登记的决定。

此外，《农民专业合作社法》还规定：农民专业合作社法定登记事项变更的，应当申请变更登记，具体的登记办法由国务院另行规定。为减轻合作社登记负担，促进新型农业经营主体发展，合作社法从立法之初就规定了办理登记不得收取费用。

第二章 农村股份合作社财产权制度的应然与实然

第一节 农村股份合作社财产权的客体与结构

一、农村股份合作社产权客体的类型化分析

一般认为，财产权的客体指的是受到财产权保护的资产类型。讨论农村股份合作社产权的客体范围主要是明确哪些资产可以归入农村股份合作社支配的范畴。作为农业改革进程中自发产生的一种新型集体性经济组织，农村股份合作社有别于早期传统合作社的重要特征是农村集体成员可以将其土地承包经营权、林权、宅基地使用权等要素折价入股，将农村松散的权利集中，遵循现代企业制度，提高农村集体成员的参与度与创造能力，使其获取更加可观与稳定的投资性收益与劳动性收入，以此来提高农村集体成员的收入水平，扩大农民财产性收入。

根据股份合作社成立时资产的来源不同，农村股份合作社的资产主要包括村社原有集体资产、成员出资、国家财政资助及专项扶贫和建设资金、外界捐赠和投资等，因而，股份合作社自成立之初就表现出集体财产、合作社财产及合作社成员或外来人员的区别化注资并存的三元结构模式❶。在合作社财产权制度安排上，在其成立之初，将部分公共资产积累或者现行法规不允许量化的资产折算成股份后留归全部社员共同享有股份，一般被称为集体股；其次，又将部分可以拆分的集体财产折算成股后直接分配到股份合作社

---

❶ 杜彦. 股份合作社财产权制度研究 [D]. 成都：西南财经大学，2010.

各成员个人账户上而形成合作股；同时，股份合作社允许本合作社人员及少量外来人员以资金、知识产权、实体设备、市场资源、专有技术等入股并折算成股份从而形成募集股。结合现阶段法规、政策及各地股份合作试点的实际，农村股份合作社的资产主要包括三种类型。

（一）集体财产

农村集体资产指属于乡或村的集体经济组织所享有的资产。从历史上看，我国农村现有集体经济组织源于人民公社时期"三级所有、队为基础"的模式，组级、村级和乡镇级集体经济组织与原生产队、生产大队、人民公社相对应，各级集体经济组织依照集体土地所有权和集体资产产权归属，管控该集体所有的资产。在这种体制下，农村集体资产的所有权和使用权高度统一，农民个人对土地等生产资料没有所有权也没有经营权。党的十一届三中全会以后，实行家庭联产承包责任制，逐渐赋予农户相对独立的自主经营权，但集体所有的产权制度没有发生根本变化，集体作为土地的所有者继续享有对土地管理、调整和从土地上收取费用的权力。这一时期兴起的乡镇集体企业承包制同样是在不改变企业集体所有属性的前提下，按照所有权与经营权分离的原则，以承包合同来约定作为承包者的村民个人（或外来人员）与乡镇企业间的权利义务关系的经营方式。如此，依据我国现行立法的规定，农村集体财产涵盖了除法律特殊规定以外的农村土地、宅基地和自留地、自留山、水面、荒地等自然资源及集体所有的流动资产、固定资产、长期投资、无形资产等一系列资产。

具体来说，农村集体资产产权主要包括三部分：一是土地资源性资产；二是集体经营性资产；三是非经营公益性的集体资产❶。按照当前深化农村集体产权制度改革的原则，除盈余提取的公积金、公益金或外来捐赠是在合作社因法定原因或满足章程约定而解散时才量化至成员账户外，在合作社成立时，可以按照合作社章程的规定将所有经营性资产和资源性资产均量化到合作社成员的个人账户。而公益性资产，包括国家财政资助资金及其由此形

---

❶ 段龙龙，刘小茜. 农村集体资产股份量化改革：模式、争鸣与出路［J］. 经济体制改革，2014（6）：75.

成的相关资产则依法不可进行分割或分配，即便是在股份合作社解散之后，合作社成员作为村民委员会成员，仍可以依据其身份对这部分财产享有共益权。

实践中对于集体资产量化的范围存在较大分歧：一种做法是就集体经营性净资产进行快捷量化。这种资产量化方式在操作上比较便捷，可有效地规避土地等资源在实践中难以评估作价的具体问题，改革的困难有所降低。例如，"松江模式"就是采取较为务实的整体盘存方法，除实际控制权明晰的承包经营用地之外，其他建设用地和集体非土地不动产皆纳入集体资产存量范畴。另一种做法则是把现有的经营性资产、非经营性资产及资源性资产都纳入量化的范畴。例如，"成都模式"则打包整合农村集体所有权制度属性下分散的所有未分配和不具备实际控制人的资源性资产、经营性资产和公益性资产，通过统一清查核算按照集体资产量入为股、以资配股和清算到人的方式进行股份制改造。

上述两种做法都有一定的理论支持。集体资产的范围原本在内涵上就有狭义与广义的区别。狭义的集体资产单纯指集体账面内容，可以理解为会计学上的经营性资产与非经营性资产；广义的集体资产不仅涵盖了集体账面资产，还囊括土地等资源性资产。其中资源的使用、收益、经营、分配及处分也是集体资产管理的重要内容。故此，在中央尚未制定统一的标准之前，针对于集体资产量化的范围，各地可先行量化经营性资产，对于非经营性资产和资源性资产暂不进行量化❶。一是因为非经营性资产具有纯公益性质，其客体主要是被公共所使用的农村集体资产。现阶段暂且没有折股量化的必要。二是由于土地等资源性资产具有一定的特殊性，其价值在评估标准与过程中存在空白点，价值尚未明确显现，因而可暂且不予量化。而当农村集体资产监管制度比较健全，经济发展达到一定水准时，则可以对这些资产实行同时量化。

但在现实操作中，因土地征收所取得的土地补偿费及集体资产置换所取得的增值部分，集体经济组织应及时地、足额地进行追加，以此来保障成员

---

❶　国务院发展研究中心农村经济研究部. 集体所有制下的产权重构 [M]. 北京：社会科学文献出版社，2015：186.

的利润分配权。当然，也存在农村基层干部、成员一致要求对土地等较为特殊的资源性资产进行量化的现象，这时则应允许农村基层组织积极主动探索，但在操作中遵守农村集体资产量化的总原则，也就是对合作社成员给予充分的选择权，取得其肯定。值得注意的是，国家财政资助虽然同样可以量化到成员账户，但依照法律规定却不可分割与分配。《农民专业合作社法》第46条明确规定："农民专业合作社接受国家财政直接补助形成的财产，在解散、破产清算时，不得作为可分配剩余资产分配给成员，处置办法由国务院规定。"至于社会捐赠量化部分，则应依照捐赠协议的约定进行处分，如未进行约定，可以分割并分配给合作社成员。

（二）个人资产

集体组织成员的个人资产在股份合作社财产权范围上占有重要地位。参照我国《民法通则》《公司法》《农民专业合作社法》等法律的规定，成员可以以货币，也可以用实物、知识产权、专有技术及土地承包经营权等可以用货币估价并可依法转让的非货币财产作价出资。农民已经确权的承包经营用地，因强化其用益物权权能的需要及土地承包经营关系长期不变的政策背景，一般不能将其纳入集体资源性资产，而是归入农民成员加入股份合作社的非货币财产范畴。合作社成立之后，上述出资均构成合作社的独立财产，由股份合作社依法占有、使用和处分，不能以成员个人名义支配、分割。股份合作社成员以其账户内记载的出资额和公积金份额为限对农村股份合作社承担责任，股份合作社则以全部财产对债务承担有限责任。当然，在土地承包经营权"三权分置"政策背景下，股份合作社成员仅以其依法承包的土地之上的"土地经营权"入股，"土地承包权"作为一种基于其身份的特殊权利仍为农民个人所有，意在切实地解决农村"三权"在抵押融资上所遭遇的尴尬局面，使得农民这一主体获得更稳、更高、更持续的财产性收入和工资性收入，提高农民整体收入水平。但需要注意的是，农村股份合作社成员有按照合作社章程要求退社的权利，一旦其成员资格终止，股份合作社应退还其成员账户内记载的出资额和公积金份额，在其成员资格终止前可以分配的盈余也应该按规定退还给退社的成员。

（三）外来资产

农村股份合作社的财产权范围还包括外来资产，参照《农民专业合作社法》的规定，农村股份合作社可以适当引入企业、事业单位或社会团体作为其成员，也可以适当引入非农民或非本村集体的自然人成员，但外来成员的比例要受到相关的限制。目前，在对本村成员以外的投资者入股合作社的身份认定，即是否应和本村成员一样享有相同的股权权利上还存在争议。一种观点认为，作为出资方，因其出资入股行为即应被认定为股东，享有和内部成员一样的选举和被选举权、决策权等权利内容；另一种观点认为，农村股份合作社因其具有较强的合作性质，其股东成员只能源于内部，外来投资者不能因其投资行为当然的成为股东。

笔者认为上述两种观点都有失偏颇。从农村股份合作社的特点出发，其兼具"股份制"和"合作制"的双重特征，决定了在其成员的身份认定上不能仅强调股份制的"资合"性而忽略其合作制的"人合性"特点。"人合性"就决定了成员身份上必须存在特定限制，否则，让外来投资者享有和村民集体成员一样的权利，将动摇集体所有制的基础。但股份合作社规模化发展和融资的迫切需要又使其不能一味拒绝村民成员以外的资金注入。因此，对外来投资者的身份认定，可以参照《公司法》相关理论，将其出资单纯地作为一种出资证明，不享受合作社股东基于其天然身份而获得的选举权和被选举，但可以享有合作社收益分红等财产性权利。退一步讲，即便将其纳入合作社的股东范围，在实践中仍应当注意区分内部股东和外部股东的权利。内部股东由本集体成员组成，具有完整的权利，外部成员仅享有利益分配请求权，不享有选举和被选举权，亦可以按照合作社章程为其合理配置部分重大事项决策权——即特定控制权。如果不加任何限制，就有可能出现外来募集股占据较大比例，进而出现外来资本压制小股东（农民集体成员）权益的现象。因而，对于外来资产的认定以及换算折股时应当特别注意，对其入股资金和股权比例事先进行限制，这样才能对合作社的剩余控制权和剩余索取权进行合理配置，保持股份合作社兼采"股份制"和"合作制"的本质特点。

二、农村股份合作社财产权结构解析

产权结构是关于某一资产的所有权、决策权和收益权的说明[1]。农村股份合作社融股份制和合作制特点于一身，兼具劳动合作与资本合作的二元制产权特征，其财产权的内涵丰富，它不是一种单一、特定的权利，而是权利束。对财产权权利束的定义存在一个发展趋势，即权利束的内容越来越广，不仅包括传统的排他性的占有、使用、收益、转让权，还包括资产的安全权、管理权、剩余索取权等[2]。因此，合作社财产所有权在合作社财产权中仅仅是一个物权类型，即合作社财产权包含合作社所有权，但绝不仅限于合作社所有权，故而有些学者所主张的合作社财产权，即合作社所有权这种观点很难成立。

农村股份合作社产权在分解后可以归属于不同的权利主体，形成一种稳定的产权结构体系，其产权结构体系中最核心的权利主要包括以下三种。

（1）所有权。所有权是指对财产全面的直接支配权利，包含了对财产的占有、使用、收益和处分。从民法理论出发，集体所有权的内容应包括所有权的各项权能，但对某些财产的处分要受到法律的限制。集体所有为成员共有，但又不同于一般的共有。集体所有权的行使必须实行民主管理，对重大事务的处理须经集体成员民主决策做出决定并接受集体成员的监督。

农村股份合作社由于其资产来源、组成成分多元化，因而，在其产权主体认定的时候亦存在多样性。例如，土地所有权问题，我国现行法律虽明确了土地承包经营权归属于集体成员个人，但土地的所有权却依法归属于集体。集体在对其土地拥有所有权的同时，应当受限于法律与政策，不得随意处分土地，变相侵夺农民的土地。对于以个人财产或外来资产入股的股东，应当参照《公司法》内容，将其入股的财产转化为合作社所有的财产，不再认定为个人财产。因此，从产权经济学角度出发，农村股份合作社的产权所有权可以区分为两个层面：一是股份合作社对自身管控的财产所拥有的"法人所有权"；二是合作社成员享有的"成员所有权"。股份合作社成员财产权主要

---

[1] BAKER G R, MURPHY G K. Strategic alliances: bridges between "islands of conscious power" [J]. Journal of the Japanese and international economics, 2008, 22 (2): 146.

[2] 李胜兰, 于凤瑞. 农民财产权收入的土地财产权结构新探: 权利束的法经济学观点 [J]. 广东商学院学报, 2011 (4): 86.

表现为合作社成员以其在农村股份合作社中的出资而折算成股份后最终享有的股权。

（2）剩余控制权。剩余控制权是指事前并没有在合同中明确约定的决定资产在合同所限定的特殊用途之外如何被使用的决策权❶。它是与那些早已在合同中列明或商定好的如何使用的特定控制权相对应的概念。在现代公司体制下，股东与公司经营者之间实际上存在着代理关系，一般来说，相比股东将与公司经营相关的特定控制权授权给经营者，他们更愿意把对公司的剩余控制性权留在自己手中。

在农村股份合作社中，利用其实际资本从事生产经营活动，并对其过程的进行决策与控制，是实现财产权的重要方式之一。再进一层，股东权利的核心是对剩余控制权的分配过程，也是在股份合作社通过怎样的机构划分对合作社内部的权利与责任的进行界定。

对于农村股份合作社这一特殊主体而言，单纯地实施传统合作社的"一人一票"亦或是股份公司的"一股一票"，都是一种极端的思维定式，其主旨与股份合作制企业的思路相悖离，其决策机制不仅要体现出合作制的民主理念，且要尽可能符合资本的责权相对称的要求，以此来实现股权平等与人格平等的共同愿景。

（3）剩余索取权。剩余索取权主要表现为在收益分配优先序列上"最后的索取者"❷。剩余索取权行使的前提是必须有扣除补偿性成本的余额，即税后收益存在。股份合作社的税后收益分配，一般分为公积公益金和股东股利两部分，股东、经营管理人员直接或间接享有剩余索取权。公积金、公益金主要用于合作社发展基金的积累和公共福利及设施支出，一般在 20% ~ 40% 的比例；股东股利则根据股东大会讨论通过的收益分配方案按进行分配，设置了集体股的，股利归村集体所有，一般用于村级行政和公共设施建设、运营、维护费用，个人股则按股分红，实行同股同利，股利归个人所有。部分股份合作制开展较早的地区，还考虑到了对职业经理人或经营管理人员的激

---

❶　HART S G. The cost and benefits of ownership：a theory of vertical and lateral integration［J］. Journal of political economy，1986（4）：94.

❷　张维迎. 所有制、治理结构及委托—代理关系：兼评崔之元和周其仁的一些观点［J］. 经济研究，1996（9）：3.

励，赋予他们部分剩余索取权。例如，浙江省的部分村级股份合作社就建立了相应的激励约束机制，超额完成经营目标任务、经营管理成效显著的，对经营班子给予一定的股权或经济奖励，反之则要承担相应的经济责任。

第二节　农村股份合作社治理结构之应然

联合国开发计划署（United Nations Development Programme，UNDP）对治理结构所作的定义是："治理结构是对组织、社会团体等的行为使用的控制权、支配权和管理权。此权利是从下至上参与型治理结构体现的分权和从上而下的统制型治理结构体现的集权的结合体。"❶ 一般来说，法人的治理结构采取"三权分立制衡"的原则，由权力机关、执行机关、监督机关三部分组成，以各组织机构之间的关系是否协调，组织机构的设置是否完善和能否高效运转为衡量法人组织治理情况是否良好的主要判断标准。

完善的治理结构对农村股份合作社的组建和高效管理具有重要作用。由于缺乏专门的农村股份合作社法的规范，实践中各地股份合作社的治理结构也各不相同。例如，《广东省农村经济联合社和经济合作社示范章程》规定，经济合作社的治理结构由成员大会、成员代表会议、社委会、民主理财监督小组组成，而杭州市发布的《杭州市村级股份经济合作社示范章程（试行）》中则明确股份合作社的组织机构由股东代表大会、董事会和监事会组成。

课题组认为，鉴于立法明显缺失，只要股份合作社的法人主体地位能够得以明确❷，可以借鉴公司治理结构的模式或参照《农民专业合作社法》的相关规定来构建农村股份合作社的治理结构。具体来说，农村股份合作社的治理结构由以下几方面构成：

---

❶ JOHN S M. Game – theoretic analysis of decision making in farmer cooperatives［J］. Staff papers, 1985（18）：61.

❷ 目前已经有较多省份或地区以地方规章的形式明确了农村股份合作社的独立法人地位。如2013 年，山东省政府发布了《农村经济（社区）股份合作社工商登记意见》中明确规定："村级集体经济组织改制为农村经济（社区）股份合作社的，适用《农民专业合作社登记管理条例》规定，可以依法进行工商登记，领取农民专业合作社法人营业执照，取得农民专业合作社法人资格。"重庆市江津区发布的《农村新型股份合作社发展实施方案》中也明确规定农村新型股份合作社属于农民专业合作社范畴，可依法进行登记。

一、股东大会——权利机构

股份合作社股东资格的界定应遵循"实事求是、公平合理和资格唯一性"的原则，以股份合作社成立时为时间界限，以当时的户籍关系为计算依据，结合生产生活历史、土地承包关系、享受集体分配等因素科学合理进行界定，力争做到全面、准确，强调社会和谐与公平。股份合作社股权的设置一般设置"人口股"，根据实际也可增设"农龄股"，如增设"农龄股"的股份合作社，人口股比例不得低于60%。单股权类型、股权配置、股权管理等政策须经村民大会民主讨论，以三分之二以上多数通过才能做出决定。

凡具有股权者皆为股份合作社股东，享有管理权、检查权、收益权、投票权等合法权利。股东可以通过股东大会制定或修改本合作社的章程，批准年度账目或盈利分配等重要事项；了解和检查合作社经营的盈亏情况及相关账目报告及经营进展情况；在股份合作社条件下，股东的收益有双重标准，既按资分配，即按股分红，又按劳分配。具备条件的合作社还可以将劳动力折成"劳动股"并参加分红，实现劳动力的"资本化"。

股东大会是农村股份合作社的最高权力机构，有权制定或修改合作社章程；选举董事会，改选、罢免董事；决议股东的入社、退社、除名等事项；审议董事会、厂长（经理）的年度工作报告和各种方案；决定本合作社的业务项目、发展途径、获益分配等问题；决定其他事项。

投票是股东大会的主要操作形式，根据事项的不同，农村股份合作社可以规定不同的多数标准，但与公司制的股东大会实行"一股一票"制不同的是，由集体股这一特点所决定，农村股份合作社实行的是"一人一票"制，程序性的事项须经半数以上通过，实体性事项须经三分之二以上通过，方能生效。

二、决策机构——董事长与董事会（理事长或理事会）

理论上，保障股东权益的主要机构是董事会。因此，合作社重要的治理结构是董事会。但从目前的实际情况来看，农村股份合作社的治理核心却是董事长或理事长。董事长在公益权方面的权利不同于一般董事，具有对外代表本社的代表权，对内则具有业务执行权，各董事的执行权限由董事长决定；

在董事会休会时，董事长有权代行其职权。

董事由股东在股东大会上选出，董事会即由全部董事构成。董事的任期由股份合作社章程或内部细则规定，具体方式可以选择。一种是在规定的年龄内，连选连任。另一种是规定任期，到期时，董事们离任重选。再一种是将董事划为几组，每组人数一样，每年选一组董事离任重选。每次只选出部分董事❶。这样，每年更换部分董事，既可以维系董事会人数总体不变，对董事会整体的分工能力不造成影响，同时又因不断吸纳新成员和解雇不合格的成员，维系董事会的工作效能。

董事的权利有自益权和公益权两种。董事的自益权是基于股份合作社对他的委任关系而享有的对公司的权利。主要包括：预付费用请求权；偿还费用请求权；代偿债务请求权；损害赔偿请求权。董事因对股份合作社的责任和义务而产生公益权，主要包括：业务执行权；董事会参与权；股份合作社代表权。

董事会是股东大会的常设机构，在股东大会闭会时，董事会可以行使其职权。它由股东大会选举出来，决定股份合作社的重大问题。董事一定要由股东大会民主选举，一般由股份合作社的股东担任。但为了更好地开展工作，对董事会成员的选择，需考虑以下几点：

第一，机构中既要有群众的代表，也要有熟悉股份合作社经营管理工作的人才，为此，可以物色一部分本合作社已离职但有管理经验又受群众信任的老管理人员为董事会的成员。

第二，规模较大的股份合作社可以考虑聘请部分具有经营管理专长的非本社人员作为董事会的成员，并给予必要的经济补贴，请他们当顾问❷。

在股东大会闭会时，董事会可以行使以下权利：执行股东大会决议；推选董事长；解聘和聘任经理，决定经理的薪酬；代表合作社与厂长签订承包经营责任制合同；审议合作社每年的计划、财务预算；约束合作社经营者正确行使权力。

董事会有常会和临时会议两种。常会定期召开；临时会议无定期，根据

---

❶ 张满林. 我国农民专业合作社治理问题研究 [D]. 北京：北京林业大学，2009.

❷ 黄少安，车贵. 农村股份合作制的多维考察 [M]. 济南：山东人民出版社，1996：35.

需要由董事长随时召集。会议中，必须有半数同意才能通过决议。

三、监督机构——监事会

监事会是监督股份合作社财产及工作执行情况的常设机构。监事由股东大会选出并代表股东大会执行监督职能。监事会独立行使职权并与董事会处于同等而又相对独立的地位。监事会人员较少，一般为 3～9 人，以股份合作社普通股东代表为主，从中选出一名常务监事，行使日常监督工作。

监事会及监事的职权主要是：监督合作社的业务情况；监查董事长、董事及股份合作社高级经营管理人员在生产经营上有无违背法定章程和股东大会决议的行为。如发现股份合作社财产受到危害时，要及时向董事会发出警告，督促其纠正或召开董事会，公布调查结果，督促采取善后措施；监事认为有必要时可根据章程规定，召开股东大会报告发展和调查问题的结果；草拟监事报告书；当董事本人与股份合作社发生交涉或诉讼时，要有监事充当股份合作社代表或者诉讼代表人，代表本社处理相关纠纷。

第三节　农村股份合作社治理结构的实然

农村股份合作社治理结构实证分析

虽然股份合作社还没有专门的法律进行指导，但各地已纷纷大举推动股份合作经济的前行。党的十八届三中全会决议中，提出鼓励多种形式经营，积极发展农民股份合作的决策，这为我国今后农村改革指明了发展方向。现实中，各地农村股份合作社的治理结构虽具有一定的趋同性，但在具体制度设计上却呈现各自不同的形态，以下仅以媒体公布的几个股份合作社为例进行说明。

（一）黄石市下陆区詹本六社区股份合作社

詹本六社区股份合作社组建于 2009 年，根据年龄和对集体付出的大小，村民能够占有不同的股份。股权的运行方式较封闭，不可以抽资、让与、继承、退股、交易、抵押等。

按照股份合作社章程规定，詹本六社区股份合作社设置股东大会、董事会和监事会。董事会主要由村党委、村委会的同志和现在从事财务管理、企业管理的同志共 7 人组成，每届任期三年，董事长可连选连任。监事会由 2 名懂财务、会管理、公道正派的同志组成，村党支部书记担任监事会主任。董事会和监事会职务不交叉担任❶。

综上所述，詹本六社区股份合作社在组织结构上设置了"三会"，以土地、资产、信息等各种要素设置股权，治理结构相对合理。但其还处于初始阶段，只以本村集体财产进行生产活动，合作社的股东仅限于本集体经济组织成员，政社分离。合作社今后应吸收社会资本用于本社建设发展，将合作社逐渐演变成现代企业，以繁荣本社经济。

（二）常熟市碧溪新区李袁社区股份合作社

李袁村的土地股份合作社成立于 1999 年，其在股权设置上，分为土地股、现金股、技术股、信息股和管理股。土地股一亩*为一股，共 168 股；现金股 1 万元为一股，共 101 股；技术信息股共 100 股；合计为 369 股。在组织结构上，有本合作社设社员代表大会、董事会、监事会。社员代表大会共有 19 名代表，3 名为集体经济组织入股股东，另外 16 名为土地承包经营权股份代表❷。

李袁村的土地股份合作社设置了"三会"，以土地、现金、技术、信息、管理等多种要素设置股权，这是"政社分离"模式的典范，其分离了集体组织经济自主权与村委会自治权，促进土地股份合作社的治理结构向公司制的模式发展；但这种模式需要有才能的人带动合作社前进。

（三）徐州市潘庄土地股份合作社

潘庄的土地股份合作社成立于 2006 年，是江苏省第一家土地股份合作社。合作社成员一同面对风险，人人得以分享收益。在股权设置上，潘庄土

---

❶ 范步，黄石. 1.4 万农民进城当社区股份合作社股东［EB/OL］.（2014 – 06 – 19）［2020 – 07 – 12］. http：//news. cnhubei. com/xw/hb/hs/201406/t2960102. shtm.

* 1 亩等于 666.7 平方米。

❷ 杜静. 江苏农地股份合作社发展模式简析［EB/OL］.（2011 – 06 – 11）［2020 – 07 – 12］. http：//www. jsagri. gov. cn/njzz/nongjzzcanygc/files/492142. asp.

地股份合作社将土地作为主要股权要素，另吸纳财产、信息等要素入股。土地股 2 亩为 1 股，资金股 6000 元为 1 股。当初入股的土地有 340 亩，资金 25 万元，成员 125 户。合作社决议生成《张庄镇潘庄土地股份合作社章程》，选举产生了成员代表大会、董事会和监事会并选出村党支部书记为董事长❶。

潘庄的土地股份合作社以多种要素设置股权，在组织上实行三会制度，这是一种"政社合一"模式，村委会可根据自己的优势与对方商谈并有关部门提出意见，使农民的顾虑减轻、降低交易成本；但其也有缺陷，"三会"不能有效发挥自己的作用。

第四节　农村股份合作社剩余控制权与剩余索取权之应然

依照现代企业理念，构建产权明晰、权责明确、政社分开、管理科学的农村股份合作制度是党的十八届三中全会提出的深化农村改革的主要措施之一。2016 年中央 1 号文件《关于落实发展新理念加快农业现代化 实现全面小康目标的若干意见》又进一步指明了鼓励发展股份合作，引导农户自愿以土地经营权等入股龙头企业和农民合作社，采取"保底收益 + 按股分红"等方式，让农户分享加工销售环节收益，建立健全风险防范机制等赋予农民更多财产权利的实施路径。农村股份合作社作为中国农业改革进程中自发产生的一种新型集体性经济组织，对于加快农村发展模式的转变、发展集体经济、保障农民财产性权益以及进一步推动城镇化与农业现代化都具有重大影响。自 1984 年山东省淄博市周村区长行村成立第一个股份合作社，拉开我国新一代股份合作社发展的帷幕，农村股份合作社的实践在各地广泛开展，呈现出形态多样化、规模扩大化的良好发展趋势。但也因农村股份合作社的自发产生性，长期缺乏立法明确性和理论指导，其法律地位不明、产权不清晰、内部权利构架不均衡、利益分配不公等问题普遍存在，这势必会影响股份合作社的进一步发展壮大。

剩余控制权和索取权作为决定合作社资产如何运用及利益分享的核心产

---

❶ 魏垂敬. 来自江苏首家土地股份合作社的调查［EB/OL］.（2010 – 11 – 26）［2020 – 07 – 12］. http：//www. cfc. agri. cn/cfc/html/141/2010/2010112614221956262024l/html.

权权利，不仅关乎到普通小股东——农民财产利益的实现，更与农民成员参与股份合作社经营控制和利益分配决策权利直接相关，对农村股份合作社的稳定运营及发展具有重要意义。我国学界对企业剩余控制权及剩余索取权的理论研究已具有一定基础，但具体到农村股份合作社该项权利的研究成果则相对匮乏。在前述政策背景下，研究农村股份合作社的剩余控制权、索取权及其合理配置就显得很有必要。

一、剩余控制权和剩余索取权权配置之应然

（一）剩余控制权、剩余索取权的内涵

格罗斯曼和哈特最早提出剩余控制权的概念，认为剩余控制权是指事前并没有在合同中明确约定的决定资产在合同所限定的特殊用途之外如何被使用的决策权❶。剩余控制权源于合同的不完全性，因为人们无法事先对未来可能出现的事件做出完全准确的预测，更不可能预先设计好相应的行动与措施预案，故企业的契约不可能完备。当合同中出现未预料到的情况时，由谁进行决策就是所谓的"剩余控制权"，而那些早已在合同中列明或商定好的如何使用的决策权利，可以叫作特定控制权。如果契约是完整的，那么特定控制权就可以包括全部权利；反之，则凡是契约中未经指定的权利都是剩余控制权。在企业经营过程中，经营者对契约中未经指定的权利的使用也正是其实际拥有企业所有权的依据❷。由于这种权利是专属于所有者的，因此，必然带有所有权的普遍性、排他性、可分割性和可转让性等特性。在现代公司体制下，股东与公司经营者之间的关系类似于代理人关系，一般来说，股东会将与控制性权利相关联的权利留给自己，而将与经营相关联的权利委托给经营者，因而，剩余控制权是可以分割的❸。

剩余索取权的概念是由阿尔钦和德姆塞茨第一次正式提出，认为团队中的中心人物应获得"超过规定数量之上的剩余产出"的权利，即为"剩余索

---

❶ HART S G. The cost and benefits of ownership: a theory of vertical and lateral integration [J]. Journal of political economy, 1986 (4): 94.

❷ 杜建菊. 剩余索取权和剩余控制权需要对称吗 [J]. 理论导报, 2008 (12): 31.

❸ 赵本光. 论企业的剩余控制权与剩余索取权 [J]. 企业研究, 2000 (8): 56.

取权"；詹森和迈克林将剩余索取权概念的内容进一步拓展，认为剩余索取权是"对企业资产和现金流可分割的要求权"❶。但剩余索取权更多是针对企业的现金流（净收益）而言的，企业资产更像是一种成本投入，而不是剩余，因而针对企业资产的索取权只有在企业破产时才有意义。因此，经济学上通常将企业剩余索取权定义为对企业收入扣除补偿性成本的余额的要求权。

按照哈特的逻辑，剩余索取权指的是索取剩余利润的权力，是所有权构成中的一项重要的内容，其实质是针对剩余劳动而言的一种要求权，亦为投资者获得企业净利润的合法依据和来源；剩余控制权则是指合同未明确的任意处置企业资产的权利（包括人力资产、实物资产和无形资产）。通常来说，对有形资产和无形资产的使用主要包括合并、投资、拍卖等活动，而对人力资产的任意使用主要体现在对经营管理人员的任命、解雇及对其工资的确定等权利。在早期传统企业中，资产的所有人利用其自身资产进行经营时，具有所有者和使用者的双重身份，二者统一于其自身，所得利润都是归这个同一主体所有，不存在有很多人争抢利润和利润分配不公等问题。从理论上讲，所有者应该同时享有剩余索取权和剩余控制权。

（二）剩余控制权与剩余索取权的关系

哈特强调剩余控制权与剩余索取权的统一，有效的企业制度应该是剩余索取权与剩余控制权相对应，即由同一主体拥有剩余控制权和剩余索取权，因而控制权和索取权是由所有权衍生出来的形式。因为在合同不完全时，权力是源自于所有权的。所以，他认为这种权力需要赋予给对投资更有作用的一方❷；受其理论影响，传统公司治理理论的一个基本原则是将股东利益最大化，即"谁投资，谁担险，谁控制，谁受益"，股东拥有公司财产的全部剩余控制权和剩余索取权，其背后的逻辑是："控制权跟着剩余索取权走，或剩余索取权跟着控制权走，有效的治理结构应使二者达到最大可能的对应。"❸ 反之，如果两者脱节则会造成相当严重的后果。将剩余控制权和剩余

---

❶ 张东明. 对企业剩余权的重新解读［J］. 经济纵横，2011（3）：19.

❷ 罗纳德·H. 科斯. 企业、市场与法律［M］. 盛洪，陈郁，译. 上海：格致出版社，2009：37.

❸ 张维迎. 所有制、治理结构及委托—代理关系：兼评崔之元和周其仁的一些观点［J］. 经济研究，1996（9）：6.

索取权联合在一起，由决策者来承担决定所导致的结果，他为了使自己获益并避免亏损就会尽量做出更好的决策，实际上是倒逼着让最有动力做出好决策的人来做决策。如果拥有资产的控制权和索取权的不是同一个人，那拥有控制权的一方就不会有动力去挖掘提高效率和增加收入的新方式，因为该方法所获得的收益基本上是归拥有收益权的一方。同样的，仅仅拥有索取权的一方也缺乏参与决策的积极性，因为他对企业的运营提出任何建议都需要和拥有控制权的一方进行谈判，主动权并不掌握在仅拥有索取权的一方。

哈特等人认为剩余控制权仅包括物质资本，而不包括人力资本的内容，认为物质资本所有者应该获得企业全部的剩余控制权❶。然而，在现代公司中，所有权与控制权相分离是常见的现象，剩余控制权与剩余索取也不可能完全对应。因此，哈特的观点遭到了很多质疑或反对。在此窘境下，以诺思为代表的新制度经济学派提出，应该赋予管理人员部分剩余控制权和索取权，这样才能激发企业内部的活力，促进企业效率的提高。诺思认为资产价值的剩余索取者是对该资产价值影响最大的人，并总结道，"激励是经济绩效的决定因素"❷。崔忠宇（chongwoo choe）提出，如果由代理人掌控剩余索取权，企业的合作协议会产生更大的作用❸。在委托—代理机制很普遍的现代公司制企业中，企业的剩余权不应当仅仅由资本所有者掌握，而是应当部分授予给对企业有重要贡献和作用的成员。特别是由于交易成本、信息不对称及股东在企业内部信息的劣势等原因，股东最理性的选择是将剩余控制权让渡给最有私人信息优势、最难监督的职业经理人❹。

（三）剩余控制权和剩余索取权科学配置之应然

哈特、诺思等学者提出的剩余控制权和剩余索取权理论很快被运用到了企业经营实践中。公司治理的核心问题是公司的权力配置与利益分配问题，

❶ 傅绍文，邓秋云. 剩余控制权理论综述 [J]. 经济学动态，2004（11）：94.

❷ 道格拉斯·C. 诺思. 制度、制度变迁与经济绩效 [M]. 刘守英，译. 上海：上海三联书店出版社，1994：43.

❸ CHOE C. Residual claim and information acquisition in partnerships [J]. International advances in economic research，1995（4）：370 - 376.

❹ 张梅希. 剩余控制权、剩余索取权与当前人力资本激励 [J]. 技术与市场，2015（7）：274.

其中最重要的是剩余控制权与剩余索取权的安排，这种权力安排的合理与否是公司绩效最重要的决定因素之一❶。

剩余索取与剩余控制如果是不相符或分配不合理就容易造成"内部人控制"现象和对小股东利益的侵害。大股东掌握着过多的剩余索取权与剩余控制权而成为企业的内部人，就连董事会等权力机构也实际上受其控制，这样的话，内部人就可能利用信息的不对称性或通过关联交易实现对小股东和债权人利益的掠夺。此外，剩余索取权与控制权的配置不合理还会导致激励机制的扭曲，职业经理人及员工的积极性受到抑制，不利于激发他们参与企业经营的动力。

按照传统的公司治理理论，股东利益最大化是公司经营的最高价值目标。因而，各国公司法都规定了企业股东拥有正常经营状态下企业的剩余控制权、剩余索取权。通过股东大会，股东可以选举董事会，再由董事会来决定公司经理人选，并通过股东大会选举监事会来监督董事会及经营者的行为，形成了传统的"三会"制度。但正如前文所言，在现代公司中，所有权与控制权相分离，剩余控制权与剩余索取权不对称是常见的现象。美国20世纪80年代到90年代的公司收购浪潮中，股东通过抛售公司股票套现获利而导致公司破产的案例层出不穷，充分暴露出单纯的股东治理约束机制的无效。以此为鉴，日本公司的剩余控制权分享机制开始受到业界关注和热捧，向经营者和工人转让某些剩余控制权成为一种共识，剩余控制权的安排也出现了从"独享"向"分享"的演变❷，年薪制、股票期权等激励机制在西方国家公司中的普遍建立正是这一变化的真实写照。因此，现代企业剩余索取权与控制权配置呈现出以下新趋势：放弃股东利益最大化作为企业唯一目标的教条，代之以兼顾企业所有者、经营者和其他利益相关者的均衡协调模式，既要形成剩余控制权和索取权的对称分布，又要很好地做到防控剩余控制权的滥用。具体而言，有以下几方面的要求：

首先，要做到企业产权清晰。明晰的产权包括三个基本要素。第一，财

---

❶ 王雷，党兴华，等. 两权分离度、剩余控制权、剩余索取权与公司绩效［J］. 管理评论，2010（9）：24.

❷ TIROLE J. Incomplete contract：where do we stand？［J］. Econometrica，1999（67）：741 - 781.

产明确按份分配给所有者，且具有排外权；第二，所有者有获得资产增值的剩余收入的权利；第三，所有者拥有控制和决定资产使用、调整资产结构及销售和出租财产的权利❶。

其次，激励约束机制要做到科学合理。对经营者激励最有效的方式之一是让经营者拥有剩余索取权与控制权❷，对企业经营者的激励分为薪酬激励和职务激励，薪酬激励一般表现为剩余索取权的激励，职务激励一般表现为控制权的激励。通过股票期权、薪酬激励等形式建立合理的报酬激励机制，让职业经理人和工人共享部分剩余索取权，可以使经理人与其他股东的利益趋向一致，形成利益共同体。事实上，对于许多大型公司而言，只要持有20%的股份甚至更少就足以确保对该公司的实际控股权❸。同时，要充分发挥控制权约束机制的作用，既要使职业经理人能满足于控制他人的成就感，赋予其对企业经营特定的控制权，又要充分行使非人力资本所有者对经营者的监督和罢免权，发挥资本所有者的剩余控制权的作用。

最后，要完善经营者的监督机制。完善企业治理结构，健全"三会"制度，通过董事会制度控制"内部人"现象，杜绝大股东的非法行为；通过股东大会及选举董事会，建立独立董事或外部董事制度，决定企业的重大经营事件，监督经营者；强化监事会的监督职能，增加独立监事的比例，明确经理人的义务与责任。

第五节　股份合作社剩余权控制权与剩余索取权配置之实然

20 世纪 60—70 年代，浙江温州、台州地区的农村社办企业是农村股份合作制经济最早的雏形，经过几十年的发展，我国农村出现了多种类型的合作社，如社区型股份合作社、土地股份合作社、法人型股份合作社和专业型

---

❶ 孔有利，刘华周. 农村社区股份经济合作社产权分析 [J]. 中国农学通报，2010 (23)：421.

❷ 张冬梅. 经营者剩余索取权与控制权的激励方式 [J]. 企业改革与管理，2010 (2)：55.

❸ PORTA P L, LOPEZ – DE – SILANES F, SHLEIFER A, et al. Corporate ownership around the World [J]. Journal of finance, 1999 (54)：471 –518.

股份合作社等，本书仅就社区型股份合作社剩余控制权和剩余索取权的现状及存在问题做出梳理。

社区型股份合作社是以农村社区型合作组织（如行政村）为单位，在原农村社区性集体经济组织的基础上，不变动集体所有制形式，将集体资产折股量化到村民个人，并参照股份制和合作制的治理结构进行管理、分配的一种制度。社区型股份合作社的成立需要具备的前提条件是必须有农村集体的可经营性资产且能够进行分红，因而在经济较为发达、较早开展城镇化建设的广东最早出现，后在北京、天津、上海、浙江、江苏、山东等省市广泛开展。目前，在经济较为发达省份，伴随着城镇化进程的加快，经济农村社区股份合作社已基本取代了存续五十多年的农村集体经济组织。以浙江省为例，截至 2015 年 6 月底，全省共有 26981 个村经济合作社完成股份合作制改革，占总村社数的 91.85%❶。而在广大中西部经济欠发达省份，农村股份合作制的试点工作才刚刚来开帷幕，多集中在大城市近郊区域，如湖北省 2016 年才有 3 个试点区县将完成此项试点工作，2017 年将扩大到 10 个试点区县。截至 2015 年年底，湖北全省完成股份合作制改革的村仅有 286 个❷。

根据课题组对部分县市农村股份合作制改革的调研及媒体公布的相关资料来看，虽然各地进行农村社区型经济股份合作制改革试点的时间先后不一、铺开的局域范围也有较大差异。但从产权、剩余控制权和剩余索取权角度考察，总体上呈现出以下几个方面的共同点。

一、社区型股份合作社的集体资产所有权

成立社区股份合作社首先做到的就是清产核资、摸清家底，将社区集体拥有的全部资产（主要是指经营性资产）按股权量化到人，但农村集体资产的集体所有制性质不变，股东根据股权享受集体经济收益分配，享有剩余索取权，其所有权仍属股份经济合作社集体所有。农村集体财产主要包括经营性资产、资源性资产和公益性资产三类，其中与经营性资产相对立的部分恰

---

❶　程笑. 激发农村发展的新活力——农村经济合作社股份合作制改革的浙江实践 [J]. 今日浙江，2015（17）：28.

❷　胡琼瑶，等. 全省农村集体资产股份合作制改革启动 [N]. 湖北日报，2016 - 04 - 28.

好包括资源性资产和公益事业性资产两部分●。所谓经营性资产，主要指企业因营利目的而持有且实际也具有营利能力的资产，涉及村集体原来兴办的乡镇企业的固定资产、流动资产和生产性工具等；资源性资产则主要包括集体经营性建设用地、宅基地及未开垦的荒地，农民已经确权的承包经营用地，因强化其用益物权权能的需要及土地承包经营关系长期不变的政策背景，一般不能将其纳入资源性资产的范畴；但对地处城郊的村队而言，因城镇化进程较快，集体所有的土地多已在城镇化过程中被征用，除村民原已获得的土地征收补偿款项外，村集体组织还预留了相当一部分土地征收补偿款项以备集体公益建设等用途，此部分土地征收补偿款项应纳入资源性资产范畴，参与集体资产股份量化。公益事业性资产则是指农村集体经济组织用于保障、服务和改善集体公益事业而投入形成的资产，如农村公共卫生、文化、生活等设施和场所等，此部分资产一般不纳入量化到人的范畴。

二、社区型股份合作社的剩余控制权

剩余控制权的主要表现形式是股东的"投票权"。通过对各地公布的村级股份经济合作社示范章程和股份合作制改革的实践考察可以发现，在剩余控制权的配置上存在几个共同特点。

第一，在股权设置上，普遍设置了集体股、人口股、农龄股（或贡献股）。在其成立之初，将部分公共资产积累或者现行法规不允许量化的资产折算成股份后留归全部社员共同享有股份，一般被称为集体股；部分可以拆分的集体财产折算成股后直接分配到股份合作社各成员个人账户上而形成人口股。人口股实行按需分配，人人均等有份；根据在本村集体经济组织劳动工作的不同年限、在村集体经济组织中做出的贡献及担任的职务设置农龄股或贡献股。此外，还有部分股份合作社允许本合作社人员及少量外来人员以资金、知识产权、实体设备、市场资源、专有技术等入股并折算成股份形成"募集股"。

第二，在股权管理上，一般实行静态管理。例如，《浙江省村经济合作

● 段龙龙，刘小茜. 农村集体资产股份量化改革：模式、争鸣与出路 [J]. 经济体制改革，2014（6）：75.

社示范章程（试行）》中规定：分配给股东的股权归股东个人所有，确定后不作变动，股权不随人口增减而变化，实行静态管理。个人股权可以依法继承，但不得退股提现或抵押。个人股一般不得对外转让，持股满若干年后，经董事会批准，可以在本社内部转让。

第三，在组织设置上，初步建立了"三会"制度。首先，通过股东大会实现对股份合作社的人事控制，股东大会实行"一人一票"制选举董事会、监事会成员；通过审议和批准的方式参与对股份经济合作社章程的制定和修改，参与重大投资决策和剩余分配的控制。合作社的章程、董事会、监事会工作报告和报酬方案及资产经营责任考核办法、发展规划、资产经营计划、重大投资决策、年度财务预决算报告和集体资产经营管理方案及收益分配方案等均需要经股东大会讨论决定。

三、社区型股份合作社的剩余索取权

剩余索取权主要表现在收益分配优先序列上"最后的索取者"❶。剩余索取权行使的前提是必须有扣除补偿性成本的余额，即税后收益存在。股份经济合作社的税后收益分配一般分为公积金、公益金和股东股利，股东、经营管理人员直接或间接享有剩余索取权。公积公益金主要用于合作社发展基金的积累和公共福利及设施的支出，一般在20%～40%的比例；股东股利根据股东大会讨论通过的收益分配方案按进行分配，设置了集体股的，股利归村集体所有，一般用于村级行政和公共设施建设、运营、维护费用，个人股则按股分红，实行同股同利，股利归个人所有。部分社区型股份合作制开展较早的地区，还考虑到对职业经理人或经营管理人员的激励，赋予他们部分剩余索取权。例如，浙江省的部分村级股份合作社建立了相应的激励约束机制，超额完成经营目标任务、经营管理成效显著的，对经营班子给予一定的股权或经济奖励，反之则要承担相应的经济责任。

---

❶ 孔有利，刘华周. 农村社区股份经济合作社产权分析［J］. 中国农学通报，2010（23）：424.

第三章 农村股份合作社的成员财产权

第一节 农村集体经济组织成员资格认定的理论与实践

农村集体产权制度改革是近年来新一轮农村改革中的重点工作，2020 年中央 1 号文件《关于抓好"三农"领域重点工作确保如期实现全面小康的意见》明确指出，要加快农村集体产权制度改革，全面展开改革试点工作，鼓励在已有改革基础地区大胆探索集体资产股权量化，出台统一的与农村集体经济组织相关的专门法律。毋庸置疑，农村集体产权制度的确立要始终以合理维护农村集体经济组织成员的切身权益为宗旨，而农村集体经济组织成员资格认定，不仅是农村集体产权制度改革实现路径的开端，事关农村集体资产改革过程中集体资产折股量化的资格问题，还直接关乎着农村集体资产股份制改革后，农村集体成员的核心权益实现问题。但令人感到遗憾的是，现有的法律法规暂未明确农村集体经济组织成员认定标准，而实践中大量的农村集体经济组织成员资格纠纷案亟需解决。所以，早日明确农村集体成员资格认定标准不仅仅是理论与制度探索的需要，更是解决当前社会疑难问题的迫切需要。

需要说明的是，本书的研究对象虽然仅限于农村股份合作社，但股份合作社毫无疑问属于农村经济组织的典型代表之一，故对其成员权及成员资格的研究，从农村经济组织的视角出发。视野更为开阔，也具有同质性。

一、农村集体经济组织成员资格概述

（一）农村集体经济组织

正确认识农村集体经济组织概念对认识农村集体经济组织成员概念具有

先导作用，但在目前，我国还没有具体规定农村集体经济组织的法律形态，对这一个法律空白，学术界尚未达成共识。在法律实践中，农村集体经济组织是拥有农村土地所有权的经济自治组织，形成于农业化运动时期。它从互助组—初级合作社—高级合作社—人民公社，最终演变成现在的农村集体经济组织。在立法层面，"农村集体经济组织"的概念未得到法律的明确规定，但是在我国法律条文中一直频繁使用，表明官方对该词的认可。

（1）立法现状。"集体经济组织"一词最早出现在 1982 年《中华人民共和国宪法》（以下简称《宪法》）第 8 条的规定中❶。这一规定表明当时的集体经济组织还包括城市中的集体所有制企业。1993 年《中华人民共和国宪法修正案》（以下简称《宪法修正案》）将这一条进行了修改，"农村中的家庭联产承包为主的责任制和生产、供销、信用、消费等各种形式的合作经济，是社会主义劳动群众集体所有制经济"❷；1999 年《宪法修正案》又对农村集体所有制经济的范围、形式、基本职能等进行了详细说明❸。

有关集体经济组织的其他相关法律规定主要见于《民法总则》《物权法》《农业法》《农村土地承包法》及《农民专业合作社法》中。

《民法总则》第 96 条仅简单说明其特别法人地位❹；《物权法》第 62、63 条都涉及集体经济组织的规定❺，但其规定中将集体经济组织与村民委员会作为义务主体并列规定，未区分二者之间的区别与联系，也未明确说明集体经济组织的概念；《农业法》第 2 条并列概述了农村集体经济组织与其他组织，也没有明晰界定农村集体经济组织的概念；在《农村土地承包法》第

---

❶　1982 年《中华人民共和国宪法》第 8 条规定：农村人民公社、农业生产合作社和其他生产、供销、信用、消费等各种形式的合作经济，是社会主义劳动群众集体所有制经济。参加农村集体经济组织的劳动者，有权在法律规定的范围内经营自留地、自留山、家庭副业和饲养自留畜……国家保护城乡集体经济组织的合法权利和利益，鼓励、指导和帮助集体经济的发展。

❷　参见 1993 年《中华人民共和国宪法修正案》第 6 条。

❸　参见 1999 年《中华人民共和国宪法修正案》第 15 条。

❹　《中华人民共和国民法总则》第 96 条规定：本节规定的机关法人、农村集体经济组织法人、城镇农村的合作经济组织法人、基层群众性自治组织法人，为特别法人。

❺　《中华人民共和国物权法》第 62 条规定：集体经济组织或者村民委员会、村民小组应当依照法律、行政法规、章程、村规民约向本集体成员公布集体财产的状况。第 63 条规定：集体所有的财产受法律保护，禁止任何单位和个人侵占、哄抢、私分、破坏。集体经济组织、村民委员会或者其负责人作出的决定侵害集体成员合法权益的，受侵害的集体成员可以请求人民法院予以撤销。

5 条与《中华人民共和国村民委员会组织法》（以下简称《村民委员会组织法》）的规定中，集体经济组织与村民自治组织二者在经济职能上存在交叉的关系。《农民专业合作社法》第 19 条规定了农民专业合作社成员的标准❶，但是农民专业合作社仅为农村集体经济组织的一种形式，其关于成员资格的规定也未能涵盖前文中的各种"特殊人群"的利益，仍需要通过制定统一的农村集体经济组织法等路径对成员资格问题做出更为具体和统一的规定。

（2）概念区分。还有一个问题值得我们高度关注，即"农村集体组织"与"农村集体经济组织"严格来说是两个不同的概念。实践中，由于村民委员会与村集体经济组织人员和场所上的高度一致性，使得基层群众自治性组织与农村集体经济组织常常混同❷。就一般人而言，村委会和村集体经济组织并无较大差别。现实中，还存在着大量以自然村形态存在的非行政村，但自然村只有农村集体经济组织，不具备民主管理职能。只有当未设立专门的农村集体经济组织时，才能由村民委员会代行相关职能。

总的说来，"农村集体经济组织成员"是集体所有制背景下的主体概念，"村民"是我国基层村民自治背景下的概念，"农村集体经济组织成员"与"村民"概念有交叉，但不能完全等同。首先，对于前者（农村集体经济组织成员），这一概念源于人民公社时期，成员集体是该集体经济组织财产权利的所有者，且集体成员由该集体经济组织进行统一管理❸。而后者"村民"的概念从字面上解释为居住在特定村社区域内的公民，享有一定的政治性权利，是在一定时期内我国户籍制度的必然产物，主要以其户口所在地和经常居住地为依据进行界定。其次，前者所体现的主要是经济价值，而后者则主要体现的是其具有的政治属性和社会属性，村民成员权，是基于村民身份享有的选举权和被选举权、社区治理参与权、社区公共设施使用权等。

需要说明的是，由于实践中农村集体产权制度改革尚处在试点向全面铺

---

❶ 《中华人民共和国农民专业合作社法》第 14 条规定：具有民事行为能力的公民，以及从事与农民专业合作社业务直接有关的生产经营活动的企业、事业单位或者社会团体，能够利用农民专业合作社提供的服务，承认并遵守农民专业合作社章程，履行章程规定的入社手续的，可以成为农民专业合作社的成员。但是，具有管理公共事务职能的单位不得加入农民专业合作社。

❷ 李永安. 论我国《村民委员会组织法》修改的前瞻性问题 [J]. 河南省政法管理干部学院学报，2010，25（1）：110 – 115.

❸ 高达. 农村集体经济组织成员权研究 [D]. 重庆：西南政法大学，2014.

开的转型过程中，据农村集体产权制度改革试点相关统计，截至 2018 年年底，全国完成该试点工作的村集体还不到 40%❶，农村股份合作社、农民专业合作社等较为典型的农村集体经济组织同样没有在全国范围内全面建立，大部分地区的农村集体经济组织与村民委员出现混同的情形，甚至有的地区没有建立专门的集体经济组织，只能实行"政社合一""政经合一"的自治体制，要么是即便建立了专门的集体经济组织，但在职能区分上和村委会无法完全做到各自独立，也只能维持"政经混合"或"政社不分"的旧有格局。司法实践中，在案由上也未严格区分村民集体和农村集体经济组织的概念。为表述方便和说明问题，本书所涉案例也未严格区分村民委员会集体成员和村集体经济组织的概念，特此进行说明。

（二）农村集体经济组织成员资格的理论分类

主体资格指的是特定主体要获得特定权利所必须具备的前提条件。具有集体成员资格方能够享有集体成员权。何为农村集体经济组织成员资格？一般说来，农村集体经济组织成员是指农村集体经济组织中从事生产经营活动并因此与农村集体经济组织发生权利义务的自然人❷。到底哪些人具有农村集体经济组织成员资格？目前并没有直接适用的法律规定，现阶段有以下几个代表学说。

（1）唯户籍论。此标准将户口作为成员资格认定的前提条件❸。随着城乡一体化发展，人口流动加速，许多地方出现了户籍与实际居住地不一致的情况。有部分空挂户、挂靠户的人员，其户籍虽在农村集体经济组织内，但实际上其已脱离该集体经济组织，与该集体亦无任何经济联系，不依赖该集体经济组织的土地生产生活，也没有履行任何集体义务。此时，如仍依据唯户籍论的标准认定这些人员具有农村集体经济组织成员资格，不仅会影响集体公共事务的开展，还会造成其他真实成员集体权益难以充分、及时得到保

---

❶ 谢友根. 村集体经济发展思考［J］. 农村经营管理，2018（7）：41.

❷ 赵新龙. 农村集体经济组织成员权的体系构建及其实现机制研究［M］. 北京：知识产权出版社，2019.

❸ 何莉. 法院审理征地补偿款分配纠纷案件的司法困境及其解决研究［D］. 兰州：兰州大学，2016.

障的问题。一如某成员将户口从某村迁至城镇已享受城镇社保待遇，后虽迁回原籍，但其已不再依赖原集体土地生产生活，这种"空挂户"现象导致的资格认定纠纷影响了司法审判效率；另一方面，对于部分与集体经济组织有着紧密的生产、生活联系，以该集体经济组织所有的承包土地为生存保障，且履行了相关集体义务，但户口未迁入该集体经济组织的人员，如果简单地依据唯户籍论的标准认定他们不属于该集体经济组织成员，则难以保障他们的生存权益，不利于社会稳定，易生事端。

（2）生活保障标准。即根据与该集体经济组织是否有长期、稳定的生产生活联系及是否依赖该集体经济组织土地为基本生活保障来认定。从内涵来看，生活保障标准的本意是为了保障集体农民的基本生产生活，但这个标准把成员资格与生产生活僵硬地挂钩，不仅不利于城乡一体化发展，也不利于农村的产业结构升级。同时，生活保障标准中的这种"生产、生活关系"的概括性较强，不够明确具体，界定这种关系时较为笼统、主观。如何定义"长期稳定"持续不间断的时间，也难以有一个明确具体的划分标准。例如，新生儿或者因婚姻关系新加入的成员由于在集体生产、生活的时间不同，按此生活保障认定标准进行集体收益分配时就可能因没有形成长期、稳定的生产生活关系而导致不享有集体经济组织成员资格，从而无法享受到成员资格的相关权利，显然有失公允。而对于"是否依赖该集体经济组织土地为基本生活保障"的判断，也容易受到主观影响。例如，在某案审理过程中，一审法院认为，原告作为大学生已享受城市社保，不依赖该集体土地生活，而二审法院则认为，其依旧需要以被告组土地为基本生活保障。总之，生活保障标准的设立本意是好的，但在实际操作过程中易受主观判断影响，难以保证客观公平性，不利于制度的规范与建设。

（3）权利、义务标准。根据户籍是否在该集体经济组织所在地，是否履行相关集体义务及是否接受该集体监管，以此来认定其是否具有该集体经济组织成员资格。但在农村各项改革的背景下，农村管理型政府逐渐向服务型政府的转变使得集体经济组织的义务逐渐减少，通过权利义务来认定集体经济组织成员资格身份的方法在实际生活中缺乏可操作性与公平性❶。

---

❶ 谭芝梅. 农地集体所有权虚置与农地征收补偿问题研究［D］. 湘潭：湘潭大学，2016.

（4）"户籍+"标准。也称综合性标准，指以该集体户口为大前提，同时要以依赖该集体土地生存，并且与集体形成长期固定的生活、生产关系为成员资格认定的考虑因素。此种标准采取最为宽泛，即除户口外，还根据"生产生活""土地保障""土地承包""权利义务关系"等方面综合考虑进行认定。"户籍+"标准相较于前面几种标准来说更加全面。这种标准遵循了普遍与特殊结合的理念，考虑更加周全，基本能满足实际需要。但其不足在于，对于综合性标准具体因素的取舍也容易受各种主观因素影响，难以保证客观性。

（三）农村集体经济组织成员资格的特点

获得农村集体经济组织成员资格是取得集体收益分配权的前提条件。对农村集体经济组织成员资格的特点进行分析，有利于准确把握实践中成员资格认定的焦点问题，从而在城镇化进程日益加快的背景下寻找科学系统的解决方案。

（1）农村集体经济组织成员资格具有人身专属性。简单来说，"成员资格"是具有经济内容的某种身份利益，且此种身份利益不能与特定主体分割，这是由农村集体经济组织的社会保障功能决定的[1]。"成员资格"的丧失，同时也意味着主体相应基本保障权益的丧失。所以，集体成员资格较强的身份属性，在一定阶段专属于特定主体且和集体财产权益息息相关。例如，在某案中，原告几次迁移户口，在户口迁至城镇后享受城镇社保待遇，与原集体经济组织切断生产生活关系，不再具有原集体经济组织成员资格，亦不再享受原集体经济组织成员权，无法分得该集体土地补偿款。

（2）农村集体经济组织成员资格具有对应统一性。虽然前述"成员资格"与传统意义理解上的村民资格存在差异性，但一般无村民身份则亦无集体经济组织成员身份。通常而言，无村民身份，即不居住生活在村集体，是无法认定为农村集体经济组织成员的。只有在满足在校大学生、退役军人、服刑人员等特定条件下，才能继续享有集体成员身份。对于大中专在校生、服役人员、服刑人员这类暂时脱离农村集体经济组织人员的处理方式，实践

---

[1]　赵新龙. 农村集体经济组织成员权的体系构建及其实现机制研究［M］. 北京：知识产权出版社，2019.

中也存在不同做法。参考佛山市《南海区农村集体经济组织成员资格界定办法》，对特殊群体户口迁出，给予 1 年时间作为过渡期，即只要在 1 年内迁回本村集体，这种情况下仍具有本村集体经济组织成员资格❶。但全国各地，地域情况不同，处理方式方法也不唯一。同时，各类特别法中也对此予以宣示性规定❷。但现实情况往往不是简单的法律关系确认，而是综合多种法律关系的认定。

（3）农村集体经济组织成员资格具有单一性。一个主体不能同时是两个或两个以上集体经济组织的成员。一旦成为新农村集体经济组织的成员，就需要退出原有的农村集体经济组织。那么究竟以"户"还是"自然人"为基本单位认定为农村集体经济组织成员，在理论研究中存在分歧。笔者倾向于认为应由"自然人"为基本单位，为更好地理解原因，需要对农村集体经济组织成员与村民、农户分别进行准确区分。农户与通常理解的"家庭承包经营户"有相似的地方，都是以"户"为单位，参加村民会议、承包集体土地、申请宅基地、发放土地权证。但是农户并非是一个规范的法律概念，若以农户作为集体经济组织成员的最小单元，往往会面临"户"内人口迁进、迁出的问题，比如"外嫁女""出嫁女""入赘婿"或在校大学生、退役军人、服刑人员等特殊群体，户口具有不稳定性；且农户内成员人口数不均匀，按人头数分配会导致不公的问题，而实现集体成员的生存保障功能是农村集体经济组织成员权的核心所在。所以，以"自然人"这个最小单元为单位，作为农村集体经济组织成员权的基本构成更具有合理性。实践中，有的集体经济组织通过发布《认定办法》排除"外嫁女"的成员资格，有的认为出嫁女因出嫁而自动失去本村集体经济组织成员身份，实则是将"户"当作了集体经济组织成员资格的基本单位，从而忽视了"户"内"变动性"个体的集体权益。在农村出嫁女的成员资格认定上，单独的户籍主义难以发挥其解决现实矛盾的实际作用。因此，应当允许出嫁女可以在嫁出地和嫁入地之间的成员资格进行自由抉择，但在选择后另一地的集体成员资格则归于消灭，这表明，一旦出嫁女在出嫁地或是嫁入地享有农村集体经济组织提供的福利待

---

❶ 参见《南海区农村集体经济组织成员资格界定办法》第 6 条。
❷ 参见《中华人民共和国兵役法》第 55 条。

遇，则出嫁女就不能同时享有另一地农村集体经济组织分配的财产性利益。但如何确保出嫁女等特殊群体身份"变动性"上的集体权益稳定性，这无疑又是一大难点，需要相关集体经济组织建立"成员资格"协调对接机制。

（4）集体成员资格还具有禁止流转性。由于在计划经济体制下我国实行的城乡二元体制，各种生产要素的流转十分困难，农村集体经济组织存在的意义主要是赋予村民基本生活保障。因此，集体成员资格取得不能以村民出资为前提，其所独具的社会保障功能也不支持村民和他人之间以出资方式进行买卖，不能通过赠予、继承等途径实现对外流转。尽管已经被《民法总则》明确赋予特别法人资格，但是，农村集体经济组织在本质上毕竟不同于具有营利性的企业法人，其成员资格认定标准必须科学严谨且应符合农村集体经济组织的法律本质。

二、农村集体经济组织成员资格认定的实践

为了更深入挖掘农村集体经济组织成员资格认定存在的问题，结合实践对"成员资格"认定主体、"成员资格"认定标准及"成员资格"认定司法介入情况展开具体分析很有必要。

（一）"成员资格"认定主体分析

在理论界和实务界中，关于集体成员资格的适格认定主体的观点并不一致。一般而言，村民委员会、农业部门、土地承包仲裁机构等相关主体，都在某种程度上被认为具有集体成员资格的认定权限。但是，这些部门普遍存在着资格认定的临时性、被动性和模糊性等特点，也难以拥有足够的行政资源介入集体成员资格争议的具体认定之中。

从我国现行立法来看，法律并没直接规定哪些主体具有认定成员资格的合法权限。结合相关政策理论与实践来看，主要包括以下几个主体：

（1）由农村集体经济组织或村民委员会认定。可召开集体会议制定分配方案，划分确认范围。具体如，村民委员会在进行集体权益分配时可提前界定分配的资格范围。然而，由于基层群众自治组织具有自发性，存在着制度不完善、监管机制不健全的弊端，在利益的驱动下，乱象频发。如前文所述

有的农村集体经济组织通过发布《认定办法》规定"外嫁女的子女"不为该集体经济组织成员，有的农村集体经济组织认为出嫁女因出嫁而自动失去了本村集体经济组织成员身份，且不因离婚而自动丧失其嫁入地村集体经济组织成员资格，两种做法均为明显带有"歧视"的村规民约，虽然都体现了村民自治，但由于制度不完善，缺乏监管机制，而导致部分特殊群体的集体权益难以得到有效保障。

（2）由司法机关认定。即在对成员资格的认定结果存在异议时，通过诉讼方式让人民法院进行资格再认定。而司法程序具有被动性的特点，即只有当事人主动向法院提起诉讼才能得以实施，所以这种方式属于事后救济，也具有一定的滞后性；同时，如何划分好法院审判权与基层村委会自治权的边界又是一大难题。

（3）由行政部门认定。实践中，有些法院认为应由有关行政部门认定当事人的集体经济组织成员资格。例如，广东汕尾、惠州等地法院依据相关❶规定，将行政确认当作向法院提起争议诉讼的前置性条件。但不同的集体经济组织存有较大差异，行政部门无法有效了解农村集体错综复杂的情况，难以透彻知晓被认定人员在集体经济组织中的生产生活经历和权利义务关系，辖区行政执法政策的统一又会导致政策和实践间的差异，统一的适用标准难以对不同村农民的具体情况面面俱到，不利于保护农民的权益，也具有较大的自由裁量性，权力得不到有效制约。同时结合当前实际来看，若由行政主管部门认定辖区的成员资格，工作量将远远超过其能承受的范围，因此不具有可操作性和可行性。

（二）"成员资格"认定标准分析

集体经济组织成员资格认定标准未在国家法律层面予以明确规定，但实践中大量的集体经济组织成员资格纠纷案亟需解决，个别省因此纷纷出台相关指导意见或地方性规定，但大多为《农村土地承包法》的具体实施细则，只有个别省份专门就"农村集体经济组织成员资格"问题做出规定。通过在法律数据库搜索关键词"集体经济组织"，笔者搜集到部分地区关于农村集

---

❶ 参见《中华人民共和国村民委员会组织法》第 27 条。

体经济组织成员资格认定的相关规定，如表3.1所示。

表 3.1　我国部分地区对农村集体经济组织成员资格认定规定汇总

地区	内　容	发布时间
广东❶	"户籍+权利义务"	2013 年
浙江❷	以户籍等法律事实为认定标准	1992 年
黑龙江❸	"户籍+土地承包关系+与集体经济组织的利益关系"	2019 年
上海崇明县❹	成员资格界定及农龄统计方案	2012 年
湖北❺	"户籍+年龄"	1997 年
陕西高院	定义了农村集体经济组织成员的内涵、取得及丧失成员资格的情形	2006 年
重庆高院	确定了农村集体经济组织成员资格认定的基本原则，成员资格取得、丧失方式以及几类特殊人员资格认定事项	2009 年

通过在法律数据库的"地方规范性文件"板块搜索关键词"集体经济组织"可发现：在广东省 2013 年发布的有关农村集体经济组织管理规定中，其以"户籍+权利义务"作为成员资格认定的要素，对于户口迁进、迁出的公

---

❶　《广东省农村集体经济组织管理规定》第 15 条规定：原人民公社、生产大队、生产队的成员，户口保留在农村集体经济组织所在地，履行法律法规和组织章程规定义务的，属于农村集体经济组织的成员。实行以家庭承包经营为基础、统分结合的双层经营体制时起，集体经济组织成员所生的子女，户口在集体经济组织所在地，并履行法律法规和组织章程规定义务的，户口迁入、迁出集体经济组织所在地的公民，按照组织章程规定，经社委会或者理事会审查和成员大会表决确定其成员资格；法律、法规、规章和县级以上人民政府另有规定的，从其规定。农村集体经济组织成员户口注销的，其成员资格随之取消；法律、法规、规章和组织章程另有规定的，从其规定。

❷　《浙江省村经济合作社组织条例》第 17 条规定：户籍在本村，符合下列条件之一，且遵守村经济合作社章程的农村居民，为本村经济合作社社员：（1）开始实行农村双层经营体制时原生产大队成员；（2）父母双方或者一方为本村经济合作社社员的；（3）与本社社员有合法婚姻关系落户的；（4）因社员依法收养落户的；（5）政策性移民落户的；（6）符合法律、法规、规章、章程和国家、省有关规定的其他人员。

❸　《黑龙江省人民政府关于加强农村集体经济组织管理的意见》第 1 条第四款规定：认定组织成员。农村集体经济组织依据户籍关系、土地承包关系、与集体经济组织利益关系等对其成员进行认定，认定结果须经村民大会或村民代表会议讨论通过。对经确认的成员要建立登记备案制度，报乡（镇）政府（街道办事处）和县级农业农村主管部门备案。县级政府可以制定县域范围内成员身份确认的指导意见，明确成员身份确认的必要程序和标准。

❹　上海市崇明县政府《崇明县农村集体经济组织成员界定和农龄统计调查实施方案》。

❺　《湖北省农村集体经济组织管理办法》第 15 条规定：凡户籍在经济合作社或经济联合社范围内，年满 16 周岁的农民，均为其户籍所在地农村集体经济组织的社员。户口迁出者，除法律、法规和社章另有规定外，其社员资格随之取消；其社员的权利、义务在办理终止承包合同、清理债权债务等手续后，亦同时终止。

民则按规定经过成员大会表决通过确定成员资格；而在浙江省相关条例中，则以户籍等法律事实为认定标准；在黑龙江 2019 年 3 月发布的关于加强农村集体经济组织管理意见中，以"户籍 + 土地承包关系 + 与集体经济组织的利益关系"等标准对成员进行认定，认定结果须经村民大会或村民代表会议讨论通过；上海崇明县在 2012 年发布了较为详细的成员资格界定及农龄统计方案，其方案不仅确定了调查对象的范围，还系统规定了"农户自报、公示公议、审查复核、公示再议、集体审议"的调查程序，通过实际调查来界定成员资格，具有可操作性。

在"地方政府规章库"板块中，只有湖北 1997 年发布了有关集体经济组织管理办法，采取的是"户籍 + 年龄"相结合的认定标准。

在"地方司法规范库"板块中，陕西高级人民法院（以下简称"高院"）2006 年在关于审理农村集体经济组织收益分配纠纷案件讨论会纪要时，定义了农村集体经济组织成员的内涵且详细规定了九条取得成员资格的情形，以及五条丧失资格的情形。2009 年，重庆高院也通过这种形式确定了农村集体经济组织成员资格认定的基本原则，成员资格取得、丧失方式以及几类特殊人员资格认定事项。

笔者结合上述地方规定与中国裁判文书网上搜集的相关案例中的观点来看，整理出以下认定标准，如表 3.2 所示。

表 3.2　实践中各地对农村集体经济组织成员资格的认定标准及内容

认定标准	代表地区及案号	主要内容
村民自治标准	天津（2019 津民申 775 号、2019 津 03 民终 2066 号）、安徽（2019 皖民申 2569 号、2019 皖民申 3284 号、2019 皖民申 2038 号）	没有具体规定
"户籍 + 生产生活"	安徽（2019 皖 15 民终 1453 号）、福建、海南（2019 琼 01 民终 4869 号）、江西（2019 赣 0826 民初 135 号）	以户籍为前提，同时考虑在农村集体经济组织中稳定的生产生活关系
"户籍 + 生产生活 + 权利义务"	江西（2018 赣 0622 民初 1495 号）	综合考虑户籍、生产生活以及与集体经济组织的权利义务关系
"户籍 + 权利义务"	广东、陕西	以户籍为前提，同时考虑与集体经济组织的权利义务关系

认定标准	代表地区及案号	主要内容
"户籍＋土地承包关系＋与集体经济组织的利益关系＋村民代表大会"	黑龙江	根据户籍、土地承包关系以及与集体经济组织的利益综合考虑，认定结果经村民代表大会讨论通过并备案
"户籍＋年龄"	湖北	凡户籍在集体经济组织内，年满16周岁则为该集体经济组织成员
"户籍＋生产生活＋生活保障"	甘肃（2019甘05民终492号）、陕西、重庆、天津	不能仅以是否取得户籍或是否具有承包地简单认定，应充分考虑其所体现的基本生活保障功能，综合考虑长期生产、生活及在脱离农业生产后是否取得替代性社会保障和户籍来源
"村民自治＋户籍＋土地承包关系＋生活保障＋权利义务"	湖南（2019湘民申2473号）	在尊重村民自治的情况下，结合户籍因素、土地承包关系、生活保障基础、是否承担了相应的义务等综合考虑
"户籍＋土地承包关系＋生活保障"	湖南（2019湘02民终2862号）	以户籍为前提，是否在该集体经济组织享有责任田承包经营权及是否须依赖该集体经济组织的土地作为其生活基本物质保障为一般原则

据上述规定，关于集体经济组织成员资格的认定标准，各省不一，但都会考虑到户籍因素，且多为原则性方面的规定，各省多有"经村民大会或村民代表会议讨论通过成员资格"的表述，体现了对地方集体自治的高度重视，但上海崇明县在立足于实际调查的基础上较为明确详细地规定了对集体成员资格的认定方案与程序。

也有一些地方省级高院，如陕西高院、重庆高院和天津高院从司法角度针对成员资格认定纠纷案例出台了指导意见或会议纪要，较为详细地规定了成员资格的取得、丧失方式，这为基层司法实务也提供了有利参考。各省采用的都是综合性标准，但强调的因素又有所不同。如陕西省则添加了"权利义务关系"；重庆市则在"生产、生活 + 户籍"基础上，又加了"以土地为保障"；天津市明确"在本集体内生产、生活"。这些法院的内部意见虽然是为了强调农村集体经济组织成员身份的实质内涵，却没有撇开地方规范要求的"户籍"要素，而是僵硬地将其和"土地保障"标准联系起来。

总之，农村集体经济组织成员资格界定缺乏明确的法律依据，这给维护农村社会稳定、推进农村改革发展的基层工作者带来了许多困惑❶。

三、"成员资格"认定的司法介入分析

笔者在"中国裁判文书网"上搜索关键词"农村集体经济""农村集体经济组织成员"后，检索出 39339 个民事案由，包括 32020 份判决书，7311份裁定书，2 份调解书，4 份通知书以及 2 份其他类文书❷。随机抽取了 50 份不同地区的案例（具体数据见附录）作为样本，发现 34% 的案例不受理，50% 的案例得到法院受理并根据诉讼请求参与成员资格认定。16% 的案例虽受理但相关法院回避认定，如图 3.1 所示。

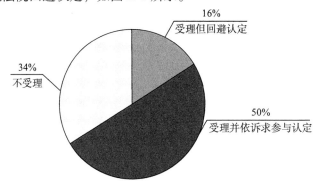

图 3.1　部分地区法院对农村集体经济组织成员资格纠纷案的司法态度对比

---

❶ 陈美球，廖彩荣，等. 农村集体经济组织成员权的实现研究：基于"土地征收视角下农村集体经济组织成员权实现研讨会"的思考 [J]. 中国土地科学，2018（1）：58－65.

❷ 数据来源：中国裁判文书网，检索日为：2019 年 11 月 20 日下午 15 点 59 分。

（1）案件受理情况分析。在司法实践中，各地法院对是否受理农村集体经济组织成员资格认定（以下简称"成员资格认定"）纠纷案存在以下几种意见。

一是否定论。例如，浙江、天津地区的法院认为集体成员资格认定应该坚持村民自治，此类纠纷案件不属于法院主管的诉讼范围。两地法院均认为成员资格认定及集体收益分配问题当属于村民自治。相关其他案例，如辽宁沈阳市中级人民法院（2019）辽01民终3568号民事裁定，沈阳市中级人民法院根据《村民委员会组织法》第24条和第27条第三款，亦认为成员资格认定应属于村民自治范畴，认定农民集体所有的不动产和动产属于本集体成员集体所有，其中土地补偿等费用的使用、分配办法应根据法定的程序由本集体决定，从而驳回了上诉人要求确认自身享有村集体经济组织成员资格，确认集体收益分配方案违法的诉求。也有的地区，如广东汕尾、惠州将行政确认作为向法院起诉的前置性程序而不予直接受理。

二是肯定论。例如，北京、上海、江西、湖北、湖南及海南地区的法院则将此类案件纳入人民法院的受案范围。其依据是《最高人民法院研究室关于人民法院对农村集体经济所得收益分配纠纷是否受理问题的答复》中，认为农村集体经济组织与成员间平等主体财产权益的纠纷符合民事诉讼法的第119条，法院应当受理，且根据《村民委员会组织法》第36条，若村委会侵犯集体村民合法权益的，可以请求法院予以撤销，人民法院应该受理。在山东省滨州市中级人民法院（2019）鲁民终2249号民事裁定书❶中，滨州市中级人民法院认定因法律无明确授权，人民法院虽不适宜对集体经济组织成员资格认定做出确认性判决，但是《物权法》第63条赋予了集体经济组织成员撤销权。在该案中滨州市中级人民法院不仅撤销原一审判决，发回重审。并答疑解惑道："原审法院混淆了人民法院不宜做出确认集体经济组织成员资格的判决和不属于人民法院受理范围的概念。"所以，出现类似以"不属于人民法院受理范围"为由，驳回原告方起诉的判决，恰恰是此处理解不当所造成。

---

❶　具体案例参见中国裁判文书网链接：http://wenshu.court.gov.cn/website/wenshu/181107ANFZ0BXSK4/index.html? docId=ca4a95d8922f4b7e9d7dab0b0189fe8a。

三是回避论。还有部分法院以农村集体经济组织成员资格纠纷案件应属于行政救济程序为由，不予受理。还有的法院以农村集体经济组织成员资格认定属于政府行政机关职能为由，直接裁定应由当地行政机关县政府认定村集体成员资格❶。

（2）案件审理情况分析。农村集体经济组织成员权纠纷包括：集体收益分配权纠纷、土地承包经营权纠纷以及宅基地使用权纠纷❷。土地承包经营权纠纷、宅基地使用权纠纷均列为最高人民法院规定案由，但农村集体收益分配权纠纷却并不是独立案由。与此对应的是，土地承包经营权和宅基地使用权皆有较为成熟的立法根基和理论研究，但农村集体经济组织收益分配权纠纷案由则分散于侵害集体经济组织成员权益纠纷案件、名誉权纠纷、侵权责任纠纷、承包地征收补偿纠纷等案件中。

通过中国裁判文书网有关数据，最早出现"农村集体经济组织成员权益纠纷"案件时间为2009年，之后呈现逐年增长态势。但2016—2017年案件量明显减少，通过进一步的梳理。主要是由于2016年12月，中共中央、国务院发布的《关于稳步推进农村集体产权制度改革的意见》政策文件起到了很好的指引作用。将农村集体资产量化处理，理清了个人与农村集体之间关系，明晰产权，案件量明显降低。

关于是否对当事人农村集体经济组织成员资格进行审查，法院存在不同的处理意见。有的法院直接对农村集体成员资格予以认定，有的法院回避资格认定问题，对村集体侵害村民合法权益，撤销村集体分配决议，要求村集体补偿村民财产权益。但农村集体经济组织成员纠纷案件的关键焦点仍旧是：认定当事人是否具有村集体经济组织成员资格这一问题。

四、农村集体经济组织成员资格认定存在的不足

（一）农村集体经济组织成员资格认定主体不明

通过前述分析可知，农村集体经济组织或者村民委员会、司法机关和行

---

❶ 案例来源：广东省惠州市龙门县人民法院，（2017）粤1324民初51号。
❷ 冯秀娟. 农村集体资产股份权能国家试点改革工作分析［J］. 乡村科技，2017（24）：24-25.

政机关都可能成为成员资格的认定主体，但由于立法没有明确确定最终的认定主体及各主体在此问题上的权限范围，导致实践中纠纷频发，经常有主体重复认定或认定结果不一的情况，甚至不同主体因此推诿扯皮的事也时有发生。

具体来说，在成员资格纠纷发生时，有的法院跳过农村集体经济组织，通过判决直接认定当事人的农村集体经济组织成员；与此同时，相关农业行政机关、政府机关、村民自治组织在调处成员资格纠纷时也会做出相关认定，导致认定农村集体经济组织成员资格的主体多头交叉，造成特殊群体遭受侵权时的司法救济难。例如，在湖南省高院（2019）湘民再284号民事判决书中，土地征收的补偿款分配到了横塘村小组，而该组议定分配方案时明确指出出嫁女及子女不享受分配权益。原告方以《村民委员会组织法》第36条申请再审，要求湖南省高法撤销一审、二审，但法院以"可以撤销的决定做出的主体为村民委员会或者村民委员会成员"时，其才具有法院撤销权。认定主体多头交叉，法律概念模糊，对这些遭受侵权的特殊群体而言无疑是一种司法救济上的障碍。

另一方面，在实践中也存在成员资格认定时相互推诿或互不认可的情形。有些基层自治组织的干部为了自身利益，而不惜牺牲群众利益。特别是村民委员会的干部随意变更认定条件，而且不通过村民代表大会表决，仅是征得领导同意，逐步形成村民委员独裁的局面。而遭受不公的村民又依据《村民委员会组织法》第36条以及《物权法》第63条赋予的法院对集体经济组织成员的撤销权而诉至法院，但一些法院依据法律规定[1]，认为村集体经济所得收益的使用、分配方案、征地补偿费的使用等属于村民自治范围，村委会有权依照法定程序决定相关方案，集体经济组织所得土地征收补偿费的分配首先应当充分村民自治，进而认为农村集体经济组织的资格认定应由村委会实施，法院无权过问，不属于案件受理范围，驳回起诉。

（二）农村集体经济组织成员资格认定标准不一

由于法律上没有明确农村集体经济组织成员资格的认定标准，在司法实

---

[1]　参见《中华人民共和国村民委员会组织法》第24条。

践中没有认定的直接依据，法院往往只能依据合理裁判原则进行综合判断。而所谓的合理原则也往往出于法官的主观理解，缺乏客观性，同案不同判的现象频发。江西省宜春市袁州区人民法院依据地方办法将户籍作为判断是否具有成员资格的标准❶；安徽则依据地方办法规定把户籍当作认定农村集体经济组织成员标准❷；河北以及辽宁部分法院也把户口作为认定集体经济组织的标准，这种标准虽具有一定合理性，但与现实发展不适应。

从上述中国裁判网检索到的相关案例进行综合分析，各地法院采取综合标准认定成员资格的占比 26%，但是综合标准具体包括哪些方面，不同的法院又有不同的做法。在有些案件中，被告向法院主张认定原告是否履行成员义务，被告能够以原告未履行集体义务的理由拒绝承认成员资格，但这种观点未获得法院的认可❸。在案例三中，福建省高院结合户籍及是否与该集体形成较为固定的生产生活关系综合考量；海南省高院则把土地是基本生活保障当作基本的判断标准，同时考虑户籍、固定生产生活因素。即便是同一省份不同区域的法院对认定标准也存在差异，如辽宁省部分法院以户籍标准作为判断依据，但也有其他法院却认为户籍并不是必要因素，而是依据"生产生活 + 户籍 + 生产依赖 + 村民自治"等因素综合考虑❹。湖南各法院对此也有不同的观点：湖南省高院认为要在尊重村民自治前提下，结合户籍、土地承包关系、生活保障、承担义务做综合考量；湖南长沙县人民法院通过户籍与固定的生产生活标准，同时尊重村民意愿的基础上来判断；湖南株洲市中级人民法院认为成员资格要结合户籍、承包责任田、生产生活标准这三个因

---

❶ 《江西省实施〈中华人民共和国农村土地承包法〉办法》第 9 条规定：符合下列条件之一的人员，为本集体经济组织成员：（一）父母双方或者一方是本村村民的新出生子女且户口未迁出的；（二）与本村村民结婚且户口迁入本村的；（三）由本村村民依法收养的子女，且其户口已迁入本村的；（四）刑满释放后户口迁回本村的；（五）复员、退伍军人、大中专毕业生将户口迁回本村的；（六）其他将户口依法迁入本村，并经本村村民会议三分之二以上成员或者三分之二以上村民代表同意接纳为本集体经济组织成员的。以放弃土地承包权为条件将户口迁入本村的，不享受涉及土地承包方面的权利，也不承担相应的义务。

❷ 《安徽省实施〈中华人民共和国农村土地承包法〉办法》第 8 条规定：符合下列条件之一的本村人员，为本集体经济组织成员：（一）本村出生且户口未迁出的；（二）与本村村民结婚且户口迁入本村的；（三）本村村民依法办理子女收养手续且其所收养子女户口已迁入本村的；（四）刑满释放后户口迁回本村的；（五）其他将户口依法迁入本村的。

❸ 案例来源：广州铁路运输第一法院，（2017）粤 7101 民初第 494 号民事判决书。

❹ 案例来源：辽宁省沈阳中级人民法院，（2018）辽 01 民再 168 号民事判决书。

素看。所以，各地法院对综合标准具体包含哪些因素也具有较大的差异，容易受到法官主观方面的影响❶。

综上所述，对于在农村集体经济组织成员资格认定标准方面，最主要的问题就在于其没有明确统一的上位法律依据。

（三）农村集体经济组织成员资格纠纷案件司法介入权限不明

就法院受理情况而言，法院对此类案件的说理解释都是十分简单，缺乏较为充足的逻辑论证。前述部分法院以"村民自治"为由，驳回当事者要求认定农村集体经济组织成员身份的判决，实质是忽视了《物权法》第63条规定农村集体成员享有"撤销权权益"。前述少数法院以行政机关职能为由，不予认定农村集体经济成员资格的案例，更是没有法律依据。

直到2005年颁行的《最高人民法院关于审理涉及农村土地承包纠纷案件适用法律问题的解释》中，最高人民法院明确将土地补偿款分配纠纷纳入人民法院民事案件受理范围，才初步打通了为集体成员提供司法救济的基本通道。但是，在审判实践中，该解释并未能有效适用于纠纷案件的审理过程。最高人民法院审判委员会在对该解释讨论稿讨论后认为，由土地承包纠纷导致的成员资格诉讼应当纳入法院受理范围。实际上，这从司法解释层面将法院排除在集体成员资格认定主体之外。

司法实践中的不予受理或不予认定农村集体经济组织成员资格的乱象，农村集体成员权益纠纷案件的审理案由五花八门，裁判缺乏说理论证等，容易给人造成审判不公的不良影响，其内在缘由就在于农村集体经济组织成员资格认定标准的立法缺失，这是当前亟待解决的立法问题。

第二节　农村股份合作社成员财产权的体系

一、农村股份合作社成员财产权的概念考量

财产权本质上是一种排他权，在传统民法中，以享受社会生活中除人格

---

❶　王永祥. 农村集体经济组织成员资格认定问题研究 [D]. 呼和浩特：内蒙古大学，2018.

利益和身份的利益以外的外界利益为内容的权利都属于财产权范畴,但在现代民法学意义上,已经倾向于将社员权和知识产权从传统的财产权意义上独立出来❶。农村股份合作社成员权显然属于社员权之一种,其与股东权一样均为社团成员基于其成员地位而对社团享有的各种权利之统称。社员权本身就是一种复合性权利,既包括以经济利益为主的权利也包括非经济利益的权利。因此,首先可以确定的是,成员财产权实质上就是社员权中具有财产性质的权利。

进而可以确认的是,农村股份合作社成员财产权与公司的股东财产权具有相通之处。在我国目前的社员权财产权中,股东权是最主要的一种,也因《公司法》的规定而在立法上有所定论。在其他社团中,社员权则还不为学界所重视❷。农村股份合作社兼具股份制的"资合"性与合作制的"人合性"特点,在组织方式上借用股份制的做法,在治理结构上不可避免需要借鉴现代公司的"三会"决策、监督机构的模式,这就意味着合作社成员在集体经济组织的基本地位与公司中的股东具有可比性,成员就集体财产享有的财产权利的外延与内涵,亦可比照股东在股份制公司所享有的财产权利。农村土地股份合作社成员财产权与公司股东财产权的权利基础相同,都是基于经济组织成员身份,产生于其所持有的股权份额。根据我国《公司法》的规定,股东财产权主要是指股东基于其股权直接从公司中获得财产利益的权利,即"资产收益权"。基于以上分析,依类比归纳的方法,我们可以将农村股份合作社成员财产权定义为:"股份合作社成员基于其所持有的股权份额所享有的完整财产权利。"

当然,由于农村股份合作社同时兼具合作制的特点,土地股份合作社成员财产权与股东财产权之间亦存在一定的差别。

首先,两者的法律地位有所区分。依刚刚颁布的《民法总则》规定,公司为典型的营利法人,而农村股份合作社无论其为农村集体经济组织抑或为城镇农村合作经济组织,均为《民法总则》新设立的"特别法人",可以依法取得法人资格。股权为《民法总则》规定的物权、债权、知识产权和虚拟

---

❶ 王利明. 民法 [M]. 5 版. 北京:中国人民大学出版社,2010:86.

❷ 李永军. 民法总论 [M]. 北京:法律出版社,2006:120.

财产权之外的"投资性权利"，在理论上可将其亦列入财产性权利范畴。农村股份合作社以特别法人资格依法取得民事主体地位，其成员所享有的财产权利，是否可以仅简单地依据《民法总则》第125条的规定将其归类于"其他投资性权利"则尚有待商榷。因为，股东财产权主体即公司股东，确因各种形式的投资行为而取得股东身份权，进而享有财产权利，而农村股份合作社成员一般是农民个人或其家庭基于其天然的农村经济组织成员身份，以其所在的农村股份合作社的集体财产划分等额股份或以依法获得的土地承包经营权等生产要素入股而享有财产权利，不能仅将其片面地归于"投资性权利"。

其次，两者是不同经济形态的产物。农村股份合作制下的成员财产权比起公司制下的股东财产权具有更多社会主义公有制经济形态的特点，成员所享有的福利与国家政策关系更为密切。在财产权资格的取得和收入分配方式上，两者的差别明显，农村股份合作社成员财产权取得的基础主要是基于其农村集体经济组织成员的身份，公司制下股东的财产权利则主要根据其对公司的投资行为；反映在收入分配方式上，农村股份合作社采取"按劳分配与按股分红相结合"的分配方式，这与股份制企业则采"按股分红"的分配原则。

再次，个体在集体中享有财产权利的标的有所不同。以二者的财产来源情况为例，公司的财产一般由投资及经营收益组成，股本结构开放、没有对个人控股比例的限制；农村股份合作社的财产则主要包括村社原有集体资产、成员出资、国家财政资助及专项扶贫和建设资金、外界捐赠及投资、公积金等。实践中，对原集体资产、国家财政资助及专项资金、他人捐赠、公积金等往往按照人头平均量化为成员份额（设置了集体股、农龄股或优先股的要先扣除该部分份额），股本结构封闭，虽在一定程度上允许外来资本进入，但为避免集体利益被外部人侵占，往往规定了外部资本的上限。成员出资的比例相对均等，一般不允许个人控股。出资的形式上，农村股份合作社也更为灵活多样。为鼓励、支持农村新型经营和生产主体发展，推进农业农村现代化进程，新修改的《农民专业合作社法》在第13条显然对合作社成员可以作为出资的财产作了宽泛性规定，充分尊重合作社的市场主体地位，规定合作社成员既可以用货币出资，也可以用土地经营权、林权、知识产权或实物等可以用货币估价并可以依法转让的非货币财产出资，也可以用章程认可的其他方式作价出资，如劳务等，但法律、法规明确禁止的除外。作为与农民专业合作社并行的两类主要的农村新型经营主体，农村股份合作社成员出资也可以参照上述规定。但需要强调的是：股份合作社成员以个人财产入股合作社后，其出资均构成合作社的独立财产，由股份合作社依法占有、使用和处分，不能以成员个人名义支配、分割。2018 年新修改的《公司法》第 27 条对股东出资形式的规定虽然与《农民专业合作社法》的规定基本类似，但也存在两点不同：一是未规定公司章程认可的其他出资方式可以作为出资形式；二是采用"土地使用权"的概念，显然与农地"三权分置"的政策导向不吻合，更与修改后的《农村土地承包法》正式确认的农村土地所有权、土地承包经营权流转后分置成土地承包权和土地经营权的规则不协调，需要在今后的立法修改中纠正。

最后，决策机制上受到集体的限制程度不同。公司制下的股东权利的主要价值体现为财产权利，公司股权多基于投资目的，其权利的行使受集体的限制较少，采取单一的"一股一票"的决策方式，集体决策程序规定相对灵活；农村股份合作社以"合作为本、股份为用"的特点决定了合作社股权所承载的不仅是一种财产权利，还承担着重要的社会保障功能，故在决策方式上必须采用"一人一票"与"一股一票"相结合的方式，成员财产权利的行使要受到土地用途、成员身份和集体同意等较多的法律限制。

二、农村股份合作社成员财产权的体系

成员权是一种复合性权利，在传统民法上，成员权都是用来解释法人成员所享有的权利，尤其是股东所享有的权利问题❶。农村土地股份合作社成员首先是以个体形式存在的，当然，在资本转换型股份合作社中也可能存在法人或非法人组织成员。为方便论述，课题组所提及的"成员权"均指自然人成员。成员在参与合作社经营管理的过程中必然会与合作社发生各种关系，故而产生各种不同的利益诉求，并在此基础上产生其作为个体成员的自我利益权。同时，农村股份合作社兼具"资合"与"人合"的特点，一旦个体社

---

❶ 谢怀栻. 民事权利体系 ［J］. 法学研究，1996（2）：76.

员融入集体经济组织的活动，其利益诉求就不再仅仅是作为个体的诉求，也包括其作为"集体成员"的利益诉求，由此又产生了其作为"集体成员"而享有的集体成员权。

有学者提出个体成员权包括成员利益权和自我利益权两大类，其中成员利益权主要包括社员大会决议权、选举和被选举权、监督权、解职权、知情权、教育培训权等不直接包含财产利益的权利，因课题组主要论述股份合作社成员财产权，故此类权利不复赘述。自我利益权体主要包括合作社利用权、获得资本报酬权、惠顾盈余权、转让出让权、退社后的财产返还权、合作社终止后的剩余财产权分配权。而合作社成员作为互助合作性质的经济组织成员还享有集体社员权，主要包括决绝他人干涉及控制权、外部互助合作权及获得政府帮助权❶。本书表示赞同。

然而，农村股份合作社虽与农民专业合作社在许多方面与存在相似之处，甚至出现相互融合的情况，如内部互助型土地股份合作社即为传统农民专业合作社改造的结果，但农民专业合作社强调的是劳动的联合与互助，而股份合作社不仅要求劳动的联合，同时要求资金的联合、智力的联合，是在合作制的基础之上，适应市场竞争需要和资金来源投资主体多元化的需求，引入股份制做法和特点的新兴经济组织❷。故农民专业合作社成员财产权的结构体系与农村股份合作社显然有所区别，农村股份合作社成员财产权更加接近于公司股东财产权。农民专业合作社作为一种纯"人合性"的集体经济组织，其不以营利为价值目标，更注重成员之间的互助合作，故其成员享有的获得资本报酬权只能"有限"。

再如，农民专业合作社成员享有的获得惠顾盈余权也非常能体现合作社成员互助合作性质，合作社成员有权要求合作社返还因其惠顾合作社而创造的盈余，是独具农民专业合作社特色的一种利益分配机制，与资本的有限报酬原则共同构成了专业合作社的利益分配制度框架。农村股份合作社则不同，其以营利为目的，兼具"人合"与"资合"双重特征，而资本的联合追求的

---

❶　傅晨. 社区型农村股份合作制产权制度研究 [J]. 改革, 2001 (5): 7.

❷　张德峰. 合作社社员权论 [M]. 北京: 法律出版社, 2016: 117.

是投资者投资回报的最大化❶，股东根据章程规定扣除运营成本和公共积累后，应按照其股份分享股东利益。

参照《公司法》的相关规定，股权是指股东因出资而取得的、依据法律或者公司章程的规定、遵守一定的程序参与事务并在公司中享受财产利益、具有可转让性的权利。股权可分为自益权和共益权，自益权主要指的是财产性权利，包括分红权、新股优先认购权、股份转让权以及剩余财产分配权；共益权则更偏重人身权性质，包括一定方式的表决权、召开临时股东大会请求权、公司文件的查阅权、重大经营决策权以及选择管理者权，因而，股权兼具人身权和财产权的双重属性。农村土地股份合作社，尤其是资本嵌入型和资本转换型土地股份合作社，在资金、财产和经济管理等方面都与股份制公司都存在相当的共性，但因其还要兼顾"人合性"的基本特点，其与股份制公司在资本结构、股权转让规则、股权配置、收入分配和决策机制上均存在一定区别。如农村股份合作社在资本结构上虽然允许外部股的存在，但在数量上受到限制，要求个人持股比例相对均等，股权转让一般只能在合作社成员之间进行，在收入分配方式上采取"按劳分配与按股分红相结合"，在决策方式上，采用"一人一票"与"一股一票"相结合的决策方式。

基于以上分析，农村土地股份合作社成员权首先是一种身份性权利，农户或农民个人基于其农村集体组织身份获得农村土地承包经营权及对农村集体资产的股权份额，再以土地经营权、资金、技术等生产要素及集体资产的股权份额入股，构成其在合作社中的完整股权份额。如此，土地股份合作社成员的财产权利实际上是一种身份权映照下的财产权❷。成员以个人财产入股合作社后，其出资均构成合作社的独立财产，由股份合作社依法占有、使用和处分，不能再以成员个人的名义进行支配和分割。因此，农村股份合作社成员财产权的结构应当以农村集体经济组织成员所享有的对集体所有土地的承包经营权、生产资料占有使用权等基本权利为底线，以村民成员获得的集体资产股权为根基，由占有、使用《决定》第21条明确提出，"赋予农民

---

❶ 毛来，葛修禄. 股份合作制经济：中国社会主义市场经济探索 [M]. 上海：立信会计出版社，1993：70.

❷ 刘云生. 农村土地股权制改革：现实表达与法律应对 [M]. 北京：中国法制出版社，2016：164.

对集体资产股份占有、收益、有偿退出及抵押、担保、继承权",将集体成员的财产权利由以前的"收益分配权"拓展为六项权能。从民法所有权理论分析,此六种权能实际上均为集体成员对集体资产的份额及个人资产入股的股权所涵盖。其中,抵押本身就是担保的方式之一,有偿退出是处分权能实现的形式之一,继承亦为法定事实或出于意定的一种权利处分方式。故《决定》中提出的六项权能实际上仍可归于所有权的四类完整权能。土地股份合作社作为一种新型的农村集体经济主体,其成员财产权更接近于一种自集体财产中按股分配和资产收益的权利,较之原农村集体所有权中笼统的成员权,股份合作社的成员权借着股东权这一载体而更加清晰。结合股权权能理论,农村土地股份合作社成员的财产权利主要是指自益权,即成员对集体财产的享用权和依托于集体财产取得个人权利和财产利益的权利统称❶。

　　具体来说,农村土地股份合作社成员的财产权利体系主要包括:①占有权,即成员享有对集体资产股份折股量化到人的分配权及对确权股份的控制和支配权。②使用权,即利用集体资产从事生产经营的权利。当然,集体资产的所有权主体理论上是"成员集体",集体资产也只能由"成员集体"占有使用,但由于非土地的集体经营资产不宜由集体成员分散使用,只能作为一个整体委托给集体所有权的代表,即农村股份合作社来统一经营管理❷,"成员集体"与合作社之间实际形成了一种委托—代理关系。③资产收益权,即合作社成员有权依据之间持有的股份参与分红以及对剩余利润享有的剩余索取权,此外还包括股份合作社解体时按股分割剩余净资产的权利。④处分权,即有偿退出权以及通过抵押、担保和继承等方式处分自己享有的股权份额的权利。此外,基于国家农地政策和合作社"人合"基本属性的考量,合作社成员享有的有偿退出权和继承权应受到身份、农地用途等限制,一般而言,其股权流转应在合作社内部成员之间和符合成员资格的受让对象之间进行,在坚持农村土地集体所有的大前提下,成员间的权利流转并不意味着对土地的最终处分,不易产生土地兼并的严重后果,也不影响集体对土地等资源的利用。

---

❶　唐宗焜. 合作社真谛［M］. 北京:知识产权出版社,2012:16.
❷　韩松. 农民集体所有权主体的明确性探析［J］. 政法论坛,2011(1):116.

第三节　农村股份合作社集体财产权与成员财产权的关系

农村土地股份合作社成员以个人财产入股合作社后，其对集体资产依法享有股权，并对其所有的股份具有占有、收益、有偿退出及抵押、担保、继承的权利。但明确了集体成员对集体资产的股份权，并不影响到集体资产所有权的性质。目前，学界对于集体所有权的性质尚存在较大争论，主流的观点是认为集体所有权是在生产资料公有制基础上的社区成员集体所有，是与个人所有权有所区别的集体"私有权"●。我国《物权法》第59条所规定的"成员集体所有"实际上是采日耳曼法上的总有的做法●。与共有不同的是，总有是指依据社团内部的约定对所有权的权能进行分割，成员仅享有对集体财产的使用、收益等利用性权能，而对集体财产的管理、处分等支配性的权能则归于团体●。因此，总有与共有之间还是存在较大区别，无论是共同共有还是按份共有，共有人都享有分割共有物为独享物的权利。中华人民共和国成立以来，我国一直坚持以公有制为主要经济形态，农村集体所有是社会主义公有制的一种特殊形态，法律固然应体现保护集体所有的价值取向，对成员权利流转和行使设置必要的限制，以免集体财产陷入完全"私有化"的危险倾向或造成集体财产的不稳定性。

有学者提出，集体所有权对成员权利加以限制或控制的合理性在于将财产置于共同体内部，允许集体共同参与对资源的利用，而不是像私人所有权那样排除共同体其他成员对物的利用，进而认为集体所有权是在特定社会经济结构下为保障实现特定共同体财产目的的一种制度选择●。这一观点从"物尽其用"和"公共利益"的立场出发，基于农村土地等财产的公有性质得出以上结论，充分了论述集体所有的优越性。但其不足也很明显，即在一定意义上将个人财产权利置于集体财产权利的对立面，人为割裂了两者之间

● 韩松. 农民集体土地所有权的权能［J］. 法学研究，2014（6）：68.
● 王利明，周友军. 论我国农村土地权利制度的完善［J］. 中国法学，2012（1）：49.
● 李宜琛. 日耳曼法概说［M］. 北京：中国政法大学出版社，2002：75.
● 陈晓敏. 论大陆法上的集体所有权：以欧洲近代私法学说为中心的考察［J］. 法商研究，2014（1）：131.

的内在联系。农村股份合作社中存在着成员与成员、成员与集体（合作社）两对法律关系，上述观点的不足就在于仅片面了强调成员与集体之间法律关系中集体主体的法律地位。在我国现实语境下，广大农民在城镇化进程中的创业、就业和增收虽然具备了多元渠道，但其对村社集体的依存关系仍不可能完全脱离，农村集体土地作为农民基本生活资料的保障作用也难以彻底取代，故成员财产权利的制度构建仍须在集体所有权的框架内展开。但同时也应看到，成员的个体利益具有分散化和多元化的特点，集体利益虽有可能相对独立于成员的个体利益，但集体权利不能视成员权利不顾而随性乱为，仍应以农民个体权利为出发点，集体的行为必须始终以成员整体利益的实现为总体目标❶。事实上，大多数土地股份合作社的财产来源也包括个人投入的资金、土地承包经营权甚至房屋、设备等固定资产，忽略个人权利的存在及其法律意义，集体权利也将成为无源之水、无本之木，成员财产权与集体所有权应当是一个对立统一的关系，统一于农村土地股份合作社当中。

当前，进一步深化农村经济体制改革的总体目标就在于在于增强经济活力，联通城乡产业，促进各种资本要素的自由流动，打破"地方保护"等人为壁垒，推动农村经济发展。土地股份合作社的出现是在传统农业合作社等集体经济组织基础上自发产生的"股份制""公司化"的改革尝试。正如《公司法》对股东权益的保护一样，土地股份合作社中每一位成员的股权以及基于此产生的财产权利亦应当受到同等的保护。股份合作社的设立使得农民集体由"虚化"的民事主体转变为具体组织，集体组织中的成员权则是与该组织的内部机构及其职责相链接而得到真正实现的，这也是农村股份合作改革的成功之处❷。

---

❶ 戴威，陈晓君. 论农村集体经济组织成员权利的实现 [J]. 人民论坛，2012（1）：22.

❷ 董景山. 农村股份合作改革之法律视角初论：以农村社区几种具体改革模式为讨论基础 [J]. 上海财经大学学报，2010（5）：44.

第二编

疑难论

第四章　农村股份合作社集体资产之折股量化

第一节　问题的提出与理论基础

一、问题的提出

随着农村股份合作制经济试点的不断扩张，集体经济得到了空前的发展，形成大量的集体资产，为进一步发展农村经济奠定了物质基础。当前，农村集体资产产权改革已成为坚持和完善社会主义基本经济制度，推动经济高质量发展的焦点问题。要实现赋予农民更多财产权利的新一轮农村改革的目标，就必须明晰产权归属、完善各项权能，并建立符合市场要求的集体资产运营机制，才能激活农村各类生产要素潜能❶。但在实践中，农村集体资产产权不明晰、管理不科学，导致集体资产被侵占、浪费挥霍、低价变卖处置，严重损害集体和村民的利益的现象在一定程度上仍然存在。此外，在"村改居""城中村""并村并镇"等城市化改造进程中，大量的农村土地被征用，也引起土地等资源性集体资产的归属及界限不明，导致村民迫切希望通过对个人权利进行准确界定，明确产权的归属，以补偿丧失的土地使用权。因此，如何妥善管理农村集体资产，不仅关系到群众利益格局的调整，更关系到农村股份合作社成员财产权益的实现。对于这个既现实而又有重大意义的问题，全国各地都在进行摸索与探讨，涌现出各种实践模式，但到目前为止尚未形成非常成熟的典范。

---

❶　高云才. 农村集体资产产权改革将全面展开［N］. 人民日报，2014－10－09.

二、理论基础

长期以来，与农业、农村相关的法治问题都是国内外学者的研究热点，但由于农村股份合作社是中国特色社会主义经济的产物，直接相关的国外文献较为有限。故笔者在简单梳理国外学者关于农村合作社的理论研究成果的基础上，重点关注的是国内学者在农村股份合作社集体资产折股量化问题上，尤其是关于折股量化的范围、股权设置、股权配置、股权安全管理等核心问题上的观点。

根据法玛的观点，农村"合作社"是一个根据委托—代理理论建立起来的组织，是一个将资源提供给经济生产活动以实现不同的价值目的的独立经济代理人之间的"合约集"❶；塞克斯顿认为是农村合作社就是一个由使用者共同拥有共同控制，以利益最大化为目标的经济组织❷；巴顿认为，从控制与分配的角度，合作社是由使用者所有及管理的商业组织，按照交易额或交易量将收益分配给社员❸；根据国际合作社联盟的定义，合作社是人们通过自愿联合，共同管理共同所有的企业。尽管国外学者分别从不同的角度阐述农村合作社经济组织的内涵，但都存在以下共同点，即以自愿入社为取得社员资格的条件；合作社的财产是合作社成员共同投入的，归社员共同所有；合作社实行共同民主管理；剩余利润按照社员的投入比例分红；自主经营、自负盈亏；兼具企业及共同体双重属性。

如前所述，我国的农村股份合作制经济不同于国外纯粹的合作社，而是股份制与合作制经济的结合体，是在中国农村经济体制改革过程中孕育出来的特殊产物，具有典型的时代特征与地域特征。故在研究农村股份合作社经济时，对于国外合作社经济组织的借鉴应当采取审慎的态度，尤其是在农村股份合作社集体资产产权改革方面，更应立足本国国情、现状，寻找适合的出路。

---

❶ FAMA E F. Agency problems and the theory of the firm [J]. The journal of political economy, 1980 (2): 288 - 307.

❷ SEXTON R J, WILSON B M, WANN J J. Some test of the economic theory of cooperatives: methodology and application to cotton gaining [J]. Western journal of agricultural economics, 1989, 14 (1): 56 - 66.

❸ BARTON D C. What is a cooperative? [M]. New Jersey: Prentice - Hall, Inc., 1989: 1.

在农村集体资产折股量化的范围方面，主要存在以下两种观点：方志权认为，对农村股份合作社集体资产折股量化范围应仅限于经营性资产，不涉及非经营性资产及资源性资产❶。持该观点的主要理由有三：一是认为如果对集体所有的资源性在农村股份合作社中进行量化，将导致村民个人对集体土地按照份额享有权利，形成村民对集体资源性资产的按份共有，其本质上是私化集体资源资产❷，违背我国《宪法》等法律关于集体资源属于集体所有的相关规定；二是认为非经营性资产主要是供集体经济组织成员公共使用，属纯公益性的，现阶段没有折股量化的必要❸；三是认为目前农村股份合作社的集体资产改革方面的政策，主要是集体资产管理体制改革、集体建设用地使用权改革、土地承包经营权流转改革三方面并行，对资源性资产改革问题可以放在集体建设用地使用权改革、土地承包经营权流转改革中加以解决，没有必要纳入集体资产量化范围，增加改革阻力。

而李宽持另一种观点，农村股份合作社集体资产量化范围应当涉及经营性资产、资源性资产及非经营性资产❹。持该观点的主要理由有二：一是认为唯有将"三资"全部纳入折股量化的范围，才能保证集体资产量化的完整性，盘活全部资产，更好地实现农民财产权益，体现"还权赋能"的改革目标；二是认为从改革成本与效益方面考虑，将非经营性资产及资源性资产一并纳入量化范围，将极大地节约改革成本，避免不必要的二次改革。综上可见，关于农村股份合作社折股量化的范围，存在的主要争议点在于资源性资产及非经营性资产是否应当纳入折股量化的范围内。

在股权设置方面，当前主要存在以下观点：

陈天宝认为，农村集体资产折股量化时，应当设立集体股并保留其他股种（如贡献股、风险责任股)❺。主要理由有三：一是认为农村经济与农村行政相关联，它所拥有的资产中，包含一些当前缺乏市场估值标准的资产，难

---

❶　方志权. 农村集体经济组织产权制度改革若干问题"［J］. 中国农村经济，2014（7）：9.

❷　邱秀娟. 农村股份合作社股权设置与流转问题探析［J］. 公民与法，2016（3）：50.

❸　方志权. 村集体经济组织产权制度改革若干问题［J］. 中国农村经济，2014年（7）：9.

❹　李宽. 农村集体资产产权改革何以稳妥进行：以上海松江农村集体资产产权改革为例［J］. 南京农业大学学报，2015（2）：9.

❺　陈天宝. 农村社区股份合作制改革及规范［M］. 北京：中国农业大学出版社，2009：107.

以量化，甚至包括一些难以分割的资产，可将该部分资产统一圈入集体股的范围，由社区政府、乡镇政府持有管理；二是认为与农村集体相关的公益设施、医疗统筹等配套设施不完善，集体组织需要一定的资产积累做后盾，而集体股分红为集体组织的运作及相关福利提供物质保障；三是保留其他股种，能对基层干部起到激励作用❶。

王玉梅则认为，农村股份合作社集体资产折股量化时，应当废除集体股及其他股种。主要理由有四个：一是认为保留集体股实质上是农村股份合作制改革在产权方面的妥协，容易造成"人人有份，又人人无份"现象，使集体资产回归产权模糊的状态，面临二次改革的风险。二是集体股的设置会弱化成员对集体的关切程度，同时也为政府过度干预农村股份合作社的经营决策留下了制度性的通道❷。三是认为农村集体的公益设施、医疗统筹等配套设施不完善不能成为保留集体股的合理理由，其社会福利完全可以通过提起公积金、公益金等方式加以解决。四是设立其他股种使一些不具备成员条件的"干部"，突破成员限制，参与农村股份合作社的股份分红。综上所述，在农村股份合作社集体资产折股量化的股权设置方面，主要争议点在于是否应当设立集体股及其他股种。

在股权配置方面，主要存在以下观点：

许惠渊认为，不应当对原始股金及新增人员进行配股❸。主要理由有两个：一是认为原始股金除了有部分是社员的投入外，大多来源于国家政府的财政支持及税收优惠，不宜量化到具体成员身上；二是如果对新增人员进行配股，不利于股权管理，且因股东的增加，将导致每股分红降低，容易引起原始股东的不满。

邱秀娟认为，应当对原始股金及新增人员进行配股❹。主要理由有两个：一是认为即便有部分原始股金是来源于国家的财政拨款或税收优惠政策，该资产仍应集体所有，既是集体所有，则人人有份，理应进行配股。二是认为新增人员从成为集体成员开始，便对集体资产享有权利，如果以成为集体成

❶ 方志权. 农村集体资产管理若干问题研究 [J]. 科学发展, 2011 (8)：84.
❷ 王玉梅. 从农民到股民 [M]. 北京：中国政法大学出版社, 2015：154.
❸ 许惠渊, 等. 产权理论与农村集体产权制度改革 [M]. 北京：中国经济出版社, 2005：172.
❹ 邱秀娟. 农村股份合作社股权设置与流转问题探析 [J]. 公民与法, 2016 (3)：49.

员时间的早晚便决定其是否享有集体资产权利是不合理的。综上所述，农村股份合作社集体资产折股量化的股权配置方面，主要争议点在于原始股金是否配股，是否对新生婴儿、娶入的妇女等新增人员配股。

在股权管理方面的争论则主要集中在合作社成员所有的股权权能应否自由流转方面。股东通过持有公司股权（股份）拥有该公司的资产及权益的价值，可以自由行使对该股权的占有、使用、收益、处分等权能，可以在市场上自由流转，充分体现出其经济价值。农村股份合作社对集体资产进行折股量化的目的是为了解决集体资产产权模糊不清的问题，明确农村参与集体收益分配的权利，但现行法律的相关规定及合作社实践中，均不同程度上限制了农民对其所持有的股权的处分权能，因此，该股权权能并不完整，不符合"赋予农民更多财产权利"的要求，需要在深化改革的过程中进一步深化完善。对于农村股份合作社权能的实现主要存在以下两种观点：一种观点，"农村集体产权制度改革和政策问题研究"是课题组 2014 年对南墅街道纪墅股份合作社章程进行考察后提出的，认为农村股份合作社成立以后，个人股实行股权固化，实施"生不增，死不减"的股权静态管理方式，股东不得退股，不得转让、抵押股权。❶ 另一种观点，王玉梅认为，将股权流转限于农村股份合作社股东之间的转让，股权不能向其他农村股份合作社转让，更不能向城市居民或其他自然人、法人转让❷。

综上所述，虽然国内外对于"农村合作社"均有相关研究，但农村股份合作社经济兼具合作制及股份制的双重特点，是中国农村经济改革的特色产物，具有浓厚的"中国"色彩。我国与其他国家在地理环境、社会环境、经济制度等方面存在较大差异，对农村股份合作社经济兼具合作制及股份制的双重特点方面国际上尚无专门的研究，故国外合作社发展经验对我国农村股份合作社集体资产折股量化法律问题的研究缺乏直接的借鉴意义；国内学者虽已从各个方面对我国农村股份合作社的集体资产折股量化涉及的法律问题

---

❶ 参见：南夏墅街道南周股份合作社章程第九条：本社股份量化到人后，向全体股东发放记名股权实行封闭管理，内部运作。股份合作社成立后，个人股实行股权固化，即"生不增，死不减"，个人股权经董事会讨论同意，可依法在本社内集成，不得退股体现、抵押和转让。今后新生和新迁入的人口，不再配置个人股，主要通过股权继承的方式成为新股东。

❷ 王玉梅. 从农民到股民 [M]. 北京：中国政法大学出版社，2015：176.

进行过分析与探讨，为本书的研究奠定了坚实的理论基础，但在集体资产折股量化的范围、股权设置、收益分配、股权管理等具体问题上仍然存在诸多争议，学者们各执一词，且现有研究成果较为零散，系统性研究成果不足，实践中更是出现了"一村一政策""一村一改"等现象，这将不利于新一轮农村经济体制改革的统筹推进。

第二节　农村股份合作社集体资产概述

基于不同的研究视角，不同学科均对资产、集体资产等概念的解释有所区别，而对农村股份合作社产权的界定及介绍则十分有限。

一、相关概念概述

（一）资产与农村集体资产

（1）资产。随着经济的飞速发展，"资产"的内涵也愈加丰富，不同学科对该词语的定义也不尽相同，目前尚未形成统一定论。会计学对资产的定义即"资产是由企业过去的交易或者事项形成的、由企业拥有或者控制的预期会给企业带来经济利益的资源"；经济学对资产的定义，即"资产是一种稀缺资源，表现为一定时点的财富存量，由一定数量的物质资料和权利构成"；❶ 法学对资产的定义，是"资产即是物权法律关系的财富客体"。虽然会计学、经济学、法学等学科均从不同的角度对"资产"进行定义，但从中可以概括出"资产"的具体特征，如图 4.1 所示。

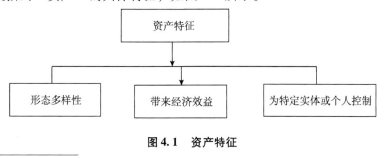

图 4.1　资产特征

---

❶　张庆龙. 国有资产管理［M］. 北京：企业管理出版社，2008：1.

第一，资产具有形态多样性。按照资产的具体表现形态标准划分，可以将其分为有形资产与无形资产，前者具有实物形态，如货币、存货、厂房、设备等均为有形资产，后者不具有实物形态，如科学技术、发明创造、专利权、特许权均为无形资产；按照资产的形成标准划分，可以将其分为自然固有资产与人工创造的资产，如土地、森林、矿藏等均属于自然资产，而厂房、机器设备、存货等均属于人工创造的资产；此外，资产除了表现为物质形态，还可以表现为意识形态，如广播、电视宣传、社会环境等均为资产在意识形态方面的具体体现。

第二，资产能带来经济利益。尽管会计学、经济学、法学等学科从不同的角度对"资产"进行定义，但都肯定了资产作为经济资源具有稀缺性、有用性，认为资产主要表现为一种财富，是能为个人或经济组织带来经济利益的资源。在实际的生产经营过程中，资产除了能带来经济利益流入，也可能造成经济利益流出，这主要取决于资产能否被有效利用，因不能有效利用资产导致资产经济利益的流出并不能改变资产能够带来经济利益的本质特征。

第三，资产应归特定实体或个人拥有或控制。这里所说的拥有或控制，是指实体经济组织或个人对资产拥有所有权或可能在形式上没有所有权，实际上取得控制权，包括自由调度及使用的权利，收取利润的权利，依法处置的权利❶，并承担与该法人财产相关的利益和风险❷。

综上所述，可见"资产"强调的经济资源或财富，是为特定的个人或经济实体所拥有或实际控制的，并能为企业带来一定的经济利益的资源。

（2）农村集体资产。伴随着我国农村集体经济组织形态的不断丰富，农村集体资产这一概念逐渐为人们所熟知。狭义的农村集体资产是指由农村集体组织拥有的资本及其权益，仅指农村的经营性集体资产；广义的农村集体资产是指村集体经济组织拥有的一切财产，包括资源性资产、经营性资产、非经营性资产。由于狭义的集体资产包含的范围过于狭隘，本书倾向于采用广义上的农村集体资产定义。

---

❶ BAKER G P, GIBBONS R, MURPHY K J. Strategic alliances: bridges between "island of conscious power" [J]. Journal of the Japanese and international econmics, 2008, 22 (2): 146－163.

❷ 张庆龙. 国有资产管理 [M]. 北京：企业管理出版社, 2008: 2.

从法学的角度理解，集体资产指属于集体所有的一切财产和财产权利的总称。由定义可知，集体资产应当具备以下三个特征：第一，所有者具有唯一性。集体经济组织在法律上是集体成员的代表，对于集体所有的财产或财产性权利唯有集体经济组织充当所有者；第二，对集体所有权的界定具有法定性，即归集体所有的财产须有法定的依据；第三，集体资产具有多样性的表现形态，既可以表现为财产，也可以表现为财产性权利；既可以是自然资源，也可以是人工建造的；既可以是有形财产，也可以是无形财产。

（二）农村集体产权

我国的农村集体经济产生于 20 世纪 70 年代末，是由农民公社时期的"三级所有、队为基础"演变而来的经济组织。但目前理论界对于集体经济产权的界定尚无统一定论，主要有以下几种具有代表性的观点：第一种观点是，以党国英等学者为代表的从所有制角度入手，认为集体产权与集体所有制相统一，是"共同共有的产权"❶；第二种观点是，以陈天宝等为代表的学者从产权形态的角度入手，认为集体产权是一个特殊的权利束❷，可以分解转化；第三种观点是，以傅晨等为代表的学者从产权分类入手，认为集体产权是一种受限制的产权。

由于各学者分析集体产权的角度不一致，导致对集体产权的界定莫衷一是。本书认为无论采取何种角度，在界定集体产权内涵时，都应当包含以下几方面内容：一是应当具备明确的取得集体经济组织成员资格的规则与退出机制。二是集体产权的主体是集体成员联合起来组成的集体决策组织，即由社员拥有真正的控制权❸；客体是集体边界内各种共有财产权利，以及集体资源配置中形成的人与人、人与物之间的关系❹。三是集体产权是可分解转化的特殊权利束，即能够量化到具体的成员身上，明确成员拥有多少生产要

---

❶ 党国英. 可以不要集体经济，不可以不要集体产权 [N]. 南方农村报，2012 – 03 – 22.

❷ 陈天宝. 中国农村集体产权制度研究 [D]. 北京：中国农业大学. 2005.

❸ HENDRIKSE G W J. Boards in agricultural cooperatives: competence, authority, and incentives [J]. ResearchGate, 2005.

❹ 郭强. 中国农村集体产权的形成、演变与发展展望 [J]. 现代经济探讨，2014 (4)：38.

素❶。四是具备完善的集体产权制度、治理结构，即对集体资产的所有权、决策权、收益权进行分配❷。五是集体产权不仅对外部组织具有排他性，在组织内部成员之间也应当具有一定程度上的排他性。

综上所述，本书认为，对集体产权较为准确的认识是，虽然参与者必须按照由该集体制定的规定或程序，行使其对资源的各种权利，但这种资源是可以以某种形式分解或对象化在其成员身上的，其参与者必要时可以以有偿转让权利的形式退出该集体❸。

二、集体资产股权的内涵与发展

（一）集体资产股权的内涵

对于集体资产股权的内涵，许多学者提出了不同的看法。例如，一种观点认为，集体资产股权是以股份化为原则，将集体资产量化为个人股与集体股两大股种，将"不宜"量化的集体资产划归为集体股，由集体经济组织保留，个人股由成员持有，由成员享受该部分股权的收益权及相对应的决策、管理权❹；而另一种观点认为，集体资产股权的本质是对集体经济组织的部分集体资产（经营性资产）进行股份化后，对集体经济组织成员进行配股，由集体经济组织成员享受该部分资产是收益权❺；还有一种观点认为，集体资产股权是通过实施农村股份合作制经济改革，在保持集体资产完整性、集体所有制和集体经营权不改变的前提下，把尚未确权到户，仍由集体统一支配的集体经营性资产、非经营性资产、资源性资产，通过清产核资后折股量化到集体经济组织成员，将行使集体资产股份的相关权能赋予集体经济组织成员❻。

❶ HART O, MOORE J. Property rights and the nature of the firm [J]. Journal of political economy, 1990, 98 (6): 1119-1158.
❷ HANSMANN H. The Ownership of enterprise [M]. Cambridge: Harvard University Press, 1996: 12.
❸ 钱忠好. 中国农村土地制度变迁和创新研究 [M]. 北京：中国农业出版社，1999: 34.
❹ 王一士. 社会主义股份制应设立集体股 [J]. 福建论坛（社科教育版），1993 (5): 2.
❺ 陈锡文. 集体经济、合作经济与股份合作经济 [J]. 中国农村经济，1992 (11): 29.
❻ 赵家如. 集体产权的形成、内涵及产权建设：以北京市农村社区股份合作制改革为例 [J]. 农业经济问题，2014 (4): 15.

本书认为，对集体资产进行折股量化的主要目的在于明晰集体资产产权，既包括明晰股份合作社与股份合作社间的集体资产产权，也包括明晰股份合作社内部成员间对集体资产产权享有的权利。目前，股份合作社间的产权较为清晰，但股份合作社内部产权却模糊不清，主要表现在股份合作社内部成员对集体资产的价值评估不确定，成员对集体资产享有多少权利也不确定，故本书认为，分析集体资产股权的内涵时，应当重点关注以下几方面内容：

第一，主体是否明确。根据我国《宪法》《物权法》等相关法律的规定，集体资产的所有权归集体所有，因此，享有集体资产股权的主体是集体经济组织成员；第二，客体范围是否明晰。集体资产股权是由集体经济组织实物形态资产分解、转化而来，因此，对集体资产股改范畴的界定是集体资产量化的核心；第三，产权是否完整。根据《新帕尔格雷夫经济学大辞典》对产权的定义，产权是通过社会强制而实现的对经济物品的多种用途进行选择的权利，产权不是单项权利，而是由所有权、支配权、使用权、收益权等一组权利组成的"产权束"❶。通过折股量化集体资产，能够使集体资产的所有权与其他权利实现分离，最大限度实现和保障农民的财产权利。

（二）集体资产股权的发展

根据集体经济组织成员享有集体资产权利的强弱程度划分，我国农村集体资产股权的发展大致可以分为以下三个阶段：

第一，萌芽阶段（1982—1984 年）。"三级所有，队为基础"标志着集体资产股权的萌芽阶段，也是农村集体产权建设的开始，该阶段所指的"三级"是生产队、生产大队、人民公社。其中，属于生产队的集体资产主要有：大牲畜、农具，划归生产队集体所有的山林、水面、草原，生产队集体经营的农副产品加工作坊，生产队集体公共积累资产；在权利设置方面，由生产队享有集体资产的所有权、使用权、有限经营权、收益权和收益处置权。属于生产大队的集体资产主要有：除生产队拥有的土地、山林、水面、草原外，生产大队所有的大中型农机具、运输工具、企业等；在权利设置方面，

---

❶ 赵家如. 集体资产股权的形成、内涵及产权建设：以北京市农村社区股份合作制改革为例 [J]. 农业经济问题，2014（4）：17.

生产大队对生产队只有一定的监管与行政管理权。属于人民公社的集体资产主要有：人民公社范围内，除生产队、生产大队拥有的土地、山林、水面、草原；在权利设置方面，人民公社对集体资产进行管理，不发生直接的权利收益。

在此阶段，农民对集体资产拥有一定限度的财产权利，但该权利在很大程度上受到了国家权力的制约，主要表现在以下几方面：一是生产队虽然拥有土地是所有权与使用权，但与土地交易相关的处置权仍然受制于国家；二是生产经营权不完全，受国家计划经济的控制；三是产权构建不合理，农民不享有退出权。

第二，发展阶段（1985—1999年）。随着人民公社体制的瓦解，生产队发展成村民小组，生产大队演变为村民委员会，人民公社被乡镇政府取代，在继承原有集体资产的基础上，分别成立了村民小组、乡农业合作经济联合组织、村集体经济组织。在理论与政策上这三个集体经济组织互不隶属、相互独立，但在实践操作中，乡农业合作经济联合组织架构不完整或并未全面建立，村集体经济组织与村委会的职能相互交织，未形成独立的核算机制，集体资产产权模糊，"组由村管"的现象屡见不鲜，导致"集体"主体虚位，集体经济组织徒具虚名，集体资产流失较为严重。

第三，创新完善阶段（2000年至今）。此阶段以赋予农民更多财产权利为目标，就创新集体产权制度展开积极的探索，出现了许多新型的集体经济组织，其中备受瞩目的是农村股份合作经济组织。股份合作社经济组织具有完整的组织结构、严密的运行机制、清晰的管理体制，与行政机构相分离，解决了集体经济组织主体虚位的问题；此外，通过股份制改革使集体资产所有权归属更加明确，有效地解决了集体资产所有权残缺的问题，增强集体资产的排他性，改善了农民无法获得"外部利润"的情况。

综上所述，集体资产产权制度的发展进程中，集体经济组织成员的财产权利不断增强，集体资产产权更加明晰。股份制改革后，农民通过占有股权、分享收益实现对集体资产股权权利。

三、农村股份合作社集体资产折股量化的必要性及可行性分析

(一) 农村股份合作社集体资产折股量化的必要性分析

在推行农村股份合作社集体资产折股量化的过程中，有部分学者认为，对集体资产进行折股量化，有私有化和瓜分集体资产的嫌隙，因而，对折股量化农村股份合作社的集体资产持反对意见。本书认为，应从经济效益与法律意义两个方面入手，具体分析农村股份合作社集体资产折股量化的必要性。

（1）经济效益方面。本书认为：农村股份合作社折股量化集体资产能够为农民带来巨大的经济效益，增加农民财富。第一，量化集体资产符合经济学基本原理。集体资产是所有集体成员（村民）长期的辛勤劳作积累起来的，根据马克思经济学原理"劳动创造的财富归劳动者所有"，将集体成员积累形成的集体资产折股量化到每一个成员，就是把劳动成果归还给劳动者本人❶。值得提醒的是，将集体资产折股量化到人并非直接把集体资产瓜分掉，而是用原来集体经济积累的财富为集体成员配股，由集体成员享受价值形态的所有权，实现对集体资产的控制❷。因此，将集体资产折股量化到集体成员个人并非"化公为私"，也不存在"削弱集体经济"的现象，反而能促使集体成员更积极参与集体经济组织的生产和经营活动，更有利于巩固和发展集体经济。

第二，量化集体资产符合"理性经济人"的逻辑思维。动力机制的实质是物质利益。目前，阻碍农村股份合作社进一步发展的主要障碍之一是动力不足，而如何处理好集体利益与个人利益之间的关系则是解决问题的关键。传统社会主义经济学理论认为"大河有水小河满"，个人利益包含在集体利益中，过于强调集体利益，导致集体经济成员因缺乏动力而消极怠工，千方百计偷懒的现象屡见不鲜。例如，将集体资产折股量化到人，从价值形态上集体资产就是集体成员的财产，增加股份合作社的财富就是增加自己的财富，

---

❶ 梁桂全. 中国企业股份制运作指南 [M]. 广州：广东人民出版社，1998：188.

❷ GROSSMAN S J，HART O D. The cost and benefits of ownership：a theory of vertical and lateral integration [J]. Journal of political and economics，1986，94（4）：691－719.

实现集体利益与个人利益相统一，使股份合作社目标与成员的目标一致，将吸引成员投入大量的个人资金、时间以推动股份合作社的发展，从根本上解决集体经济组织动力不足的问题，有利于调动成员的劳动积极性。

第三，量化集体资产有利于盘活集体资产。农村股份合作社集体资产折股量化到人，变产权为股权、变资产为股份、变农民为股民，允许农民通过持股等方式参与农村集体经济组织的运行，相当于把集体资产这个"大蛋糕"从透明的玻璃罩中拿出来，并将"蛋糕"分给村民，让集体经济组织的成员成为集体资产真正的主人。实践中，已有不少区县建立了较为完善的农村产权合作交易机构，实现了集体资产出租、资源流转和农业项目实施的社会化，部分经济较发达的地区甚至成立了城乡建设投资公司与农村融资担保公司，由城乡建设投资公司负责城乡基础设施方面的投融资、管理与经营，农村融资担保公司允许以农业用地使用权及其他农村资产资源作为抵押，加大对农村经济的融资支持。以上措施不仅改善集体资产闲置、资源浪费现象，而且实现集体资产增值保值，唤醒沉睡的资本。

第四，量化集体资产有利于实现赋予农民更多财产权利的改革目标。将集体资产折股量化到人，让村民通过股份分红享受集体资产运作产生的利润，不仅调动村民的积极性，而且实现了以前"看得到、摸不到"的权益。通过折股量化集体资产，还能改善集体资产产权、收益分配模糊不清的情况，从以前的"只知道自己有份，却不知道有多少"到现在确实享受到了改革的"红利"。可见，把集体资产折股量化到个人，让农民成为集体经济组织真正的"股东"，赋予农民对集体资产股份的收益权，是实现农村经济改革根本目标的有效途径。

（2）法律意义方面。第一，有利于填补集体所有制主体虚位的法律问题。所谓"主体虚位"是指由于法律制度不完善，导致法律主体与法律客体及法律关系之间的联系过于松散，使其处于虚无状态❶。根据我国《宪法》及其他相关法律的规定，集体财产产权归集体所有，实行集体所有制。集体所有制财产在管理与运营上涉及两方主体，分别是以村委会为代表的集体经

---

❶ 李曼，张松松. 我国农村土地集体所有制中的主体虚位与对策思考［J］. 商业研究，2004（3）：137.

济组织和以农民为代表的集体经济组织成员,其主体虚位主要表现在集体经济组织完全受制于村委会,农民作为集体经济组织成员,其主体地位及各项权益都无法得到有效保障。

可见,集体所有制主体虚位,必然导致主体对法律关系内容的冷漠和对法律客体的伤害。本书认为,"集体"是由特定成员依照某一规则或制度形成相对稳定的团体,是一个集合名词,因此,集体所有制资产真正的所有权主体应当是集体成员。如何在不改变集体财产的所有制的情况下,落实集体成员对集体资产享有所有权是发展集体经济不可回避的问题。只有将集体资产折股量化到个人,让农民享有集体资产价值形态上的所有权,通过持有集体经济组织的股权行使股东权利,参与经营决策、收益分配,才能够有效解决集体所有制主体虚位的法律问题。

第二,有利于明晰集体资产产权。目前,农村集体资产产权不明晰主要表现在两方面:一是集体资产人人有份,但人人份额不清;二是混淆集体经济组织的经营权与集体资产所有权。集体资产人人有份,但份额不清,导致资产流失、分配不公等问题,严重挫伤农民的劳动生产积极性;混淆经营权与所有权,导致集体资产经营管理者滥用权力。本书认为,推行股份制是发展商品经济的必然产物,是社会化大生产和信用制度发展的结果,也是现代企业的基本形式或典型形式[1],通过为集体制经济组织成员配股,将集体资产具体量化到每一个成员身上,让农民成为真正的股东,享受收益分配,不仅能够明确每个成员享有集体资产的份额,调动农民的生产积极性,而且有利于培育农民的主人翁精神,行使股东权利、履行义务,防止集体资产管理者滥用权力,损害集体经济利益。

根据现代企业理论,要真正实现明晰集体资产产权,至少应当具备三个要素:一是每份财产分配给明确的所有者,并且所有权具有排他性[2];二是

---

[1] 邹东涛,欧阳辉. 中国所有制改革 30 年 (1978—2008) [M]. 北京:社会科学文献出版社,2008:414.

[2] DEMSETZ H. Towards a theory of property rights [J]. American economic review, 1967, 57 (2): 347.

财产所有者获得资产增值和剩余收益❶；三是所有者拥有控制和决定现有资产使用的权利、调整资产结构的权利以及销售和出租财产的权利❷。故只有通过折股量化集体资产，让集体资产产权落实到村民个人，享有并控制股权，才能明晰集体资产产权。

第三，有利于构建完善的治理结构。完善治理结构实质上是通过对企业的资产权利、义务、责任及利益安排的结构性制衡，规范所有者与经营者或代理者之间的利益关系❸，解决因所有权与经营权相分离引起的所有者与经营者利益冲突问题。如前所述，目前，我国农村股份合作社经济在治理结构上，主要存在以下三个问题：一是治理结构缺失，因未对集体资产进行量化到人，导致村民对集体资产的运营漠不关心，未能体会到损害集体资产即损害自己的切身利益，因而未组建股东大会或董事会机构，仅由少数掌权大股东或经营者越俎代庖进行"人治"管理，进而损害多数小股东的权益。二是"三会"流于形式，即使有的农村股份合作社"三会"齐全，如股东大会名为最高权力机构，但因村民不明自己应享有的股东权利有多少，及如何行使，导致其形同虚设，未起到应有的作用。三是农村股份合作社治理结构具有浓厚的行政色彩，目前，农村股份合作社的经营管理者基本上仍由村级领导担任，受到行政的干预，导致农村股份合作社的治理带有政治色彩，独立性被弱化。

因此，采取股份制形式将集体资产折股量化到人，明晰村民个人在集体资产中所占的比重，不仅能唤醒村民的主人翁意识，行使股东权利，分享收益，有效化解因所有权与经营权分离产生的利益冲突，使经营者在追求自身利益最大化的同时，实现股东利益的最大化，而且能使权力机构、监督机构、执行机构相互制衡，能够充分发挥农村股份合作在市场经济中的作用。

第四，有利于实现集体资产股权流转权能。资产只有在不断的流转中才

---

❶ FURUBOTN E G, PEJOVICH S. Introduction：the new property rights literature ［M］∥ EIRIK G, FAND P. The economics of property rights. Cambridge：Ballinger，1974.

❷ 农村集体产权制度改革和政策问题研究课题组．农村集体产权制度改革中的股权设置与管理分析：基于北京、上海、广东的调研［J］．农业经济问题，2014（8）：41.

❸ 蒙柳，许承光，覃春霞．完善我国农村股份合作制治理结构的思考［J］．统计与决策，2011（1）：156.

能发挥其最大的作用，并实现生产要素的优化组合。在农村股份合作社的集体资产进行折股量化之前，其产权处于模糊状态，为了防止产生侵害集体资产的不法行为，是不允许集体资产转让集体资产股权的，集体资产成为"僵化的资产"。而如果将集体资产折股量化到人，便能产生确权效果，为集体资产股权流转权能的实现奠定基础。当然，对于实现集体资产股权权能应当循序渐进，在尚不具备对外流转的条件之前，先允许其在内部成员间自由流转，待时机成熟后，再逐步对外开放流转，为农村股份合作社的发展引入外来资金，促进农村集体资产实现增值、保值功能。

（二）农村股份合作社集体资产折股量化的可行性分析

基于上述的经济效益、法律意义考量，对农村股份合作社集体资产进行折股量化具有必要性。但在农村集体资产折股量化的可行性上，仍有部分学者心存顾虑，认为目前农村股份合作社承担着大部分的公共福利、基础公共设施建设功能，量化集体资产是不可行的。本书认为，从现有的理论基础、实践基础、政策基础三个方面进行具体分析，农村股份合作社集体资产折股量化均具有可行性。

（1）理论基础。学界对于农村集体资产产权、集体资产折股量化等相关问题的探究，从 20 世纪 80 年代中期开始，至今一直没有停止。早期的探索主要集中在对农村集体企业多年积累起来的存量资产折成股份上：在清核资产、财产评估的基础上，将农村集体企业多年积累起来的存量资产折成股份，然后通过出售或无偿分配的方法划给不同主体，以此改变长期以来农村集体企业由社区政府单一控制的局面，使企业有了多个新的所有者❶。20 世纪 90 年代初期，开始将集体资产部分折股量化的观点得到了广大学者的支持，并以此为基点对集体资产折股量化问题展开了更为深入的探讨，主要涉及集体资产折股量化的范围是否应当扩大到土地等资源性资产及学校、医院等非经营性资产，股权设置上是否应当设置集体股，收益应当如何分配，股权是否能够流转及流转的程度等问题。虽然，目前，学界对农村集体资产折股量化

---

❶ 韩俊，谭秋成. 集体所有制乡镇企业存量资产折股量化问题研究 [J]. 经济研究，1997 (8)：51.

的相关问题尚无统一观点，但现有的研究成果已经为完善集体资产折股量化奠定了较为坚实的理论基础。

（2）实践基础。据原农业部 2016 年年度相关报表的统计资料显示，截至 2016 年年底，全国共有 10.4 万个农村开展了产权制度改革，并呈现出不断增长的趋势❶。综合国内各地区对农村集体资产产权制度改革的相关指导性意见，可以总结出以下几个普遍且成熟的做法。一是对集体资产进行评估、清核，在对农村集体资产产权量化之前，区、乡镇、村都会成立不同层级的工作小组，根据相关程序及具体细则对农村集体资产进行评估清核，并出具清产核资报告；二是核定农村集体经济组织成员范围；三是因地制宜地采取各种资产量化形式，有将全部集体资产进行折股量化的，也有只量化经营性资产的。以上不同做法的试点都在一定程度上明晰了集体资产产权，大幅度提高了农民的生产积极性，农民收入大幅增加，并在农村建立起与市场经济相适应的运行机制，使集体资产管理更加规范并初见成效，为完善农村集体资产折股量化问题奠定了实践基础。

（3）政策基础。党的十八届三中全会提出"赋予农民对集体资产股份占有、收益、有偿退出及抵押、担保、继承权"，直指"赋予农民更多财产权利"的新一轮农村改革目标。为落实《决定》精神，规范农村集体资产的科学管理，促进农村股份合作社经济的进一步发展，近年来，农村农业部等部门针对农村集体资产改革出台了多项政策。例如，2015 年，中共中央办公厅、国务院办公厅印发了《深化农村改革综合性实施方案》，该方案明确提出，要分类推进农村集体资产确权到户，重点对经营性资产进行折股量化到集体经济组织成员，赋予农民更多的财产权利，保障农民个人的财政权利；对非资源性资产，重点探索有利于提高公共服务能力的运营管理机制；资源性资产从严掌握，做到总体上确股、确权到户❷。2016 年，习近平总书记在小岗村主持召开农村改革座谈会上强调，要着力推进农村集体资产确权到户和股份合作制改革。2017 年，中共中央、国务院发布了《中共中央国务院关于稳步推进农村集体产权制度改革的意见》（以下简称《改革意见》），该意

---

❶　农业部农村经济体制与经营管理司. 2016 年全国农村集体经营管理统计汇编，2017 年 2 月。

❷　叶兴庆. 农村集体资产权利分割问题研究 ［M］. 北京：中国金融出版社，2016：11.

见明确要求，对集体所有的各类资产进行全面清产核资，并在此基础上，将经营性资产以股份或份额形式量化到集体成员。2019 年 11 月，党的十九届四中全会《决定》中再次强调要深化农村集体产权制度改革，发展农村集体经济，并将其作为坚持和完善社会主义基本经济制度，推定经济高质量发展的重要举措之一。综上可见，党中央、国务院通过不断加大对农村集体产权制度改革的政策保障，为推进农村股份合作社集体资产折股量化提供了强有力的政策支持。

第三节　农村股份合作社集体资产折股量化之应然

农村股份合作社集体资产折股量化之应然

基于《改革意见》中提出的"产权明晰、权责明确、政企分开、管理科学"的"十六字"目标，本书认为，在农村股份合作社集体资产折股量化的过程中，应当做到"量化范围全面、股权明晰、科学配置、流转顺畅"。以下本书将具体论述集体资产折股量化的应然模式，并分析理想的股份合作社折股量化方案应当具备的特征。

（一）量化范围全面

如第一章所述，本书认为，农村股份合作社折股量化的范围应当涉及全部集体资产。目前，理论界与实务界对农村集体资产总量范围划定已经基本达成共识，根据资产本身的流动性差异，基本可以划分为经营性资产、非经营性资产、资源性资产三类，但对于集体资产折股量化范围，仍存在较大争议。有学者认为，当前，国家对农村集体资产产权改革的思路主要体现在集体资产管理体制改革、土地承包经营权改革及集体建设用地改革三个层面，故集体资产中涉及非经营性资产与资源性资产，应当置于土地承包经营权改革及集体建设用地改革中进行优化，不宜同经营性资产一起进行折股量化。但本书认为，农村股份合作社集体资产折股量化应当涉及全部的经营性、非经营性及部分可估值、流通的资源性资产，主要理由如下。

首先，在经营性资产方面，全面量化经营性资产有利于政企分开，改善长期以来由基层政府控制集体企业的局面，明晰农民才是农村股份合作社经营性资产的真正所有者，限制基层政府以随意调派企业利润及摊派各种费用的方式侵蚀集体资产，或者凭借其控制者的身份插手企业的经营投资决策、人事任免、资产处置等重要权利，致使集体企业的真正所有者——集体经济组织成员的权利被架空。

其次，在非经营性资产方面，虽然有学者基于非经营性资产具有支持农村基础设施、福利设施建设的职能，如果将其量化到具体经济组织成员中，可能出现某些成员基于自身利益考量而将其出售，不利于保障民众的公共福利，且认为量化以后集体成员便要自行承担公共设施的运营、维护，将对经济组织成员产生过大的成本负担，这与赋予农民更多财产性权利的精神不符，故对全面量化非经营性资产持反对意见。但本书认为，如果将非经营性资产排除在量化范围之外，难免有"头痛医头，脚痛医脚"之嫌，在明晰集体资产产权归属方面最终也是治标不治本，可能造成不必要的二次改革，此外，量化非经营性资产并不会给集体经济成员造成过大的经济压力，对非经营性集体资产进行量化，可能需要经济组织成员投入一定的维护成本，但相关成员除了享受公共基础设施的使用权，也享有量化后的非经营性资产的分红权利，因此，并不违背赋予农民更多财产性权利的精神。

最后，本书认为，集体资产的量化范围应扩展到资源性资产。就目前农村"三资"的比重来看，资源性资产大概占比40%左右，但就对此40%的资源性资产的开发及流转，将产生85%以上的净收益。而如果缺乏对资源性资产的量化，明确其产权归属，将导致集体经济组织的成员无法公平分享该部分收益。此外，量化资源性资产在本质上并没有改变所有权性质，根据《宪法》的规定，集体资产属于集体所有，党的十八届三中全会决议中也指出，"使股份制成为实现公有制的主要形式之一"，因此，实施股份制并非瓜分集体资产，而是实现资源性资产集体所有制的具体方式，故而并不存在私化之说。

综上所述，从集体资产改革应当明晰集体资产产权、解决集体资产产权主体缺位问题的改革目标出发，立足于收益分配公正及实现集体资产产权权能角度，应当将集体所有的、实际控制人缺位的所有资产，通过统一核查，以资配股，清算到人的方式进行股份制改革，且对非经营性资产、资源性资产的量化，让农民享受永久性的股份分红，既响应了让农民"洗脚上岸"的政策，又支持了农村公共事业和社会福利的发展❶。故应然的集体资产量化的范围应当涉及全部的经营性资产、非经营性资产、资源性资产。

（二）股权明晰

农村股份合作社理想的股权设置模式应当是废除集体股，只设置个人股及激励股。有学者认为，因目前我国农村的公共基础及福利保障体制仍然不健全，需要集体股分红作为福利保障的物质基础，且需要通过设立其他股种激励相关干部，调动积极性和服务热情，故基于集体股的公共物品供给功能、社会福利保障功能和股份合作社的发展，认为应当保留集体股及其他股种。但本书认为，基于明晰股权归属角度考量，农村股份合作社应当废除集体股及其他股种，只设立个人股，主要理由如下：

第一，集体股方面，在积极探索与发展市场经济的形势下，不应让农村股份合作社的股权承担过多的福利性功能，且农村基础设施建设及福利保障问题，可以通过提起公积金或专项发展基金加以解决，或者将城市的公共设施建设、公共福利延伸到农村。此外，从明晰集体资产股权及改革的彻底性角度，为避免出现二次改革问题考虑，本书也认为，应当废除集体股。第二，关于其他股种的设置，本书认为，如果保留其他股种，不仅可能为相关干部干预农村股份合作社集体资产管理、侵害集体资产留下缺口，更可能突破农村股份合作社的成员资格限制。当然，取消其他股种的设置，并不代表不对推进农村股份合作社发展的相关人员做出激励，对于相关管理人员可以通过设置激励股或完善绩效制度予以体现。

（三）配置科学

课题组认为，科学的农村股份合作社股权配置模式应当对原始股金及新增人员进行配股。有学者提出，部分原始股金的来源并非股东的投入，新增人员亦未对农村股份合作社的发展起贡献作用，故不应当对原始股金及新增

---

❶ XINPING GUAN. Poverty and anti – poverty programmes in Rural China Since the Mid – 1980s [J]. Social Policy & administration, 1995, 29 (3): 204 – 227.

人员进行配股❶。但基于以下两个理由，我们认为应当对原始股金及新增人员配股，一是不管原始股金是来源于原始股东（农民）的投入，还是来源于国家财政支持及税收优惠，只要最终是归属集体所有的，都应当进行配股；二是新增人员虽然一开始未对农村股份合作社的发展有所贡献，但这并不能否认新增人员是集体经济组织的一员，且此后将成为推动农村股份合作社发展的中坚力量。

（四）流转顺畅

课题组认为，在股权管理模式上，应当选择实施相对静态的股权管理模式，并成立集体资产管理公司，负责集体资产及其股权的运营与流转。在实务中有些地方基于避免因人口流动或增减引起股权纠纷及减少分配矛盾的理由，采取固定股东身份、股份数量的做法，实行静态的股权管理模式，显然该模式的最大弊端是侵害了新增人员的财产权利；也有些地方为了克服静态模式不利于保护新增人员财产权利的弊端，实施动态的股权管理模式，随着人口的增减而调整股权。但本书认为，不管是静态还是动态的股权管理模式，都在很大程度上限制了股权的流转权能，为充分发挥股权的市场价值。笔者主张采用相对静态的股权管理模式，并为股份合作社的股权流转搭建公开、公平、公正的产权交易平台。

综上所述，理想的农村股份合作社集体资产量化方案应当具备以下几个特征：一是应当量化所有的集体资产，包括经营性资产、非经营性资产、资源性资产；二是应当废除集体股及其他股种，将集体资产全部量化到农民个人身上，只设个人股和激励股；三是对原始股金及新增人员进行配股；四是应采取相对固化的管理模式，并保障股权的流转顺畅。

---

❶ 许惠渊，等. 产权理论与农村集体产权制度改革［M］. 北京：中国经济出版社，2005：172.

第五章　土地承包经营权入股的制度障碍与解决路径

农村土地承包经营权是我国农村广大农民的最根本性权利之一，党的十七届三中全会的《决定》中提出，"加强土地承包经营权流转管理和服务，建立健全土地承包经营权流转市场，按照依法自愿有偿原则，允许农民以转包、出租、互换、转让、股份合作等形式流转土地承包经营权，发展多种形式的适度规模经营"，为进一步加快农村土地承包经营权流转制度的改革提供了政策依据。但在我国现行法律制度下，不仅农村土地承包经营权的类型不一，而且法律、法规对不同类型的农村土地承包经营权的流转的规定也不尽一致，特别是对以家庭为单位取得的土地承包经营权入股尚存在一定的疑难。

第一节　土地承包经营权入股农村股份合作社的必要性分析

根据《农民专业合作社法》，以家庭为单位取得的土地承包经营权可以作价入股农民专业合作社，但是否可以作价入股除此之外的其他农业产业化企业仍然值得思考。（为方便论述，以下土地承包经营权仅指以家庭为单位获得的土地承包经营权）

《农村土地承包法》修改之前，对以家庭为单位获得的土地承包经营权作价入股农业产业化企业没有明确进行规定，但至少可以看出《物权法》和《土地承包法》对此是不提倡的。尽管如此，在农业生产实践中，"股田制"的存在却由来已久，这种初级的土地股份合作制早在20世纪90年代在东部地区就作为一种制度创新而一度推广❶。其形式是农民以土地承包经营权入股，与农业投资者形成股份合作经营关系，出发点是建立一种长期的利益分配机制，以解决农民土地承包经营权流转后的长期收益问题。笔者认为，从普遍意义上来说，任何立法的必要性都根源于现实社会生活的需要，允许农村土地承包经营权入股农村股份合作社或农民专业合作社及农村产业化企业亦是基于促进社会主义"新农村建设"发展，切实解决"三农"问题，提高土地利用效率的社会需要。其合理性和必要性如下。

一、为提升立法层次、统一法制，需要明确农村土地承包经营权可以入股农业产业化企业

首先，对两类农村土地承包经营权的流转做出不同的规定，其合理性值得商榷。如前所述，关于农村土地承包经营权能否以入股形式流转的问题，我国立法上长期以来一直坚持以土地承包经营权的获得方式不同而确立的"二元结构制"。以招标、拍卖、公开协商等方式取得的土地承包经营权（主要针对的是"四荒"土地），可以采取转让、出租、入股、抵押或者其他方式流转。而对农民以家庭为单位获得的土地承包经营权，从《物权法》《土地承包经营法》现行的规定，起码是不完全赞成以入股、抵押的方式流转的，这种"同事不同规制"的做法是否妥当，有待进一步论证。

其次，对于同样的问题，上位法与下位法之间亦存在矛盾。对比以上两部法律的区别性规定，一些地方性法规却采取了不同的做法。例如，《江西省实施〈中华人民共和国农村土地承包法〉办法》第31条："通过家庭承包取得的土地承包经营权，可以依法采取转让、出租、互换、转让方式，或者代耕、入股、合作经营等其他方式流转。"《浙江省实施〈中华人民共和国农村土地承包法〉办法》第21条规定："通过家庭承包方式取得的土地承包经营权可以依法采取转包、出租、互换、转让方式流转，也可以采取入股等其他方式流转。"也就是说，以上江西省和浙江省的地方性法规都肯定了无论是以农户为单位获得的土地承包经营权，还是以其他方式获得的土地承包经营权，均可以以入股的方式进行流转。

---

❶ 胡小平，孔喜梅. 农地使用权流转与农民利益保护 [J]. 经济学家，2005（6）：42.

一项制度的规范操作必须由统一的法制作为保障。对于农村土地承包经营权入股农业产业化企业的问题，现行立法政出多门的现象是客观存在的。从维护法律的权威性出发，尽管《决定》中已经提出，"按照依法自愿有偿原则，允许农民以转包、出租、互换、转让、股份合作等形式流转土地承包经营权，发展多种形式的适度规模经营。有条件的地方可以发展专业大户、家庭农场、农民专业合作社等规模经营主体"，一些地方法规对农村土地承包经营权入股也持肯定的态度，但由于《决定》并非法律，地方立法的层次又偏低，且易产生与法律规定不符的嫌疑，必然会导致其具体实施时遇到一定的阻碍。因此，有必要从法律层次对此问题予以明确规定。

二、明确农村土地承包经营权可以入股，明晰农民在土地流转中的主体地位

作为一种基本的生产要素，土地必须具备流动性的特征，否则，生产要素就会失去其活力和效率。但我国当前土地承包经营权流转的总体情况却不容乐观，流转发生率较低，且存在着较为严重的地区间的不平衡。土地承包经营权的流转在实践中主要由农户之间自发进行，且大多采取转让形式，但这种形式的流转关系很不稳定，一旦农产品价格上升，农业生产效益增长后，农户们又随时会收回土地承包经营权，这必然造成经营者行为的短期化，不利于土地的深度开发和集约化经营，经营者往往也不愿投入资金、技术，对改造传统农业的作用甚微。另一种土地承包经营权流转途径是由农村基层组织或上级政府部门组织下，通过招商引资的方式，代表农村集体经济组织与投资者合作。但这种较大规模的土地流转，往往都由村集体经济组织或政府部门代办，农民无权过问，其作为土地承包经营权主体的地位无法显现，农民也就很少能在这种土地的升值中获益，有些地方甚至还时常出现侵犯农民利益的事件。允许农村土地承包经营权折价入股农业产业化企业，一方面，明确了农民对土地的权利，确保农民能通过正规的企业机制分享到土地的收益；另一方面，使得农业产业化企业的各投资主体利益一致，利益关系更为清晰，有利于企业的长期稳定发展。

第二节　"两权分置"时代土地承包经营权入股的制度障碍

一、原《农村土地承包法》对两类农村土地承包经营权入股的不同规定

《农村土地承包法》及相关法律修改之前，根据农村土地承包经营权取得方式的不同将其具体区分为两类：一类是以农户（家庭）为单位取得的土地承包经营权；另一类是另外一些个人和组织按照团体的形式采取招标、拍卖、公开协商等方式取得的土地承包经营权（以下简称以其他方式取得的土地承包经营权）。而依土地承包经营权是否进行登记，又可将其分为物权性质的土地承包经营权和债权性质的土地承包经营权。前者包括以家庭为单位取得的土地承包经营权和经登记而以其他方式取得的土地承包经营权。原《农村土地承包法》第 49 条规定："通过招标、拍卖、公开协商等方式承包农村土地，经依法登记取得土地承包经营权证或者林权证书的，其土地承包经营权可以依法采取转让、出租、入股、抵押或者其他方式流转。"结合《物权法》的规定，可以得出结论：以其他方式取得的土地承包经营权，经依法登记才具有用益物权效力；而未经登记的，则只能作为一般债权。有学者指出，因此种承包关系不涉及成员权的内容，对承包人的主体资格也没有限制，对承包人的权利也不必要一定成为一种长期稳定的权利，当事人间的权利义务关系应当由合同法来调整❶。当然，如果当事人愿意使其承包经营权成为长期稳定的物权，也可以依照法律规定经登记而设定物权。其土地承包经营权的入股须按照物权法和土地承包法的规定进行；但如果未经登记，其取得的土地承包经营权是否可以入股、如何入股，则应按照合同法、公司法等法律的规定进行。

土地承包经营权入股，是土地承包经营权流转的重要方式之一，《物权法》与《土地承包法》一脉相承，根据其权利取得方式的不同对其流转进行了区别性规定。对于以家庭为单位取得的土地承包经营权的流转，应依照

---

❶ 王利明. 农村土地承包经营权的若干问题探讨［J］. 中国人民大学学报，2001（6）：12.

《物权法》第 128 条的规定："土地承包经营权人依照农村土地承包法的规定，有权将土地承包经营权采取转包、互换、转让等方式流转。"而对通过其他方式取得的土地承包经营权，其流转依第 133 条的规定进行，即依照农村土地承包法等法律和国务院的有关规定，可以转让、入股、抵押或者以其他方式流转。

具体到以土地承包经营权入股农民专业合作社的问题，2007 年开始实施的农民专业合作社法本身并未做出具体规定。但根据原《土地承包法》第 42 条的规定，农户可以自愿联合将土地承包经营权入股，从事农业合作生产。同年 6 月农业部发布了《农民专业合作社示范章程》（以下简称《示范章程》）。《示范章程》虽然不具有强制效力，但其规定可作为参考。《示范章程》第 38 条规定，本社成员可以用货币出资，也可以用库房、加工设备、运输设备、农机具、农产品等实物、技术、知识产权或者其他财产权利作价出资，但不得以劳务、信用、自然人姓名、商誉、特许经营权或者设定担保的财产等作价出资。成员以非货币方式出资的，由全体成员评估作价。土地承包经营权显然属于"其他财产性权利"的范畴，农民专业合作社属于农业合作生产组织的典型代表。因此，两类土地承包经营权作价入股农民专业合作社都没有法律上的障碍。但仔细推究土地承包法、农民专业合作社法的有关规定，两类土地承包经营权在入股农民专业合作社问题上仍存在一定的区别。

第一，两类土地承包经营权可以入股的范围不同。即以其他方式取得的土地承包经营权可以入股，且对入股的范围没有明显的限制，只是不得改变土地的农业用途。而对以家庭为单位取得的土地承包经营权，原则上是不可以折价入股的。但根据原《土地承包法》第 42 条的规定，"承包方之间为发展农业生产，可以自愿联合将土地承包经营权入股，从事农业合作生产"。结合原《农民专业合作社法》的规定，有观点认为：农户之间可以联合以土地承包经营权作价入股农民专业合作社，但不能入股农业龙头企业或参股联营从事农产品加工、运销等❶。

第二，两类土地承包经营权入股农民专业合作社的成员资格有所区别。以家庭为单位获得的土地承包经营权作价入股农民专业合作社，其主体资格

---

❶ 李大华，陈维. 农地承包经营权入股的法律思考 [J]. 决策导刊，2007（4）：37.

上不存在限制。但以其他方式取得的土地承包经营权作价入股农业合作社则要具体分析了。由于《农民专业合作社法》规定其成员中，农民至少应占成员总额的80%，成员总数二十人以下的，可以有一个企业、事业单位或者社会团体成员，成员总数超过二十人的，企业、事业单位或社会团体成员不得超过成员总数的5%。而土地承包法对以其他方式取得土地承包经营权的主体资格并没有严格规定，其权利主体既可以是发包方内部成员（包括农户、联户、个人），也可以是发包方以外的单位、个人。因此，此类土地承包经营权如果由发包方内部或外部的农民成员获得，其作价入股农民专业合作社的主体资格没有限制，但如果此类土地承包经营权的主体是单位，则入股农民专业合作社应受到上述成员资格的限制。

二、土地承包经营权折价入股的制度障碍及分析

原《农村土地承包法》和《物权法》之所以不提倡以家庭承包土地取得的土地承包经营权可以作价入股农业生产企业，笔者以为，问题的实质不在于是否对土地承包经营权作价入股进行限制，而是因为与土地承包经营权入股密切相关的三个障碍很难逾越：一是如何对土地承包经营权进行入股时的价值评估；二是如果允许以家庭为单位获得的土地承包经营权作价入股，农业产业化企业在生产经营中，是否可以以该土地承包经营权设定抵押；三是如果允许土地承包经营权作价入股，是否允许将该股份自由转让。这是解决土地承包经营权入股问题的三个法律疑难或称为制度障碍。

（一）土地承包经营权的价值评估

《农民专业合作社法》首次在立法中肯定了合作社的独立法人地位，独立的财产是其对外承担法律责任的必备条件之一。依原《农民专业合作社法》第4条第二款的规定，农民专业合作社的资本由成员出资，公积金、国家财政直接补贴，他人捐赠以及合法取得的其他财产组成。合作社享有对以上财产的占有、使用和处分的权利，并以上述财产债务承担责任。但《农民专业合作社法》对成员的出资方式并未做出具体的规定，而是留待农民专业合作社章程进行规定。究其原因，立法本意在于认为上述问题可以参照公司

法的相关规定来执行❶。《示范章程》第 38 条规定：本组织成员认购股金可以用货币出资，也可以用库房、加工设备、运输设备、农机具、农产品等实物、知识产权或其他权利作价出资，但不得以劳务、信用、自然人姓名、商誉、特许经营权或者设定担保的财产等作价出资；成员以非货币方式出资的，由全体成员评估作价；以土地承包经营权作为入股的出资，显然属于非货币形式的出资，应该在入股时进行价值评估。但这种价值评估应如何具体操作，笔者以为仍然存在一定的疑难。

一是因为《示范章程》仅起到指导和参考作用，并不具备强行法的效力；二是由全体成员评估作价是否具有可操作性。参照《公司法》规定，股东以货币以外的其他方式出资，都必须由国家核准登记的资产评估机构进行资产评估，以按照国家有关规定做出的加以量化的评估结论为具体出资额，以更好地保护股东及交易相对人的利益。但农民专业合作社作为以"人合"为主、兼具"资合"特点的独特法人类型，与以"资合"为特色的公司在资本制度上是否应采取完全一致的做法还有待商榷。从《农民专业合作社法》基本理论出发，笔者认为，"社员民主管理""社员经济参与"和"合作社自治和独立"的现代合作社基本原则决定了在处理合作社内部事务上，合作社应享有充分的自主权利，对于合作社的资本形成，合作社章程完全可以自由约定。合作社章程中既可以规定需要经过评估机构的评估作价，也可以约定经全体成员讨论进行评估作价。在合作社创立之初，合作社成员相对较少，对非货币形式出资由全体设立人评估作价尚且可行，但合作社发展壮大过程中，新成员加入时，如果以非货币形式出资，此时，合作社成员数量庞大，如何做到"由全体成员评估"就值得疑问了。

因此，为体现农民专业合作社公平管理的特点，规范其运作，防止合作社整体利益及其他成员利益受到损害，笔者认为应提倡以非货币形式出资须经合作社成员大会讨论决定的评估机构进行评估作价为宜。另外，对以非货币形式出资的总额应做出一定限制，虽然包括土地承包经营权在内的非货币财产可以作价入股，但出于合作社运行的需要和维护交易安全的考虑，可以参照《公司法》，规定货币出资的比例不得低于合作社注册资本的 30%。

---

❶ 王瑞贺. 中华人民共和国农民专业合作社法释义［M］. 北京：中国法制出版社，2018：19.

（二）土地承包经营权上能否设定抵押的法律分析

有学者认为：目前，我国农村社会保障体系尚未全面建立，土地承包经营权和宅基地使用权是农民基本生产生活保障。如果允许以土地承包经营权设定抵押，农民很有可能丧失土地这一基本生活保障，因此，不宜放开以其为标的的抵押行为。而以其他方式取得的土地承包经营权，由于其承包的土地主要是"四荒"土地，这些土地不像耕地、林地和草地具有很强的社会保障功能，且承包人是采用招标和公开协商等生产化方式承包的，其依法取得的土地承包经营权应当允许按照市场原则和物权原理流转❶，应当允许设定抵押。

由于我国在农村集体所有的土地上，长期实行的是土地所有权和承包经营权并存的"两权分离"制度，在土地使用权上同时存在所有权人与承包经营权人两种权利主体，在学理上由此产生了种种的困惑❷。对土地承包经营权是否可以设定抵押，《担保法》和《物权法》虽未明确规定，但《物权法》第 184 条、《担保法》第 37 条均明确规定，"耕地、宅基地、自留地、自留山等集体所有的土地使用权不得抵押"，结合原《农村土地承包法》第 128 条关于土地承包经营权流转的规定，可以认为以农民家庭为单位获得的土地承包经营权不可以设定抵押。最高人民法院 2005 年发布的《关于审理涉及农村土地承包纠纷案件适用法律问题的解释》第 15 条规定对此予以了明确："承包方以其土地承包经营权进行抵押或者抵偿债务的，应当认定无效。对因此造成的损失，当事人有过错的，应当承担相应的民事责任。"

上述立法和司法解释的规定，学术界早就颇有微词。笔者以为应当允许农户以土地承包经营权设定抵押。首先，既然《物权法》已经明确了土地承包经营权用益物权的性质，就应更加注重其使用收益的目的，充分发挥其相应的融资功能。现行法的规定，以家庭为单位取得的土地承包经营权不得设

---

❶ 王宗非. 农村土地承包法释义与适用［M］. 北京：人民法院出版社，2002：128.
❷ 针对土地使用权上的"二元结构"，学者们多有用"农地使用权"代替"土地承包经营权"概念的主张，笔者以为值得商榷。"农地使用权"的物权属性不明，其权利内容似不及土地承包经营权宽泛。土地使用权"二元主体"并存是由土地所有权安排上的特殊国情所致，由此产生的权利归属与行使上的界限，只能由法律明确予以界定。

定抵押，广大农户所拥有的只能是一种不完整的用益物权，严重制约了土地融资市场的发展，抑制了农地的价值担保功能，限制了土地承包权价值最大化目标的实现❶。其次，允许以土地承包经营权设定抵押，虽然可能使用益物权的主体发生变化，但并不会使土地所有权主体发生变化。因此，允许以土地承包经营权设定抵押，不会涉及对土地的处分，这和《物权法》对土地承包经营权、用益物权权利人仅享有占有、使用和收益的权利内容是吻合的。再次，原《土地承包法》允许农户以土地承包经营权入股农业合作生产组织，原《农民专业合作社法》早已赋予农民专业合作社独立的法人地位，农民以土地承包经营权入股专业合作社后，实际上失去了对土地承包经营权的处分权。在合作社经营发展过程中，极有可能以农户入股的土地承包经营权作为融通资金的抵押标的。既然允许以土地承包经营权入股农民专业合作社，就应该放开以土地承包经营权设定抵押的限制，否则法律之间的冲突很难得以协调。最后，对部分农民将面临失去基本生产资料的担心是客观存在的，但农户将土地承包经营权折价入股或抵押、转让，说明他们在事先已经接受了此举可能会形成的法律后果，在符合其真实意愿的前提下，从意思自治原则出发，笔者认为对农民的选择权应当予以尊重。当然，出于对农民根本利益的保护，上述风险应通过完善相关社会保障制度等多种途径予以化解。

（三）应否对土地承包经营权的转让设定限制

依原《农村土地承包法》第 32、37、41 条的规定，以家庭为单位取得的土地承包经营权可以依法转让，但对其具体操作却进行了诸多限制，如规定受让方必须是"其他从事农业生产经营的农户""转让方须有稳定的非农收入或者稳定的收入来源且须经发包方同意"等。而对以其他方式取得的土地承包经营权的转让在主体资格上却未作限制。其理由为："如果不对农村土地的承包经营权的转让进行一定的限制，遇经济困难或天灾人祸之年，农民转让或抵押自己的土地，将使这些农民失去土地，也就意味着失去了生活保障。"笔者认为，上述理由不充分，且在新的历史条件下，放开在农村土地承包经营权在转让上的限制是利大于弊的。

---

❶ 王利明. 物权法专题研究 [M]. 长春：吉林大学出版社，2002：924.

　　首先，现行法上对土地承包经营权流转的诸多限制理由不充分。姑且不论部分经济较发达地区，很多农民已经有了稳定的非农收入，摆脱了对土地的绝对依赖，放开土地承包经营权转让上的限制，可以使他们积极投入二、三产业。按原《农村土地承包法》的规定，土地承包经营权的转让方必须具有较为稳定的非农收入，且其转让行为须经发包方同意，试问，发包方能够准确预测和保证在整个土地承包经营合同期内，转让方都会具有较为稳定的非农收入吗？既然无法预测，为何不尊重转让方依意思自治原则做出的选择呢？其次，按原《农民专业合作社法》的规定，土地承包经营权入股农民专业合作社时，对是否需要经过发包方同意，并未做出限制。既然如此，一旦入股，该土地承包经营权就属于合作社可以独立支配的财产，在农民合作社在运营过程中，也有可能因多种原因导致土地承包经营权的转让，而合作社在法律规定的范围内对其进行处置，本身就不需要经过发包方同意。最后，"受让方须为其他从事农业生产的农户"的限制亦为多余。依原《农村土地承包法》第33条的规定，土地承包经营权的流转不得改变土地所有权的性质，也不得改变土地的农业用途。从《物权法》的角度出发，土地承包经营权是一项用益物权，即使土地承包经营权转让，作为土地所有权人的农村集体组织也不会失去其土地所有权，只不过是所涉土地的用益物权人发生了改变。当土地承包经营权期限届至时，作为土地所有权人的农村集体组织完全可以收回土地的承包经营权。因此，对受让方主体资格的限制也没有必要。

第三节　土地承包经营权入股障碍的解决路径
——"三权分置"背景下的制度设计

　　应当承认，土地是农民最基本的生产资料，农民如因入股农民专业合作社等新型农村经营主体而丧失土地承包经营权，不仅意味着失去了赖以生存的根本，也与《农村土地承包法》保护农民合法权益、促进农业和农村经济发展的立法初衷相违背。上述障碍的形成，既有我国独具特色的土地所有权制度的原因，也有相关配套制度缺位的因素。

　　如何解决上述障碍，理论上存在三种不同的主张。其一为"土地私有化"论。即主张实行土地私有化，将土地的双重主体变为单一主体，将土地所有权交给农民❶；其二为"农地国有化"论。即主张改变农村土地集体所有制，将现在分属于不同集体组织的土地收归国有，由国家制定统一的流转法❷；其三为"完善论"❸。即主张在改变现行的农村土地所有权和使用权"两权分离"制度现状的前提下，通过建立健全各种农民利益保障机制，合理分化因土地承包经营权分离可能带来的风险。

笔者以为，无论是"土地私有化"理论还是"农地国有化"都会带来我国土地制度乃至基本经济制度的转变，抛开其政治意义和风险不说，单就解决土地承包经营权入股障碍而言，不一定能取得预期效果。土地私有化后，固然可以化解土地所有权与经营权分离的矛盾，但由此给农民带来的风险可能更大，因为土地私有化后，农民在土地流转中出让的不再仅仅是土地使用权，而很有可能因为短期利益行为所致，彻底丧失土地所有权；"农地国有化"理论虽可避开土地私有化的致命风险，但一来与现行土地制度完全背离，其立法成本巨大；二来这种土地所有权制度的根本变革是否能被广大农民和农村集体组织所接受。在农村城镇化建设实践中出现的诸多侵害农民土地利益的事例屡见不鲜，农民的根本利益是否会受到更加严重的侵害，在理论和实践两方面都值得怀疑。笔者认为，土地制度改革的目的是为了更好地保障农民的根本利益不受侵害或少受侵害，土地私有化或国有化在当前条件下都不能真正解决问题或不具备实施的成熟条件。

习近平总书记 2013 年提出了农村土地集体所有权、土地承包权、土地经营权"三权分置"的改革思路，这是继家庭联产承包责任制之后我国农村改革的重大制度创新。家庭联产承包责任制解决的是如何调动广大农民生产积极性的问题，"三权分置"解决的则是如何利用市场法则解决农业规模化、集约化经营的问题。2014 年 11 月，中共中央办公厅、国务院办公厅发布了《关于引导农村土地经营权有序流转发展农业适度规模经营的意见》，指出"要引导农民以承包地入股组建土地股份合作社、加快发展农户间的合作经营"；2015 年 12 月，根据第十二届全国人大常委会第十八次会议决定，由国

❶ 胡小平，孔喜梅. 农地使用权流转与农民利益保护 [J]. 经济学家，2005（6）：28.

❷ 乔新生. 关于农村土地承包经营权流转的三个问题 [J]. 中国经济时报，2005（2）：17.

❸ 冯海发. 对十八届三中全会《决定》有关农村改革几个重大问题的理解 [J]. 农业经济问题，2013（3）：7.

务院牵头在北京大兴区等 232 个试点县（市、区），暂时调整实施上述《物权法》《担保法》中关于农村承包土地经营权不得抵押的规定❶。党的十八届三中全会提出，"赋予农民对集体资产股份占有、收益、有偿退出及抵押、担保、继承权"，直指"赋予农民更多财产权利"的新一轮农村改革目标，并明确提出"允许农民以承包经营权入股发展农业产业化经营"；根据数据显示，截至 2018 年年底，全国已有超过 35% 的承包地流转给其他农业经营主体，面积达 5.39 亿亩❷。

遵循上述新一轮农村土地制度改革政策进路，我们可以得出清晰的结论：土地所有权和经营权的"两权分离"范式才是导致土地承包经营权抵押和转让制度障碍形成的关键因素，从立法上入手，落实并确认"三权分置"的改革总体思路，变土地所有权与土地承包经营权"两权分离"为土地所有权与土地承包权、土地经营权"三权分置"，才是真正解决上述制度障碍的必由路径。

2018 年 12 月通过的《农村土地承包法修正案（草案）》，较为详细地落实了"三权分置"改革的要求，为巩固和完善农村基本经营制度，更好地解决"三农"问题做出了许多重要的立法调整。具体到土地承包经营权入股的相关问题，修改后的《农村土地承包法》总体上做出如下制度安排。

一、维持了原有的分类安排模式，但取消了两类不同方式取得的土地经营权入股的范围差别

《农村土地承包法》修改后，在承包方式上保持了家庭承包和其他方式承包的分类模式，并分章进行规定。"三权分置"在立法上确立之后，已经明确的是作为流转对象的只能是土地经营权，土地承包权作为一种身份权利，任何组织和个人均不得非法剥夺和限制。承包期内，发包方不得收回承包地，哪怕是农户已经进城落户，发包方也不得收回其承包地；作为发包方，只能

---

❶ 国新办举行新闻发布会 解读中共中央 国务院关于保持土地承包关系稳定并长久不变的 ［EB/OL］. （2019 - 11 - 28）［2020 - 08 - 15］. https：//baijiahao. baidu. com/s？id = 1651444802017893921&wfr = spider&for = pc.

❷ 土地经营权入股试点已扩大到 14 省 100 多个县 ［EB/OL］. （2019 - 09 - 12）［2020 - 08 - 15］. http：//www. gov. cn/xinwen/2019 - 09/12/content_5429397. htm.

在承包方自愿将土地承包经营权转让给本集体经济组织的其他农户或自愿交回发包方的情况下，其作为农村集体经济组织成员所享有的土地承包权才会依法丧失。

需要注意的是，家庭承包方式取得的土地承包经营权，是在流转的过程中才分为土地承包权和土地经营权两种权利的。依《农村土地承包法》修改后的规定，承包方承包土地后，依法享有土地承包经营权，其可以自己经营土地，此时，依附于该承包地上的土地承包权与土地经营权合二为一，均由承包农户享有；而在该农户不愿自己经营时，可以将该承包地上的土地经营权流转出去，而土地承包权仍保留在农户手中，在土地经营权的受让人不遵守法律规定，擅自改变土地的农业用途、连续抛荒两年以上或有其他严重违约行为时，承包方可依法单方面解除土地经营权流转合同。如此，土地承包权和土地经营权又合二为一，全部回到承包农户手中。

而以其他方式取得的承包权，依据承包方的主体不同，其所获得的权利也有很大区别。《农村土地承包法》第49条规定，以其他方式承包农村土地的，承包方取得土地经营权。但该法第50条又同时规定，"四荒"土地（是指荒山、荒沟、荒丘、荒滩等荒地）也可以由发包方将土地经营权折股分给本集体经济组织成员后，再实行承包经营或股份合作经营；而本村集体经济组织之外的人，则只能通过招标、拍卖、公开协商等方式取得"四荒"土地的土地经营权。

此外，两类不同方式取得的土地经营权，在继承上也有较大区别。依《农村土地承包法》的现行规定，以其他方式获得的土地经营权，承包人死亡的，其应得的承包收益可以继承，在承包期内，其继承人可以继续承包；而家庭承包方式取得的土地承包经营权，承包期内，承包人死亡的，承包收益可以继承，但只有林地承包人的继承人，才有权在承包期内继续承包。其他土地的承包人死亡后，由于该承包经营权是以家庭为单位取得的，故承包人之一死亡的，该承包地上的土地承包经营权应该在承包期内不受影响，一般情况下实行"增人不增地、减人不减地"。除非是该土地权证上登记的具有土地承包经营权的全部家庭成员均已死亡，才可以由发包方依法收回土地并将该承包地重新进行调整分配。

二、土地经营权入股的抵押障碍在理论上已迎刃而解

如前所述，为确保农民在任何情况下都能够以土地作为最基本的生产生活保障，原《农村土地承包法》和相关司法解释在以家庭承包为方式获得的土地承包经营权设定抵押问题上，设置了较为坚固的藩篱，禁止以土地承包经营权为标的设置抵押；而以其他方式获得的土地承包经营权，因关系不到农民最基本的生产生活保障，故在抵押问题上不进行过多限制。这种以土地承包经营权获得的途径不同而作区别对待的制度安排，出于社会保障体系未建立健全的实际，有其时代背景的合理考虑，但对农村经营主体融资担保形成了事实上的阻碍，不利于涉农主体壮大资金、扩大生产规模，实现农业产业化、集约化经营。

《农村土地承包法》修改后，土地承包权和土地经营权分权设置的重大制度改革，为破解农地抵押的难题提供了利器。按照"三权分置"的路径，家庭承包方式获得的土地承包经营权在流转中分为土地承包权和土地经营权两种用益物权，虽然在权利的生成逻辑问题上理论界仍存有一定疑义，但党的政策具有重要的法源地位，从立法上体现党和国家农村改革的总体思路，科学界定"三权分置"模式下，各项农地权利的内涵和相互关系，特别是土地经营权法律地位的界定，是本次修改《农村土地承包法》的首要成果。

依据《宪法》和《物权法》的规定，我国农村和城市郊区的土地，除由法律规定属国家所有的以外，均属于本集体成员集体所有。由农村集体经济组织或村委会代表集体经济组织行使集体土地所有权，享有对土地的占有、使用、收益和处分的权利。土地集体所有的制度安排不变且长期坚持，农村土地承包后，土地所有权的性质不变，承包地不得买卖。按照《农村土地承包法》的规定，集体所有权的内容主要包括发包权、监督权、管理权和法律法规规定的其他权利。

土地承包经营权则是基于集体土地所有权派生的用益物权，广大农户以家庭为单位承包集体所有的土地后对承包地具有土地承包经营权，此时的土地承包经营权内涵较为丰富。农户可以既承包又经营（目前约占70%的农户比例），集土地承包权和土地经营权于一身，其所拥有的权利统称为土地承包经营权；也可以只承包不经营，自主决定采取出租、入股、转包或者其他

方式将承包地流转给符合条件的其他主体进行经营，此时，土地承包经营权就分置为土地承包权和土地经营权两种权利（有学者将其属性界定为"次地上权"），承包户拥有土地承包权，这种权利非经法律规定不得剥夺，受让方则拥有该承包地的土地经营权，有权按照合同约定和法律规定对承包地进行使用、收益和一定范围内的处分（如再流转和融资担保）。

而对于"四荒"土地，无论是农户基于本集体经济组织成员身份通过折股方式进行承包还是其他主体通过招标、拍卖等方式进行承包，其获得的仅为土地经营权，承包人可以对该土地经营权采取出租、入股、抵押或其他方式进行流转。

土地承包权和土地经营权的分置，使得《农村土地承包法》修改之前在土地承包经营权入股农村股份合作社的制度障碍迎刃而解。依现行法的规定，无论哪种方式获得的土地经营权，农户完全可以采取入股方式进行流转，其流转的仅为土地经营权，且该经营权的期限不得超过土地承包期，期满之后，该土地的经营权仍回到农户手中，与土地经营权再次合体为土地承包经营权。

接下来的问题是，《农村土地承包法》修改之前存在的抵押障碍是否也得以解除？从理论上而言，农户以土地经营权入股农村股份合作社后，该承包地的土地经营权就由合作社行使，合作社为生产经营需要，有可能以该土地承包经营权为抵押向金融机构融资贷款，一旦合作社经营不善无力偿还贷款，则该土地经营权就面临被银行拍卖或协商流转的可能。这种经营上的风险在法律修改前后一直存在，那么，现行法对此又是如何进行应对的呢？

仅从字面意义理解，《农村土地承包法》第36条和第53条的规定存在一个较为明显的不同，以家庭承包方式获得的土地承包经营权，虽可以出租、入股或其他方式进行流转，但以其他方式获得的土地经营权却多了抵押这种流转方式，这种区别性显然是来源于相同表述方式的立法规定。如此明显的差异性规定，是否意味着土地经营权是设定抵押仍需要根据土地经营权的获得方式而区别对待，土地经营权抵押的制度障碍仍未得以解除呢？由此，也引发了学界的一定担忧❶。笔者以为，此种担忧实属对既有法律规定的误读。土地经营权的抵押应综合既有法律的规定进行整体性解读，尤其是要结合《农村土地承包法》的其他法律条文规定才能形成准确、合理的结论。根据既有法律的规定，土地经营权尤其是以家庭承包方式获得的土地经营权设定抵押应遵循以下规则。

第一，抵押担保须经承包方同意。按《农村土地承包法》的规定，抵押已经成为土地经营权流转的一种主要方式。农户以土地经营权入股农村股份合作社时，如在合作社章程中对入股后的土地经营权是否可以进行抵押进行了规定，在发生合作社以该土地经营权进行抵押的需要时，是否还需要经过承包方书面同意则依章程规定进行；如合作社章程或入股协议中对此问题没有进行规定，则在抵押前需要再经过入股农户书面同意。

第二，发包方对土地经营权设定抵押一般不予干涉。依《农村土地承包法》的相关规定，发包方应尊重承包方的生产经营自主权，不得干涉其合法正常的生产经营活动。而农户以土地经营权入股农村股份合作社的行为是受到法律明确保护的土地流转权利，属于其正常的经营行为，任何组织和个人不得侵犯。因此，对于农户以土地经营权入股的行为，法律只规定需要向发包方进行备案即可；对承包方以土地经营权向金融机构融资担保的行为，法律规定也只需向发包方进行备案。故发包方对土地经营权设定抵押向金融机构融资担保的行为，依法不得进行干涉。

第三，土地经营权入股或抵押如造成不法后果，发包方有权进行制止及获得救济。农户或农村股份合作社如果不是向金融机构融资担保而是向其他非法机构或个人、企业进行融资担保的，该融资担保是否可行？《农村土地承包法》没有进行规定。但依据发包方的权利，如果该融资担保行为可能导致对承包地的损害或农业资源的损害，或担保物权实现时，可能发生上述损害或再流转的受让人不具有农业经营能力或资质，则发包方有权行使监督管理权，终止该土地经营权流转行为，并对由此造成的土地和生态环境损害要求赔偿。

---

❶ 房绍坤，林广会.土地经营权的权利属性探析：兼评新修订《农村土地承包法》的相关规定 [J].中州学刊，2019（3）：46-47.

第四，土地经营权抵押权的实现不会影响农村集体经济组织及农户的根本利益。一旦土地经营权设定抵押后，到期不能偿还债务的，依《民法典》《土地承包法》《物权法》等法律的规定，担保物权人可以采取拍卖、折价等方式实现担保物权且具有优先受偿权。但此时，担保物权的实现无论新的受让人是何种法律主体，其对土地的利用均不得突破不得改变土地农业用途的限制，不会影响国家整理粮食安全及农业产业发展，就农村集体经济组织而言，其土地所有权人的地位也不会改变，且根据《农村土地承包法》第45条的规定，如果受让人为工商企业等社会资本通过流转获得土地经营权的，集体经济组织可以收取适量管理费以增加集体经济组织的集体资产的总量，而作为集体经济组织成员的农户亦可以成员身份获得一定利益；对土地经营权的原始主体而言，虽暂时失去了对自己承包土地直接进行占有、使用和收益的权利，但其与发包方的承包关系不变，土地经营权的流转期限期满后，土地经营权仍可以回流到原承包方，其土地根本利益不会受到严重影响。

三、放宽了土地承包经营权转让的条件限制

《农村土地承包法》修改之后，在土地承包经营权转让问题上的规定也有一定变化，其中最为明显的一点变化是取消了"转让方须有稳定的非农收入或者稳定的收入来源"这点限制，放宽了流转条件。按照立法参与者的解释，主要原因在于这一限制条件在实践中难以落实，反而容易引发争议，一直都有呼声要求取消这一限制❶。这种解释也与本书前述观点不谋而合。

依修改后的《农村土地承包法》，土地承包经营权的转让需要遵守以下规则。

第一，须经过发包方同意。依修改后的《农村土地承包法》第34条的规定，土地承包经营权的转让可分为全部转让和部分转让两种情形，但无论哪种情形的转让均须得到发包方的同意方可进行。转让行为生效后，原承包方在该土地的承包关系即行终止，由受让方与发包方确立新的承包关系。"经发包方同意"这一限制条件的保留其意有二：一是土地承包经营权本为

---

❶ 何宝玉. 中华人民共和国农村土地承包法释义［M］. 北京：中国民主法制出版社，2019：92.

有益物权，由土地集体所有权派生而来，如承包方单方面转让土地承包经营权无须经发包方同意，可能会对发包方的权利造成损害，对受让方而言，如其受让行为未经过发包方同意，新的承包关系也难以建立。二是可以防止承包方因债务所迫等原因轻易转让土地承包经营权而彻底丧失最基本的生产生活保障，既影响家庭生活，又容易造成社会不稳定因素，增加社会治理和社会保障成本。

第二，受让方资格限定为本集体经济组织的其他农户。即规定土地承包经营权的转让只能内部进行，主要原因在于转让是土地承包经营权流转形式中最为彻底地让渡，本集体经济组织之外的农户或农业经营主体不具备集体经济组织成员资格，对集体财产本就不享有集体所有权的份额，同时，将转让限定为内部进行也便于集体经济组织的监督管理，防止受让方利用承包地从事非农业经营活动。

第三，土地承包经营权转让采取登记对抗主义。依修改后的《农村土地承包法》第 35 条规定，土地承包经营权互换、转让的，可以申请登记，也可以不进行登记。未经登记的转让、互换行为属于合法民事行为，在当事人之间仍然有效，转让后产生的新的承包关系也具有法律效力，如强行规定转让必须经过登记才有效，不仅将导致土地流转程序上的复杂化和登记工作部门工作压力的增大，也会因发生登记费用而增加土地流转成本，造成农民负担的加重。

但土地承包经营权的互换、转让毕竟是最彻底的流转形式，为保证交易秩序的稳定，法律规定土地承包经营权互换、转让也可以进行登记，未经登记的，不得对抗善意第三人。此种规定，也暗含了鼓励土地承包经营权转让进行登记的立法意蕴。

四、应加强土地经营权入股农村股份合作社的风险控制与制度保障

如前所述，"三权分置"模式下，上述入股和抵押上的障碍从理论上而言已迎刃而解，但我们必须看到，"三权分置"模式下，土地经营权的流转虽不影响农户的承包资格及依集体经济组织成员资格而固有的土地承包权，然而土地经营权入股农村股份合作社等新型农业经营主体后，从理论上而言

其再流转的可能性和风险依然存在。一旦发生土地经营权的再流转，农民成员虽仍可保留基于农村集体经济组织成员身份而拥有的土地承包资格或承包权利，但在土地经营权流转的有效期内，原承包方失去了对承包地的占有、使用和收益的权利，仅留下不能带来直接收益的土地承包权这种"空权利"，如果在此期间，农户失去了其他较为稳定的非农收入，其本人乃至家庭成员因病返贫等原因致贫的风险仍然存在。此种风险的存在虽不能全部归咎于土地经营权的保持与否，但毕竟值得我们进一步研究和关注。因此，应该是正视土地经营权入股的风险，建立健全相关农民利益保障机制。具体可以从以下几方面入手。

第一，应坚持不得改变土地的用途的基本原则，确保农业生产稳定发展。随着城市化进程的不断加快，原有的土地资源不断遭到消耗，环境恶化也使大量农村土地受到侵蚀，土地资源变得日益稀缺，我国现行土地法律之所以对土地承包经营权流转后的用途做出限制，正是出于对粮食安全的战略意义而考虑的。按《农村土地承包法》的规定，农户在获得土地承包经营权的时候，土地承包经营权合同已经对土地的用途做了相应的限制，农户将土地承包经营权折价入股农民生产企业后，土地经营权新的所有者也不可以擅自改变土地的用途，而是应当受到原有用途的限制，即便因经营不善破产或无法偿还抵押权所依附的主债务而导致对相关土地承包经营权的拍卖、折价，新的土地承包经营权人利用所涉土地仍应受到此限制。

第二，建立健全土地经营权入股的风险保障和股份回购制度。如前所述，土地经营权入股后，农户短期内失去土地经营权的风险客观存在，如果农户对失地风险的顾虑难以消除，土地经营权的入股试点工作将很难在广大中西部地区进一步推进，因为上述区域整体经济发展水平的欠发达导致农民对土地的依赖程度更高。为此，需要重点做好两方面的工作：一是完善股权流转的内部监督机制，防止"少数人现象"。农户以土地经营权入股后，股份合作社或农业生产化企业从理论上对入股后的土地经营权具有处分权，须通过完善合作社或公司内部程序，防止少数大股东滥用其在经营管理中的优势地位擅自将入股后的土地经营权进行再流转或设定抵押，如可以在章程中规定以上关系到股东重大利益的事项须经全体股东三分之二以上同意方可进行。

二是采取政府回购或建立风险保障基金的方式，增加兜底保障❶。一旦发生以土地经营权为标的的抵押权实现的情况时，先由地方政府兜底或通过风险保障基金对涉案土地经营权实行竞购，之后发布公告，相关农户如愿意自己保留对原承包地的土地经营权，则在支付合理的对价后可以回购入股时的土地经营权；如农户自愿放弃回购的权利，政府可以通过公开拍卖或选择生产经营状况较好的农村股份合作社或农业生产企业合作的方式，在保证土地用途不变的前提下尽快投入农业生产，保障国家粮食安全。

第三，建立健全农村社会保障制度，弱化农村土地承包经营权所负载的过重社会保障功能。对于广大农民而言，土地一方面是生产资料，承担着农民的就业功能；另一方面是一种特殊的财产，承担着农村的社会保障功能。土地流转程度与这两大功能紧密相关。对大多数农民来讲，只有当土地承包经营权上所负载的社会保障功能弱化了，土地承包经营权的流转才可能会活跃起来。农村土地制度的改革不仅应该有利于那些生产经营能力强，逐步摆脱了对土地绝对依赖的农民能充分实现其对土地承包经营权的使用、流转和收益，更要通过建立健全以农村社会基本养老保险、农村基本医疗保险、农村新型合作医疗、农村失业保险和农村工伤保险等为内容的全方位农村社会保障体系和以农村最低生活保障、农村灾民紧急救助、农村孤寡病残救助、"五保户"制度、农村扶贫开发和农村大病医疗救助等为内容的农村社会救助及福利制度，进一步改善长期以来形成的利用农村土地承包经营权承载一切社会保障功能的单一机制，发挥社会保障和社会救助制度在农村社会成员中应该发挥的作用，切实推动农业生产经营向规模化、产业化发展，努力实现土地的最大效用。

第四，完善限制土地兼并的相关立法。当前，一些地区存在着夸大土地抛荒面积，强制收回农户的土地承包经营权，由所谓的"生产能手""种植大户"垄断农村土地的现象，也有一些地区存在农民为了眼前利益，对自己承包经营的土地，不作思考、不加保留地盲目转让、入股，对广大农民的根本性利益造成了严重损害。再如，2020年突如其来的全球疫情，对全球经济产生了巨大冲击，中国的抗疫斗争在习近平总书记为核心的党中央领导下取

---

❶　王乐君，等. 土地经营权入股的探索实践与思考启示 [J]. 农村经营管理，2018（11）：13.

得了全球公认的巨大成绩，但对我国经济的负面影响仍然很大，不少企业在复工复产上均存在较大困难，农民工大量回流。如果土地经营权仍留在自己手中，农民还可以借土地为生，发展庭院经济、家庭农场等多种形式的新型农村经济。没有了土地，姑且不论他们是否可能成为无业流民，至少，如何帮助返乡无地农民就业、创业又成为摆在各级政府面前的棘手问题。

因此，土地经营权流转制度的改革，也要防止走入误区，必须遵循农民依法自愿有偿的原则、严格遵循"三个不得"的原则，不能不顾条件地强制推行，特别是对土地入股、长期租赁等形式更要慎重。在今后的土地流转改革中，应规定农村合作社中以土地经营权入股的最高比例限额和面积限额，规定农民对土地的最低拥有量和入股农村股份合作社的土地经营权所涉土地面积或比例，这样既可以满足社会经济发展的需要，又可以保证广大农民的生活，以防止大范围农民利益受损的风险，确保农村社会稳定。

第六章　农村股份合作社股东退出权疑难解析

2019 年 11 月，党的十九届四中全会《决定》中再次强调要深化农村集体产权制度改革，发展农村集体经济，并将其作为坚持和完善社会主义基本经济制度，推进经济高质量发展的重要举措之一。

退出权是民事处分权能的重要内容之一，有无处分权是区分财产性权利和经营性权利的重要考量因素❶。"有偿退出权"则是农民对集体资产股份所享有的六项财产权能的重要内容，也是农村集体产权制度改革的难点之一。但稍显遗憾的是，无论是修改后的《农村土地承包法》，还是 2017 年修改的《农民专业合作社法》对"有偿退出权"的规定都较为笼统。在实践中，由于农村集体组织的天然属性限制、相关法律法规的缺失、农民股权意识的匮乏等原因，农村股份合作社股东退出权的行使面临重重困境。自 2014 年开始，在全国范围内，出现了一轮农村股份合作社、专业合作社、资金互助合作社"倒闭潮"，引起理论和实务界的关注，甚至引发了农业农村管理部门对是否会发展成 20 世纪 50 年代末出现的合作社社员"退社潮"的担忧❷。

从法律层面而言，需要我们深入思考的核心问题主要有以下几个：一是应否赋予农村股份合作社股东退出权，股东退出权的法理基础是否具备？二是关于农民专业合作社股东退出权是否存在现行法的依据？现行法的规定还存在哪些不足？三是股东退出权行使的方式、原则、条件、程序、作价标准等如何细化？如何保障农村股份合作社股东退出权的行使？只有解决了上述问题，才能在具备法理和现行法支撑的前提下构建农村股份合作社股东退出

---

❶　王冲. 农地"三权分置改革的历史沿革及展望"[J]. 西北农林科技大学学报（社会科学版），2018（5）：5.

❷　司成钢. 合作社的尴尬：为啥频频出现退社潮？[N]. 农资导报，2016 - 01 - 04.

权的基本框架，充分拓展农村股份合作社股东对集体资产所享有的各项权能，促进赋予农民更多财产权利的改革目标的实现。

第一节　农村股份合作社股东退出权的法理和制度基础

法律发展的基本动力是社会的需要，社会变迁推动着法律的发展。新的法律制度的制定与施行，必须兼具合理性与合法性，既与政策的方向指引吻合，又具备相应的法律支撑。

一、农村股份合作社股东退出权的法理支撑

农村股份合作社成员权属广义的社员权之一，其内容既包括财产性权利，也涵盖各种非经济利益的权利❶。在传统民事权利理论中，成员权通常是用来指代法人团体中成员所享有的权利，尤指股东权利。财产权在本质上属排他性权利，除人格和身份利益之外，凡以享受社会生活中的外界利益为内容的权利都可划归财产权范畴，随着民法学理论的发展，现代民法上更加倾向将知识产权和社员权从传统的财产权中独立出来❷。

在我国目前的社员财产权中，股东权是最具代表性的一种，其性质、地位和内容因《公司法》的规定而在立法上有所定论，而对其他社团中的社员权利研究则还未引起学界广泛重视。与股东权一样，农村股份合作社成员权是合作社成员基于成员地位而对合作社享有的各种权利的统称。抛开成员权中的非经济利益内容的权利，可以首先确定的是，农村股份合作社成员财产权实质上就是社员权中具有财产性质的权利。农村股份合作社兼具人合性与资合性，在"资合性"上，其与有限责任公司更为接近，在治理结构上也借鉴了公司的"三会"治理模式，故农村股份合作社成员的财产权与公司股东财产权有共通之处，股份合作社的成员借助股东的身份将个人利益与合作社的集体利益紧密相连，真正成为集体经济的主人，其成员权借着股东权这一载体而更加清晰。

---

❶ 谢怀栻. 民事权利体系 [J]. 法学研究, 1996 (2)：76.
❷ 王利明. 民法 [M]. 5 版. 北京：中国人民大学出版社, 2010：86.

　　进而言之，农村股份合作社股东的股权系集体经济组织成员以其土地承包经营权、量化后的集体资产份额、知识产权及其他可货币化的实物入股后依持股份额而享有的财产性权利。具体来说，农村股份合作社成员财产权以农村集体经济组织成员对集体所有土地所享有的土地承包经营权、生产资料占有使用权等基本权利为底线，以村民成员所持有股份为根基，以对集体资产股份折股量化到人的分配权、集体资产使用权、股息分配请求权、决策控制权、剩余索取权及股份转让权、有偿退出权为具体内容的一种复合型财产权利。此类股权应当同有限责任公司股东的股权一样可以在法定范围内进行包括退出合作社在内的自由处分。赋予合作社成员股权流转和有偿退出的权能，有利于发挥市场在资源配置中的决定性作用，吸引社会资本有序进入农村经济市场。

　　修改后的《农村土地承包法》已经明确在依法、自愿、有偿的前提下，只要不改变农地用途，土地承包经营权可以在集体成员间流转；成员在承包期内交回承包地的，对其为提高土地生产能力而在承包地上的投入有权获得相应补偿。依此，无论是农村股份合作社成员之间的土地承包经营权流转还是合作社成员在承包期内向本村民集体组织交回承包地，都有可能令其股份合作社成员资格的退出或丧失，进而导致股东权的退出。因此，农村股份合作社股东权退出的合法性基础已经为现行法所确认。

二、农村股份合作社股东退出机制的制度变迁理论基础

　　诺斯在其代表作《经济史中的结构与变迁》一文中提出：制度首先是一种公共产品，决定新制度是否能替代旧制度的要素在于是否能带来更大的潜在利润。当制度的需求与供给基本处于平衡状态时，制度是稳定的；当制度的供给不能满足人们的需求时，制度就会随之产生变迁的可能。在制度变迁的过程中，成本与收益是影响制度变迁的关键因素。当一项新制度的可能受益大于制度变迁的成本时，人们就会去推动制度变迁❶。农村股份合作社成员退出制度的建立与我国农村土地制度的改革密不可分，农地产权的制度变

---

❶　道格拉斯·C. 诺思. 经济史中的结构与变迁 [M]. 陈郁，罗华平，译. 上海：上海人民出版社，1994：225 – 226.

迁对股份合作社成员制度的变革具有直接的影响。农村承包土地作为资源而具有的稀缺性与广大农户、农业生产企业、农村股份合作社等新型农业经营主体对农村承包土地的无限需求之间的矛盾决定了农村土地制度具备制度变迁的基本条件。当农村承包土地能够为农民提供最主要的生活保障时，其对农村承包土地退出制度的建立不会产生内生需求。但随着我国综合国力的不断增强，城市经济的发展吸引着越来越多的农民进城市务工、就业或落户，农业转移人口市民化进程不断加速，新型城镇化建设布局形态不断优化，基本服务全覆盖全面推进，农村承包土地过去所承载的过重的社会保障功能不断减负，退出承包地或农村集体经济组织对农民而言收益可能会大于成本，因此，农村股份合作社成员退出制度的建立便产生了制度变迁的内生动力。

　　制度变迁的路径既包括"自下而上"进行的诱致性变迁，也包括"自上而下"的强制性变迁。农村股份合作制是在新一轮土地改革实践中自发产生的制度创新结果，属于具有明显中国特色的"自下而上"式的诱致性制度变迁，通过将农民承包的土地和农村集体资产通过评估价值后进行量化，按照份额分配股权，并在不改变农民土地承包经营权权属的前提下，鼓励农民以土地经营权、货币、实物等形式入股，按照股份制和合作制的基本原则，委托合作社经营，按照股份和对合作社的贡献等标准受益，从而将合作社的集体利益将与农民个人利益紧密联系为一体，实现农民土地权利由自然形态向资本形态的转变，促进农村劳动力的转移和一、二、三产业的联动发展❶。其次，农村股份合作制改革也符合"自上而下"的强制性制度变迁的特征和要求。党的十八届三中全会《决定》中，将有偿退出权明确规定为农民对集体资产股份所享有的六项权能之一，并要求积极探索农民对集体资产股份有偿退出的条件和程序，实际上是对新一轮农村改革中出现的诱致性变迁做出的积极回应，制度变迁的两种路径互为作用，共同促进赋予农民更多财产权利的改革目标的实现。

---

　　❶ 夏庆利，易法海. 股份合作社：对接农业产业化经营的农村经济组织构想［J］. 咸宁学院学报，2006（4）：23.

第二节　农村股份合作社股东退出机制的特殊性

《公司法》对股东退出的规定较为严格，一般情况下股东只能通过转让股权、公司回购股权、股东请求解散公司、二级市场退出等几种方式且均需满足一定的条件才能实现；农村股份合作社股东的股权系集体经济组织成员以其土地承包经营权、量化后的集体资产份额、资金、知识产权及其他可货币化的实物入股后依持股份额而享有的财产性权利，此类股权应当同有限责任公司股东的股权一样可以在法律规定范围内进行包括退出合作社在内的自由处分。赋予合作社成员股权流转和有偿退出的权能，有利于发挥市场在资源配置中的决定性作用，吸引社会资本有序进入农村经济市场。

然而，较之公司股东财产权，农村股份合作社成员的财产权与其在法律地位、财产权资格的取得、收入的分配模式、决策机制及个体在集体中所享有的财产权标的都有一定区别。尤其是在"人合性"特点上，二者存在明显区别。在公司制下，股东主要因投资同时取得股东身份权及相应的财产权利，一旦其退股，身份权与财产权同时归于消灭，即"人合性"被打破。而农村股份合作社成员财产权在性质上属于"身份权映照下的财产权"，且这种身份具有"双重性"。一般而言，只有农村集体组织的成员才具有获得农村股份合作社成员的当然资格并依法享有有偿退出、抵押、担保、继承等处分权利，即便农民股东退出股份合作社后，其在本村集体经济中的身份并不会因此而当然被消灭，其对集体所有的土地所享有土地承包权资格及集体福利请求权等仍然保留。这一独特性使得农村股份合作社股东退出机制的建立受到诸多现实限制。

正是基于此种特殊性的考虑，《中共中央国务院关于稳步推进农村集体产权制度改革的意见》（以下简称《意见》）中才提出了"现阶段农民持有的集体资产股份有偿退出不得突破本集体经济组织的范围，可以在本集体内部转让或者由本集体赎回"的指导性意见。但《意见》中的此种安排，又产生了"封闭还是开放"的两难悖论。对农民股东的退出与转让不进行任何限制，容易诱发外来资本的投机行为及合作社控制权的转移，导致集体资产流失，不利于维护集体组织的稳定及集体成员权益的维护，对集体经济的发展可能带来不确定的风险；如将有偿退出的范围局限于合作社内部成员之间，实行股权封闭式运行，则势必影响退出价格的合理确定❶，容易使得股权固化和"内部人控制"现象的产生，不利于股权市场价值的公平体现，抑制农民更多财产权利的实现，有违股份制改革的初衷❷。

因此，农村集体资产股份的有偿退出机制需要认真思考农村集体经济组织的特殊性，不能简单照搬《公司法》关于股东退出的相关规定，在股权的取得、股权退出的方式、退出的程序、退出过程的监督、退出后对农民股东基本权益的保障等方面体现出农村股份合作社的特点，既要保障农民个体成员的财产权益，实现股权的市场价值，又要考虑集体经济组织的良性发展，规避集体利益为外部人侵占的风险❸，促进集体资产的保值增值。

第三节　农村股份合作社股东退出权的立法现状与不足

由于缺乏专门的农村集体经济组织立法，现行有关农村股份合作社股东退出权的规范散见于其他特别法或部门法中，各地也因地制宜地制定了一些地方立法或规章以解决实践中出现的问题。

一、上位法梳理

自农村土地集体化以来，我国有关合作社股东退出的法律规范经历了多次立法、修法。农业合作化运动时期颁布的《高级农业生产合作社示范章程》在制度层面经历了阻止退社到退社自由这一转变；人民公社时期颁布的《农村60条》却因"政社合一"回避了退社这一制度；改革开放后，家庭联产承包经营体制普遍建立，从《宪法》《农业法》到《农村土地承包法》《物权法》再到《土地管理法》都或多或少对农民成员的退出有所涉及。综观我国现行立法，与农村集体经济组织成员财产权及有偿退出的相关规定主要集中在《民法总则》《农民专业合作社法》《农村土地承包法》和《中华

---

❶　方志权. 农村集体产权制度改革：实践探索与法律研究［M］. 上海：上海人民出版社，2015：46.

❷　柳佩莹. 农村集体资产股份有偿退出问题的探讨［J］. 人民法治，2019（11）：35.

❸　钟桂荔，夏英. 农村集体资产股份改革的关键问题［J］. 农村经营管理，2017（11）：28.

人民共和国土地管理法》（以下简称《土地管理法》）中，具体而言，现行立法主要从以下几个方面进行了规定。

第一，关于农村股份合作社法律地位的规定。依据《民法总则》第96条的规定，农村集体经济组织法人、城镇农村的合作经济组织法人为特别法人。

第二，关于农村集体经济组织成员权的规定。《民法总则》第99条对成员的财产权利做出"依照其他法律、行政法规规定"的除外性表述。《物权法》第59、62、63条则规定成员享有对集体财产重大事项的集体决定权、对集体财产状况的知情权、利益受侵害集体成员的撤销权等权利。

第三，关于农村土地承包经营权退出的规定。2018年修改的《农村土地承包法》第17、27条肯定了农户享有流转土地承包经营权、退出农村集体经济组织的权利，并禁止以退出土地承包经营权作为农户进城落户的条件，第38到42条则对土地经营权流转的原则、价款、合同内容等细节问题做出详细规定；2019年8月刚刚修改的《土地管理法》第五章对农村集体所有土地的征收事由、批准权限、征收程序、征地补偿的原则和标准等做了严格规定。

第四，关于农民专业合作社成员退社的规定。2017年修改的《农民专业合作社法》对合作社成员退社问题进行了较为详细的规定。首先，强调了"退社自由"原则。该法第4条保留了农民专业合作社应当遵循入社自愿、退社自由原则的规定。其次，规范了退社程序及成员退出后的权利义务。依该法第25条规定，成员主动退出合作社须向理事长或者理事会提出书面申请；第27条、28条则规定了退社成员在资格终止后的合同履行义务、退资和盈余分配请求权及债务承担等核心问题。再次，赋予了合作社除名权。该法第29条赋予农民专业合作社成员大会可行使对成员的入社、除名等作出决议的职权；第26条则规定了成员不遵守农民专业合作社章程等三种除名的具体情形及行使条件。最后，限制了成员的退社时间。该法第51条规定，在合作社解散或人民法院受理破产申请时不能办理退社手续。

二、地方立法、文件及合作社章程速描

我国目前尚未制定专门的农村股份合作社立法，由于上位法的缺位，各省市也不可能制定相应的实施条例。但农村股份合作社与农民专业合作社均

以农民成员为主体，其法律地位均属于《民法总则》规定的特别法人，在财产构成、治理结构和运行机制上亦有诸多类似之处，故《农民专业合作社法》及地方立法中有关成员退社的规定值得我们作为处理农村股份合作社股东退出问题的参考依据。

经统计，各地依据《农民专业合作社法》制定的地方条例、管理办法多达21部。例如，《江苏省农民专业合作社条例》第18～21条明确了农地股份合作社可以在章程中规定成员退社的条件，鼓励依法向本社其他成员流转土地经营权，量化到成员名下的集体资产份额和公积金份额也可以通过赠予、转让等方式流转给本社其他成员，但不得从合作社撤资变现。《山东省农民专业合作社条例》第21条规定以土地承包经营权出资的成员资格终止的，按照章程规定退资，章程未规定的可以通过平等协商、退还土地承包经营权或者采取转包、出租、互换、转让等方式流转土地承包经营权；第22条规定成员退出后，合作社应将该成员所享有的由国家财政直接补助形成的财产份额平均量化登记到本社现有成员的账户。

与农民专业合作社成员退出已有专门立法及地方立法予以规定不同的是，农村股份合作社股东退出的规定目前还停留在国家政策及地方性文件层面，且对股份合作社股权流转及股东的退出多加以限制，合作社股权流转仅限于股东之间的转让。例如，上海市农委《关于推进本市农村集体经济组织产权制度改革的若干意见》明确指出："村集体经济组织成员的股权可以继承，但不得退股。改制后，为确保农民保留长期的集体资产收益权，股权在一般情况下不得转让，但如遇村民死亡等情况，可以通过规范、合法的程序在本集体经济组织内部进行转让。"宁波市海曙区《海曙区加强社区股份经济合作社管理的实施办法》规定："股东所持有的股权原则上在社区股份经济合作社所有资产体现市场价值之后才允许转让。确需在所有资产体现市场价值之前转让的，应明确暂未量化资产的转让权属和今后的福利待遇，且仅允许其在本社成员之间进行转让，未彻底转让的必须留足原人口福利股的股份额度。"

三、农村股份合作社股东退出权的立法不足分析

因内生属性限制、专门立法缺失、股权意识匮乏、相关保障不健全等几个方面的因素所致，农村股份合作社股东退出权在现行立法中仍存在如下不足。

（一）退出原则与退出方式不明确

如前所述，由于上位法和地方立法在农村股份合作社股东退出问题上均存在立法缺失，股东退出只能由合作社在章程规定范围内自行处理。但现实的情况是多数合作社在章程中均未明确规定股权的流转、退出，即便是允许农民成员退出，各地的退社方案也存在较大差别，无法形成合理统一的退出模式。成员能否将股权对外转让而退出？是否有权仿照公司股东退出机制请求合作社回购股份而退出？《农民专业合作社法》规定的因合作社除名而迫使股东被动退出的规定是否完全合理？成员因连续两年弃耕抛荒被收回耕地因法定情形被征收、征用、收回土地而丧失土地承包经营权或者因改嫁、外出务工、转包、迁居而交回承包地或者流转土地承包经营权等情况下是否导致股东的当然退出，如退出应当遵循哪些原则？由于这一系列问题，目前，在立法层面均未予以明确，势必导致农村股份合作社股东面临"想退也退不了"的困境，其后果必然是合作社股东对集体事务消极懈怠，不利于股份合作社的长期发展。

（二）退出条件与退出程序失衡

政策层面一直强调"有偿退出"，但立法层面对退出条件的限制和退出程序均无规可循，对"如何退""退给谁"等核心问题均未做出明确指引，实践中的做法也就五花八门。农村股份合作社股东的退出不但关系到退出者个人利益和选择自由，还具有影响他人利益的外部辐射效力。退出条件和程序缺乏规范所致的后果严重，一方面，如果对退出条件不加限制，农村股份合作社成员特别是大股成员的随意退出，会使得合作社统一的生产经营计划无法按预定目标实现，集体生产的统一协调和管理会受到极大的冲击，协作收益、分工收益、规模收益都将受到严重影响❶；另一方面，退出程序不明确将增加合作社股东退出的难度。农村股份合作社中的土地股的退出涉及农村土地承包经营权的变更，而土地承包经营权的变更程序限制十分严格，土

---

❶　曹阳，姚仁伦. 自由退出权、组织稳定、组织效率：兼论合作社为什么难以成为我国当前农村经济的主流组织形态［J］. 华中师范大学学报（人文社会科学版），2008（4）：47.

地股权的流转退出不仅需要合作社股东同意，还需要经过村民会议或村民代表会议的绝对多数同意，这就加剧了农村股份合作社股东退出的难度。股权作为收益分配的主要依据，其流转也将引发新的收益分配问题，多种因素导致股权在现实中难以流转起来。

（三）股权退出的价值评估标准不明确

"怎么偿"是股东退出机制的关键所在，要实现农村股份合作社股东对集体资产的"有偿退出"，必须解决股权作价的现实难题。理论上，股东退出股份合作社时，其个人出资的份额一般以市场价格为准，市场价格难以确定的，可以由转让人和受让人协商或竞价确定。但实践中影响合作社股权准确作价的因素复杂，首先，农村股份合作社集体资产的形成和收益中包含有减免税费等国家惠农政策的贡献，合作社股东基于其村民身份而获得的集体资产股权份额，即便其退出股份合作社，其村民身份也不会消灭，基于该身份而享受的村集体福利更不能取消，故该部分股权的转让价格难以确定，实践中也标准各异，有的以市场价格为准，也有的以合作社设立时确定的原始价格为标准；其次，由于信息不对称，导致多数农民股东对集体资产的真实价值不够了解；再次，随着城市化发展，地价、房价、物业租金不断上涨，集体资产不断增值，难以准确判断其市场价值；最后，在股份合作社清产核资过程中，股权账面价值一般低于其实际价值，如果评估程序和评估机构的选择不够规范，必然会影响到股权的最终作价。如果不妥善解决上述难题而鼓励农民股东退出，很有可能导致退股后的集体成员"翻旧账"，影响成员关系和社会稳定，并最终冲击农村股份合作社的发展。

第四节　农村股份合作社股东退出的现实困境与原因分析

农村股份合作社退出机制的实践始于 2014 年，宁波市江北区庄桥街道邵家村股份经济合作社在基层政府主导下，因社制宜，制定了较为完善的"退社"方案，确保合作社退出后股东的利益，确保合作社剩余资产按股权分配到每位股东，成为首个终止运行的村级股份经济合作社❶。此后，广东顺德部分社区因合作社内部矛盾冲突及受到征地养老保障优惠政策吸引等原因所致，也出现了股份合作社"退出潮"现象，如顺德区容桂街道的 44 个股份合作社中有近20%已经或正处在退社进程中❷；江苏盐城、江苏射阳、山东济南等地都出现了农村股份合作社或专业合作社因经营不善而导致合作社倒闭的事件。此外，因合作社侵害农民股东利益或因农村股份合作社管理人员违法运作引发纠纷甚至导致合作社破产而农民股东被动退出合作社的案件数量也有所上升。

值得注意的是，上述材料仅说明了合作社因各种原因破产、倒闭的情况下股东被动退出的情形。而在实践中，农民成员因各种因素主动退出农村股份合作社的情况也时有发生，究其原因，主要有以下几种：一是合作社处于"空心化"状态，合作社的成立本就基于部分农业大户或村委干部为获取国家相关优惠和扶助资金而设立，合作社的成立有名无实，部分农民股东本身就是"被入社"，入社后也就基本没有享受到到合作经营带来的实惠，因而导致部分农民选择"退社"；二是因利益上的短视性所致，部分农民股东对合作社缺乏正确认识，"遇利则合，无利则分"，不能正确面对合作社经营可能产生的市场风险，合作社往往是乘兴而起、一哄而散；三是因合作社管理人员侵害股东利益或侵占集体利益引发农民股东不满而退社；四是因合作社管理权高度集中，大股东凭借其在特定控制权及剩余控制权上的优势地位，利用合作社决策机制的漏洞，排挤打压持不同意见又处在弱势地位的小股东，导致该部分股东退社。

但正如上节所述，由于农村集体组织的天然属性限制、相关法律法规的缺失、农民股权意识的匮乏等原因，农村股份合作社股东退出权的行使面临重重困境。

从法律层面来分析，我国《物权法》肯定了成员是集体所有权主体的组成部分，明确了成员享有的对集体财产重大事项的集体决定权、对集体财产状况的知情权、利益受侵害集体成员的撤销权等；2017 年通过的《民法总则》则明

---

❶ 王君波. 江北区积极探索农村股份经济合作社平稳退出机制 ［EB/OL］.（2019 – 12 – 07）［2020 – 08 – 15］. Http：//www.cnluye.com/html/main/ncltView/2832178.html.

❷ 谭炳才. 建立珠三角股份合作社退社新机制：容桂街道股份社"退出潮"引发的思考 ［J］. 广东经济，2015（2）：71.

确了农村股份合作社的特别法人地位，但对成员的财产权利只做出了"依照其规定"的除外性表述。故总体而言，我国现行法律体系缺乏对集体经济组织成员权的专门规定，成员权的内容并未得到完整、清晰的勾勒；从政策层面而言，尽管党的十八届三中全会《决定》《规划》等政策性文件均肯定了成员有退出农村集体经济组织的权利，但对具体如何操作也未做出明确阐述。

一、农村股份合作社股东退出的现实困境

从各地情况来看，相关的地方性文件以及政策对股份合作社股权流转及股东的退出多加以限制，一般将股权流转限于合作社股东之间的转让，股权不能向合作社以外的自然人、法人转让。例如，浙江省《关于全省农村经济合作社股份合作制改革的意见》规定，"个人股（社员量化股）可以依法继承，可以在股份合作社股东之间转让，但不得退股提现"；福建省的试点也采取了大致相似的做法，农民对集体资产股份的有偿退出限定在本集体经济组织范围之内，方式仅限于内部转让和组织回购两种❶。

实践中，各地股份合作社章程对股东退出采取的做法主要有三种：一是消极回避，如佛山市《顺德区杏坛镇光辉村股份合作社章程》中对农民的退股权只字未提。二是直接禁止，如《泉州市永春县山前村股份合作社章程》则规定，"个人取得的股权只享有分配权，所有股权不得继承、转让、买卖、抵押，不得退股提现"。三是严格限制，如芜湖市无为县开城镇《练墩村集体经济股份合作社章程》中第 12 条载明，"量化的股权可以依法继承和在本合作社股东内部转让，但不得退股、提现和抵押"，厦门市湖里区《马垅股份经济合作社章程》也规定"允许股权在股份经济合作社股东之间内部转让，股权的转让必须经过董事会的审核批准，股权不得退股提现"。

需要说明的是，2015 年在广东出现的农村股份合作社"退出潮"现象，是由于股份合作社内部纠纷与矛盾凸显，加之沿海经济发达地区在全征地后的养老保障政策力度较大，股份合作社设立的前提受到冲击，因此，才导致股份合作社"退出潮"的产生❷。在广东的"退社"实践中，借鉴了公司破

---

❶ 吴雄英. 农村集体产权制度改革：让村民变"股东"[J]. 农家参谋，2017（2）：26.
❷ 谭炳才. 建立珠三角股份合作社退社新机制：容桂街道股份社"退出潮"引发的思考 [J]. 广东经济，2015（2）：71.

产清算的程序，解决的仅为股份合作社解散的情形下股东如何退出的问题。但探索农村股份合作社股东退出机制的目的是为了增强合作社股权的流转活力，如果股东只有在合作社消灭的情形下才有权退出，股东有偿退出机制的建立便失去了原本的意义，也与本书的初衷相去甚远。事实上，股份合作社"退出潮"是在珠三角等经济发达地区城镇化进程基本完成后才因为所谓"生命周期"出现所引发，而在广大中西部乃至东部省份经济欠发达地域，城镇化程度相对较低，土地股份合作制仍具有推广意义。

二、农村股份合作社股东退出困境的原因分析

农村股份合作社股东退出困境的原因纷繁复杂，但可以将其归结为内生属性限制、专门立法缺乏、股权意识有待提高、相关保障不健全等几个方面。

（一）农村股份合作社属性的天然限制

如前所述，农村股份合作社的"人合性"特点，决定了合作社股东退出过程中的诸多限制。一方面，农村股份合作社作为农村集体经济的新型主体，其特别法人地位已为《民法总则》所确认，既然其不属于非营利性法人，作为参与市场竞争的主体之一，从股权性质和实现农民财产权利角度出发，必然要求合作社股权能够流转退出。另一方面，农村股份合作社具有其明显的宗族性和"熟人社会"特征，其"人合性"特点决定了对集体成员身份的严格的要求，采与公司制不同的"一人一票"制的决策机制等均为维护合作社经营的稳定，避免合作社股权结构与经营策略受到非本村集体组织成员之外的股东控制。因而，一般都规定合作社股权只能在内部股东间进行流转。

（二）政策不明确、模式难统一

首先，是中央并未出台有关农村股份合作社股东退出机制的具体法律法规和相关配套政策，针对股东退出问题只能由合作社在章程规定范围内自行处理。其次，是实践中模式难以统一，各地农村股份合作制的发展时间不一，管理技术和经营水平不一，合作社抗风险能力较弱，股东的退出将对合作社继续发展产生一定消极影响，因而，目前多数合作社在章程中均未明确规定股权的流转、退出，即便是允许农民成员退出，各地的退社方案也存在较大

差别，无法形成合理统一的退股模式。

（三）退出的程序限制严格

一方面，土地承包经营权的变更程序限制较为严格。农村股份合作社中的土地股的退出涉及农村土地承包经营权的变更。根据原《土地管理法》和《农村土地承包法》的规定，承包经营期内对承包土地经营者间土地进行调整和农村集体土地由村集体以外单位或个人承包经营的均需要经村民会议三分之二以上成员或三分之二以上村民代表同意，并报相关政府部门批准。依此，土地股权的流转退出不仅需要合作社股东同意，还需要经过村民会议或村民代表会议的绝对多数同意，这就加剧了农村股份合作社股东退出的难度。股权作为收益分配的主要依据，其流转也将引发新的收益分配问题，多种因素导致股权在现实中难以流转起来。另一方面，合作社侵害农民合法权益的现象仍然存在。在"改嫁夺地、外出务工夺地、转包夺地、迁居夺地"等不合理甚至违法现象中，被夺地成员在股份合作社中的股东权利的减损甚至被剥夺，当其无力反抗或抵制成本过高时，退出合作社就成为理性的选择，加之缺乏股东退出机制的专门立法等诸多原因，被夺地成员的股权始终拿不到、丢不掉，无法得到妥善救济。

（四）股东退出后的保障机制远未健全

《农村土地承包法》虽已修改，"三权分置"得以在法律上确认，但农村股份合作社成员土地股权退出之后的社会保障机制尚未健全。在因股东自愿交回承包地或在本集体经济组织内部转让土地承包经营权而退出股份合作社的情况下，依照现行《农村土地承包法》的规定，虽可以得到合理补偿，但这种一次性的补偿与"承包期内不得再要求承包土地"而隐含的巨大社会保障风险显然很难成正比，故而会影响到股东退出权的行使意愿；在农民股东仅单方面将入股的土地经营权退出股份合作社的情况下，由于农村股份合作社的成员属性限制，其很难再加入其他股份合作社，由农民自己经营难以获得更好的经济效益，将承包地交回又顾虑重重，与其如此，还不如留在合作社内。归根到底还在于土地承包经营权退出之后的社会保障水平不够所致。

第三编

实证论

第七章 农村股份合作社财产权制度实证研究

第一节 基于金溪县陆坊乡桥上村
农村土地股份合作社的调查

2015 年以来，在中央和省市的部署之下，江西省抚州市的农村集体产权制度改革取得了一定成效：一是清产核资进展明显。抚州市有 160 个乡镇级、1841 个村级、17634 个组级农村集体经济组织需要开展清产核资工作，截至2020 年，已完成了 160 个乡镇级、1820 个村（居）级、17394 个组级集体经济组织的清产核资工作，完成率 98.67%。二是建立农村集体经济组织。根据中央政策要求，农村集体经济组织是农村集体资产管理的主体，是特殊的经济组织，可以称之为经济合作社或股份经济合作社。××市在先行先试地区，组建了 54 个股份经济合作社，负责运营集体资产。农村土地股份合作社作为特殊的经济组织，其成员绝大多数为农民，如何完善其成员财产权利对新一轮农村制度改革至关重要。

一、金溪县土地股份合作社——"陆坊模式"的实践调查

当前，我国农村改革的实践显示，越来越多的农民与承包地分离，一些地区和农民自发地寻求将土地承包权与经营权分离的最优路径。土地股份合作制度是在不改变土地集体所有的基础上，让农民以土地的经营权以股份形式入股，在市场规律的指引下，将土地的经营权物化，衡量其价值❶，与其他生产要素，如资金、设备、技术等联合，以土地股份合作社为平台、对土

---

❶ 于春贤. 农村土地股份合作社的发展路径选择 [J]. 乡村科技，2017（5）：19.

地进行集中经营和开发的一种农地产权制度。

"陆坊模式"产生于金溪县陆坊乡。2015 年××县陆坊乡作为试点乡在全县率先开展土地承包经营权确权登记颁证工作，并在抚州市首推农村土地股份合作制试点工作。陆坊乡在调研分析中发现当前农村存在两个突出矛盾：农业稳定发展与土地频繁调整的矛盾和规模经营与土地碎片化的矛盾。为此，陆坊乡创造性地提出，田租平衡法并在石溪上梅组、陆坊上杨组先行摸索，由于上梅和上杨两个村小组都仅有三四百亩土地，适度规模经营效益难以显现。陆坊乡放宽眼光，以村委会为单位组建土地股份合作社并于 2015 年 9 月在桥上村正式建立青田土地股份合作社。陆坊乡牵头在桥上村建立土地股份合作社是经过充分的考察，缘于桥上村是远近闻名的"面包村"，该村青壮年多外出务工，土地大量闲置，村民见识广，对土地流转接受度高。

桥上村青田土地股份合作社坐落在××县陆坊乡宋代著名理学家陆九渊（象山）墓旅游风景区和白马湖旅游风景区，紧邻 206 国道，交通方便，区位优势明显。合作社辖邓家、桥上、大岭、对坊 4 个村小组，全社涉及农户 155 户 692 人，全社共有耕地面积 1041.88 亩，据调查已全部流转。其中合作社社员返租 355.88 亩种植水稻；合作社领办 130 亩种植烟叶；集中连片流转土地 556 亩，其中：①有机水稻 301 亩（流转给富新实业有限公司 201 亩，合作社社员 100 亩）；②个人种烟 120 亩、大棚蔬菜 75 亩、水产养殖 60 亩。据了解，2016 年，合作社流转土地租金增收 61560 元、烟叶经营性收入 32.5 万元。通过集中连片流转土地用于种植烟叶、有机水稻和发展大棚蔬菜及水产养殖等，合作社土地每亩增收 1555 元。而且对该笔盈利合作社进行二次分红，其中 50%用作合作社发展基金，其余 50%作为合作社分红基金。在土地流转过程中合作社注重调利不调地，解决了土地频繁调整和土地碎片化两大难题，其做法得到了省、市、县的认可，被称为"陆坊模式"，对其实践经验可归结如下。

（1）土地流转主体多元化、形式多样化。在土地流转过程中，合作社大力引导各类组织和个人参与土地流转。对社内愿意继续耕作的农户，由其连片返租经营。对外统一成片流转，引进发展现代农业项目。合作社自主经营。同时，建立现代农业科技示范园，对合作社农田进行高标准建设，实现适度规模经营，拓宽现代农业发展渠道。

（2）合作社采取土地股份制。坚持农户入社自愿原则，在不改变农户土地承包经营权的前提下，按照股份制和合作制基本原则，农户以承包地加入合作社，由合作社统一经营。依据目前村内耕地优劣划分上中下三等，分别设定系数，以各农户此次土地确权实测承包面积为基础，公平计算农户入社股份数。

（3）合理配置合作社管理机构。桥上村青田土地股份合作社为村集体合作经济组织，依法自主经营，不受乡和村行政牵制、干预，实行独立核算，民主管理，利益共享，风险共担。出台合作社章程和其他相应制度，设立理事会、监事会为管理机构，依章程管理合作社事务。

（4）采取"保底＋红利"的分配方法。合作社以村内土地当前平均流转租金为保底额，每年年初一次性付给入社农户，合作社统一成片流转或自营超出保底部分的租金溢价在年终以50%作为红利分配给入社农户，50%留作合作社发展基金。

由上可知，"陆坊模式"的产生和发展，具有特定的资源环境和社会经济条件，一是区域自然资源禀赋优越；二是农村劳动力大量转移；三是村干部的积极倡导和参与。例如，合作社成立桥上青田土地股份合作社党支部，充分利用党组织引导作用，宣传农村土地"三权分置"改革的政策精神，积极整合资源，把产业、培训、农民三者紧密结合起来，因地制宜带领群众发展特色农业。让农户看到实实在在的利益，变"要我流转"为"我要流转"。

"陆坊模式"在三权分置背景下，创新土地股份合作社运行模式，发展农业适度规模经营，具有一定的示范带动效应，这既是对农地产权制度改革的大胆探索，又是对农业经营方式的有益创新。然而，通过对"陆坊模式"调研发现，人们对"三权分置"的政策内涵，土地股份合作组织形式缺乏足够的认识，仍存在一些制约农村土地股份合作制发展的阻却性因素，许多未尽的改革亟待探索。

二、农村土地股份合作社发展存在的主要问题分析

通过第一章对我国农村土地股份合作社实践模式的分析及公开文献的整

理和对江西省抚州市农村土地股份合作社发展状况的实地调查，本书认为以下问题应引起关注。

（一）农村集体产权制度改革进展缓慢

抚州市的农村集体产权制度改革从 2020 年开始全面启动，但是进展缓慢，各地主要处于清产核资阶段，在成员界定和股份量化上还没有全面铺开。根据抚州市人大常委会农业与农村工作委员赴陕西调研所得数据比对显示，陕西宝鸡市 1159 个村有 639 个村完成成员身份界定，占 55.1%；465 个村完成股权量化，占 40.1%。而抚州市 1820 个村有 44 个村完成了成员身份界定，占比 2.4%；23 个村完成了股权量化，占比 1.26%（见图 7.1）。相比陕西的实践，抚州市的农村集体产权制度改革主要靠农经人员推进，力量薄弱，难以取得实质性进展。

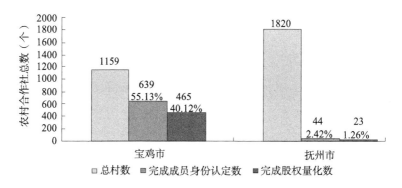

图 7.1 农村集体产权制度改革进展对比

再则，农村集体经济组织成立较少。抚州市 1820 个村成立农村集体经济组织 54 个，占比 2.97%。其中，金溪县是国家级农村集体产权制度改革试点县，有 150 个村成立农村集体经济组织 5 个，占比 3.33%。而陕西咸阳市 1959 个村成立农村集体经济组织 589 个，占比 30.07%。宝鸡市 1159 个村成立农村集体经济组织 778 个，占比 67.13%。岐山县 101 个村成立村集体经济组织 90 个，占比达 89.11%（见图 7.2），与陕西相关地区相比明显偏少。没有成立农村集体经济组织，村集体经济的发展缺乏一个主体和发展的核心。所以，笔者认为××县"陆坊模式"的实践经验值得推广。

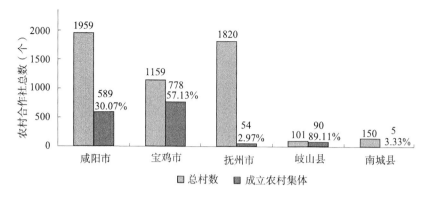

图 7.2　农村集体经济组织建立情况对比

（二）农村土地股份合作社缺乏国家层面的法律保护

如前所述，修改后的《农民专业合作社法》仍仅适用于农民专业合作经济组织，并未将诸如股份合作社等纳入其调整范围之中，而原农业部颁布的《农民股份合作企业暂行规定》也仅适用于企业型股份合作社，对实践中广泛存在的土地股份合作社并不适用，在法律位阶上各地方政府出台的指导性意见也不具备相应的法律效力。由于法律的界定不明，农村土地股份合作组织在注册登记、运营管理等方面也缺乏相应的操作细则，这必然影响其充分参与市场经济活动，进而给农村土地股份合作制健康发展带来潜在风险和不确定性。

（三）农村土地股份合作主体间的法权关系界分不清

土地股份合作制度中不同主体所享有的土地权利必须在界定后才能回应中央政策所提出的明确合作中权利的内容和界限。三权分置下土地承包经营权分离为承包权与经营权，其各自的性质与权能如何设置仍处于争论阶段，有待明确。法律上应如何积极应对，厘清法权关系，将有关权利配置于农村土地股份合作社中，以充分发挥其权能效应，这事关农村土地股份合作制的发展及农民利益和愿望的充分表达。

（四）农村土地股份合作社的职能不明

我国现有农村土地股份合作组织多数是在基层政府的推动下而形成，行政色彩浓厚。实践中，与村社区"政社不分"的现象普遍存在，虽然农村土地股份合作组织结构体系相对完整，然而实际操作中，村委会和农村土地股份合作组织职能交叉，行政权与财政权并未真正分离，村集体财产也事实上由村民委员会成员作为代表进行控制、管理，致使乡村集体可能凭借优势地位谋求自身利益的最大化，导致农村土地股份合作组织承载着过多的行政负担，这样，势必削弱农村土地股份合作组织运行的市场竞争能力。

（五）土地流转价格评估机制不规范

承包土地的经营权作为一种特殊商品流转交易，其流转价格评估也具有特殊性。农村土地流转价格评估机制是建立健全农村土地流转市场不可或缺的重要因素，由于土地交易的公开性以及农民自身的文化水平的限制，目前农村承包土地的经营权的流转价格一般由双方协商确定或由农村基层组织协调确定。从发达国家经验可以看出，引入第三方评估机构和专业评估人员对交易价格进行评估是其必然趋势。目前，政府没有建立起服务交易的价格评估机构等中介组织，从而未形成完善的价格评估机制，这事关农民的切身利益，也势必影响到农民参与农村土地股份制改革的积极性。

第二节　漳厦泉地区农村股份合作社集体资产折股量化调查

厦漳泉地区作为经济发展速度较快的沿海城市群，充分利用其地理及资源优势，在农村股份合作社经济的推行过程中，集体资产的总量急剧增加，本书立足于前述理论研究基础，对福建省厦漳泉地区农村股份合作社经济的运行现状展开了实地调研，通过实地考察、电话访谈、面对面访谈、问卷调查等方式了解厦漳泉地区农村股份合作社集体资产折股量化的现状，分析并总结厦漳泉农村股份合作社在集体资产量化范围、股权设置情况、股权配置、股权管理、股东（农民）满意度等几个核心问题的处理方法及存在的问题，进行归纳总结，并提出了相关完善的建议，希望对工业化、城市化进程较快地区的村集体资产股份制改革有所裨益。

一、厦漳泉地区农村股份合作社集体资产量化范围调查分析

如前所述，当前理论界对于农村股份合作社集体资产的量化范围主要的争议在于是否只量化经营性资产，量化的范围能否扩大到非经营性资产甚至是资源性资产。关于上述疑问，有观点认为如果量化非经营性资产或资源性资产则有瓜分集体资产之嫌。本书在厦漳泉多个试点区县针对农村股份合作社资产量化的范围问题展开实地调查，发现由于缺乏统一制度及规则引导，不同的股份合作社对该问题采取不同甚至是完全相反的做法。

本书以集体经济组织的集体资产折股量化范围为调查问题，并以泉州、厦门、漳州三个地级市为调查对象，随机选择 5 个区、县中农村股份合作社作为调查对象，采用样本推算整体的抽样调查方法，分析并计算出各区、县"三资"的折股量化率。根据调查材料分析整理如表 7.1 至表 7.3 所示。

表 7.1　泉州市农村股份合作社集体资产量化范围情况❶

项　目	洛江区	晋江市	安溪县	永春县	德化县
农村股份合作社总数（不完全统计）（个）	7	6	8	9	7
经营性资产量化率（%）	85	89	81	87	85
非经营性资产量化率（%）	9	7	4	5	3
资源性资产量化率率（%）	0	1	0	2	0

表 7.2　厦门市农村股份合作社集体资产量化范围情况

项　目	思明区	集美区	翔安区	同安区	海沧区
农村股份合作社总数（不完全统计）（个）	6	5	6	3	4
经营性资产率（%）	85	86	83	82	87
非经营性资产率（%）	11	8	5	7	6
资源性资产率（%）	2	0	1	0	0

---

❶ 表 7.1 至表 7.7 中数据均来自于各个区、县统计局经济普查调查队及农业局。

表7.3 漳州市农村股份合作社集体资产量化范围情况

项 目	龙文区	龙海市	漳浦县	云霄县	长泰县
农村股份合作社总数（不完全统计）（个）	5	7	6	8	6
经营性资产率（%）	85	83	85	82	80
非经营性资产率（%）	7	5	6	5	3
资源性资产率（%）	0	2	0	0	0

本书通过在厦漳泉地区随机选择的区、县农村股份合作社的总数及其集体资产量化范围、量化程度展开详细调查，并采用 SPS 抽样方法，推算厦漳泉地区的"三资"量化率，整理如表7.4所示。

表7.4 厦漳泉地区农村股份合作社折股量化范围情况　　　　　单位:%

项 目	泉州市	厦门市	漳州市
经营性资产量化率	85	85	83
非经营性资产量化率	5.6	7.4	5.2
资源性资产量化率	0.6	0.6	0.4

从以上数据不难发现，厦漳泉农村股份合作社折股量化现状可总结如下：仅经营性资产的折股量化率在 85% 左右，占比相对较高，非经营性资产折股量化率仅在 6% 左右，占比非常低，而大多数农村股份合作社的资源性资产折股量化率几乎为零，且只有少数股份合作社涉及资源性资产的折股量化。

二、厦漳泉地区农村股份合作社的股权设置情况调查分析

本部分主要调查的问题是厦漳泉地区农村股份合作社是如何设置股权的，主要包括股权的结构及成分，是否设立集体股等问题。以泉州仙岭村、厦门马垅村、漳州山前村的农村股份合作社作为股权设置情况相关问题为调查对象，整理如表7.5所示。

表 7.5　泉州仙岭村、厦门马垅村、漳州山前村股权设置情况　　　单位:%

股份形式		泉州仙岭村	厦门马垅村	漳州山前村
集体股		30	21	31
个人股	基本股	30	35	27
	劳龄股	25	18	23
	现金股	5	7	5
其他	风险责任股	5	6	8
	岗位股	5	3	6

此外,为了解基层政府及集体经济组织成员对集体股及其他股种存废问题的态度,本书专门设计了一份关于"农村股份合作社集体股存及其他股种废意愿调查问卷"。通过调查发现,村、社区干部与集体经济组织持截然相反的态度。参与此次问卷调查村、社区干部中,仅有 5% 的人员认为应当废除集体股,也仅有 5% 的人员认为在废除集体股的同时也应当废除其他股种,只设立个人股和激励股,而 90% 的人员认为农村股份合作社经济组织应当保留集体股及其他股种;而在保留集体股份额大小的问题上,有 75% 的人员认为保留的集体股应占比 30% 及以上,17% 的人员认为集体股占比可适当降低至 15% 左右,仅有 13% 的人员认为集体股占比可以降低至 5% 左右。在参与此次问卷调查的集体经济组织普通成员中,有接近 79% 的成员认为应当废除集体股及其他股种,仅设置个人股;15% 的成员认为可以适当保留小比例的集体股,但应当废除其他股种;仅有 6% 的成员认为应当同时保留集体股和其他股种。

综合以上调查数据及信息不难发现:目前厦漳泉地区仍然保留着大比例的集体股及部分其他股种,且在集体股与其他股种的存废问题上政府与集体经济组织成员存在较大分歧。对于为什么需要保留集体股及其他股种,通过采访,部分厦基层政府工作人员给出了较为统一的解释,主要有以下四个理由:

一是为了维持资产集体所有的性质,如果不设立集体股则有破坏集体所有制之嫌,存在被控诉瓜分集体资产的政治风险;二是出于社会福利及公共物品供给的需要,必须保留集体股;三是从资产来源的角度看,集体资产不仅包括成员的劳动创造及原始投入,还包括国家的减免税、财政补贴形成的资产，该部分资产不宜界定给个人，而应当将该部分资产纳入集体股，由社区、乡镇政府管理；四是设立其他股种有利于激发社区、乡镇干部的服务热情。

三、厦漳泉地区农村股份合作社的股权配置情况调查分析

本书同样以泉州仙岭村、厦门马垅村、漳州山前村的农村股份合作社作为调查对象，以股份合作社的人口组成成分及股权配置情况作为调查主题，其中涉及股份合作社的原始股金是否配股、外嫁女及新生婴儿是否配股等问题，现将有关访谈、调查资料整理如表7.6和表7.7所示。

表7.6 泉州仙岭村、厦门马垅村、漳州山前村人口组成占比❶   单位:%

人员类别	泉州仙岭村	厦门马垅村	漳州山前村
农民	51.27	38.98	51.61
年满18周岁的在校生	21.53	32.06	21.01
在役军人	3.39	4.93	3.96
退役军人	2.54	3.66	3.04
服刑人员	0.34	0.50	0.37
外嫁女、去世、迁出（减少）	10.51	9.00	9.95
娶入、新生、迁入（新增）	10.42	10.27	9.04

表7.7 泉州仙岭村、厦门马垅村、漳州山前村股权设置情况

项目	泉州仙岭村	厦门马垅村	漳州山前村
原始股金是否配股	否	否	否
外嫁女是否配股	是（0.5股）	是（0.5股）	否
新生婴儿是否配股	是	是	否

通过以上表格可以看出，厦漳泉三个地区在原始股金方面采取了较为一致的做法，而对于外嫁女及新生婴儿是否配股采取了截然不同的做法，根据本书的进一步调查，关于原始股金是否配股问题，主要是基于原始股金配股操作难度极大，且出于公共设施建设、维护需要考虑，故三个地区都决定不

---

❶ 因2016年人口普查尚未完成，以上数据来源于2015年人口普查。

向集体经济成员配股；在外嫁女是否配股的问题，主要是基于嫁夫从夫的传统观念，认为嫁出去的女儿就不属于本集体成员，故决定不向其配股，也有采取折中办法的，如泉州、厦门地区向外嫁女统一配 0.5 股；在新生婴儿是否配股的问题上，主要是基于采用取"生不增，死不减"的静态管理办法，故决定不向新生婴儿配股。

四、厦漳泉地区农村股份合作社的股权管理情况调查分析

关于农村股份合作社的股权管理及流转问题，本书主要通过收集、分析厦漳泉地区乡镇政府出台的有关股份合作社股权管理的相关文件，及向有关农村产权交易机构了解目前农村股份合作社股权管理及流转现状。

根据现有的文件及调查资料，发现厦漳泉地区的股权管理方式及对应的流转情况主要有三种，一种是以漳州市山前村为代表的静态管理方式，即"生不带来，死不带去"，将股份合作社集体资产一次性折股量化给本村现有成员后不再调整，以解决因人口流动或增减变化而发生的股权纠纷，且股权固化后不能再次继承或转让；另一种是以泉州市仙岭村为代表的动态管理方式，即"生要增，死要减"根据集体经济组织成员的实际增、减变化而变化，定期对股权进行调整，但该股权不能进行继承与转让，股东实际上只能享受股权收益，却无权处分股权，导致股权的功能受到极大的限制；还有一种是以厦门市马垅村为代表的相对静态的股安全管理方式，即分配股权时采取"一刀切"，通过股份合作社统一印刷集体资产的记名股权证书，一次性确定股权，未来不随人口的增减变化而变化，股权不得退股，也不能以任何理由将股权变现，可以继承或经过董事会审批后准许在股东内部转让❶，但不允许对外转让。

综上所述，厦漳泉地区无论是采取静态的股权管理方式，或是动态的股权管理方式，抑或是相对静态的股权管理方式，都有一个共同的特点，即在很大程度上限制了股权的流动性。

---

❶ 黄静晗，潘杨彬. "村改居"社区集体经济产权制度改革与探索：以福建省厦门市马垅社区为例［J］. 福建论坛（社科教育版），2012（3）：260.

第三节　厦漳泉地区农村股份合作社
集体资产折股量化的不足

通过对厦漳泉地区农村股份合作社"三资"量化情况进行调查分析，认为目前厦漳泉地区的"三资"量化主要存在以下几个问题：一是折股量化范围不合理；二是股权设置不适当；三是股权配置不科学；四是股权管理制度不健全。

一、厦漳泉地区集体资产量化范围不合理

通过对"三资"量化范围的调查分析，本书认为厦漳泉地区农村股份合作社集体资产的量化范围主要存在以下几方面的问题。

第一，经营性资产未全面量化，量化率有待提高。虽然中央及地方政府都曾出台多个文件明确表示支持和鼓励农村集体资产折股量化到人，以解决集体资产归属不明的问题，但通过本书的实地调查显示：泉州厦漳泉地区农村股份合作社经营性集体资产的量化率大多维持在85%左右，与相关政策100%量化经营性集体资产的目标存在较大差距。

经营性集体资产量化率较低，追根究底主要有以下两个原因：首先，政府干预较严重，政企关系暧昧。因乡镇、社区等基层政府不需要承担行动成本、经营风险，导致集体资产价值严重下降❶，又因农村股份合作社经济组织受制于基层人民政府，某些基层政府控制农村股份合作社经济组织的所有权与经营权，故将农村股份合作社经济组织视为财政收入的"小金库"，不顾企业自身发展需要，任意支配经济组织的经营性资产，甚至侵占企业利益，利用企业财产进行私人消费，故在自利动机的驱使下，致使其成为经营性资产都折股量化的阻力。其次，缺乏强有力的法律、政策支持。虽然近年来中共中央的多个1号文件肯定农村股份合作社的发展，提倡赋予农民更多财产权利，党的十八届三中全会决议中更是进一步提出要保障农民集体经济组织

---

❶ BARZEL Y. Economic analysis of property rights [M]. New York：Cambridge University Press, 1997.

成员的权利。此外，2016 年，《中共中央国务院关于稳步推进农村集体产权制度改革的意见》等文件，明确提出要展开集体资产清核工作，有序推进经营性资产股份制改革，将经营性集体资产以股份或份额的形式量化到集体经济组织的成员。但以上法规、政策均是倡导性规范，过于宏观，缺乏可操作性，对于各地在实践中应当如何落实，以及推行相关政策不力应承担的后果均无相关规定，由于相关政策的制约性不强，致使相关法规、政策难以得到有效的落实。

第二，非经营性资产量化率极低。通过调查显示：厦漳泉地区的非经营性资产的量化率大多在 10% 以下，仅有少部分的区、县超过 10%。非经营性资产主要是指企业所占有及使用的资产，但不直接参与或服务于生产经营的资产，如幼儿园、学校、招待所等福利设施。

关于非经营性资产的折股量化率极低的原因，经本书调查发现主要有以下几个解释：首先，非经营性资产主要是为实现企业使命及生产经营服务的，如果折股量化率过高，将其所有权量化给农民，以农民行使股东权利实现非经营性资产的职能，可能导致效率低下，且由于农民缺乏管理及决策的能力，可能导致企业的经营管理陷入僵局；其次，非经营性资产承担着建设村集体福利设施的功能，如果量化非经营性资产，将改变非经营性资产集体所有的性质，导致村集体的福利设施被私有化，丧失其提供公共服务的职能，不利于完善村集体公共福利体系，且非经营性资产是农村股份合作社经济发展的原始积累，量化非经营性资产则有瓜分股份合作社原始积累之嫌；最后，量化非经营性资产缺乏法律及政策基础，虽然近年来中央曾出台多个文件明确表示支持农村股份合作社经济的发展，并明确鼓励将经营性资产折股量化到本集体经济组织成员，但对于非经营性资产重点探索则是如何建立有利于提高公共服务能力的集体统一运营管理的有效机制。由此可见，折股量化非经营性资产是缺乏法律及政策基础的。

第三，资源性资产几乎未得到量化。通过对厦漳泉地区农村股份合作社资源性资产量化情况的调查发现：资源性资产的量化率几乎为 0，大部分区、县未对资源性资产进行折股量化，仅有少部分区、县敢为人先，率先量化少部分资源性资产。

厦漳泉地区农村股份合作社资源性资产几乎未得到量化主要有以下几个

原因：首先，量化资源性资产于法无据，农村股份合作社所拥有的资源性资产在某种程度上属于不完全产权，而农民所拥有的与资源性资产相关的权利（如土地承包经营权），则是以债权的形式存在，虽然中央一再出台延长土地承包经营权的政策，使其出现物权化的趋势，但这并不代表农民享有的资源性资产的权利已上升为物权，因此，有些地方政府认为将资源性资产折股量化到农民个人身上于法无据❶。其次，折股量化资源性资产涉嫌违反法律的相关规定，根据我国《宪法》《土地管理法》及其他相关法律的规定，我国农村的资源性资产属于集体所有，如果将资源性资产折股量化到具体集体经济组织成员身上，则将造成资源性资产被私有化，与我国现行的政治、法律制度相冲突。最后，资源性资产无法在市场自由流通，流动性差，缺少相关的市场报价，难以估值量化。

二、厦漳泉地区农村股份合作社股权设置欠适当

如前所述，关于股权的设置实践中做法不一，但争议最大的是集体股的存废问题。在理论界中，有学者主张应当保留集体股，也有学者主张在本次集体资产改革过程中应当全面废除集体股。通过对厦漳泉地区典型的农村股份合作社股权设置情况的调查发现，在推进集体资产折股量化的过程中，三个地区在农村股份合作社的股权设置中，存在的最大问题是都保留了较大比例的集体股，主要基于以下两个理由：一是设立集体股可以满足公共及各种经费开支需要；二是如果不设立集体股，则将失去相关决策权，要看经济组织成员的"脸色"行事，将严重打击相关基层政府干部的积极性。

秉承观点的一致性，笔者认为，保留大比例的集体股是股权设置不适当的表现，且认为农村股份合作社股权设置中应当废除集体股。

第一，保留集体股，是为满足现阶段需求减少改革阻力的产物，是基层政府以取消集体股的行为即是"瓜分集体资产"为借口，掩盖集体资产产权改革不彻底的事实。本书认为，首先，取消集体股并无瓜分集体资产之嫌，而是将属于集体所有的股权，落实到具体成员的身上，这不违背集体所有制的性质。其次，此次集体资产改革的最终目的在于明晰集体资产的产权，解

---

❶ 此部分内容是在《中华人民共和国农村土地承包法》修改之前所完成。

决集体资产产权主体虚位的问题，但如果保留集体股，将导致与其相对应的部分资产的产权仍然处于著名经济学家巴泽尔所说的"公共领域"，造成"人人有份，实则人人无份"的状态，使该部分集体资产产权不明晰，在一定程度上违背了此次集体资产改革的初衷，并将对集体资产的管理和二次分配留下较大的隐患。此外，虽然有部分集体资产来源于国家税收优惠或财政补贴，并非集体经济组织成员的原始投入与劳动所得，但本书认为即使是国家为支持农村股份合作社发展做的投入，也应在股权份额上细化到具体成员的身上，而非掌握在少数农村股份合作社的管理者手上。但这部分股权在成员退出合作社时不得进行折现返还，仍应留在集体经济组织内作为集体发展的公共资金和财产。

第二，保留集体股，则为政府干预农村股份合作社的经营决策及利润分配留下制度通道。一方面，就目前设置的集体股而言，厦漳泉地区的农村股份合作社仍保留较大比例的集体股，且该股权与集体经济成员所持股权无异，具备完全的股权权能，包括相关表决及经营决策权，集体股股东将凭借其优势地位形成内部控制，致使农村股份合作社的经营管理受制于掌握集体股股权的少数干部，为政府不当干预股份合作社的经营决策打开制度通道。另一方面，设置集体股，实际上导致该部分股权的主体缺位，为相关领导干部通过随意摊派费用、平调资产、低价转让资产等方式干预及操纵股份合作社的利润分配。

第三，保留集体股，实为"与民争利"。在配股的集体资产有限的情况下，如果设置了占比高达50%以上的集体股，将在很大程度上减少农民分配到的个人股，因此，设立集体股表面上是出于公共福利考量，实际上却是在与民争利。此外，废除集体股有利于剥离由其承担公共产品供给的职能，但这并不等于放弃农村的公共基础设施的建设或终止公共福利的提供。本书认为，对于农村公共设施的建设及公共福利问题，完全可以通过把城市治安、环卫、市政管理网等公共管理设施、公共服务延伸到农村，而无须专门设置集体股，来满足公共福利设施支出的需要❶。

---

❶　叶兴庆. 农村集体资产权权利分割问题研究［M］. 北京：中国金融出版社，2016：73.

三、厦漳泉地区农村股份合作社股权配置不科学

笔者认为，厦漳泉地区农村股份合作社股权配置不科学，主要表现在为降低配股、股权管理的难度，甚至是基于迂腐的传统观念，对原始股金、外嫁女、新生婴儿是否配股三个方面，持否定态度。其不科学性主要表现在以下几个方面。

第一，在原始股金方面。由于原始股金可追溯到1956年的农业合作化时期，该时期受"左倾"思想的影响严重，导致该部分投入从未向集体经济组织成员分红，实际上是对农民财产权益的平调和剥夺❶，又因时过境迁，导致该部分的原始股金及股利的计算的操作难度极大，但这并不代表该部分股金就应当随着历史一起沉没。如果农村股份合作社的原始股金不对社员配股，无异于是对农民财产的侵吞。但因原始股金是历史沉淀形成的资产，故在对原始股金进行配股时，也应当考虑农村股份合作社的实力和具体情况，并兼顾公平。

第二，在外嫁女是否配股方面。由于中国妇女"出嫁从夫"的传统，致使农村妇女的村籍、地权、股权等方面都处于非常不稳定的状态，且由于我国南方地区宗族观念尤为强烈，男尊女卑的性别关系是家族主义的核心，因而女性始终被当作外人，"嫁出去的女儿，犹如泼出去的水"，故南方地区的大部分的农村股份合作社始终否认"外嫁女"的成员身份，即便有些经济发达地区承认"外嫁女"的成员身份，也不是完全承认，故只向"外嫁女"配0.5股。我们认为，农村股份合作社集体资产的折股量化应当有助于权利的个体化、去身份化，不能利用股份制改革排除剥夺"外嫁女"的权益，如农村股份合作社未对外嫁女进行配股或配股系数仅为0.5，并贸然实施"生不增，死不减"固化股权的政策，将会严重侵犯农村"外嫁女"参与分红的财产权利，并损害其作为集体经济组织成员参与经营管理的民主权利。

第三，在新生婴儿方面。为了便于操作，厦漳泉地区农村股份合作社对成员的界定除了必须具备相关的户籍条件以外，还必须在做出集体资产产权改革之日前出生，即仅限于资产改革之前现有的本集体经济组织成员，改革

---

❶ 王玉梅. 从农民到股民［M］. 北京：中国政法大学出版社，2015：163.

之后增加的新成员，则不享有本股份合作社成员的任何权利，并采取"增人不增股，减人不减股"的模式。该配股方式实质上是对集体所有的资产按现有人口进行一次性分配，以出生时间定股权，有违公平分配原则。不对新生婴儿配股的股权配置方式也有与相关法律规定相抵触的嫌疑，如《宪法》《物权法》等法律都明确规定：农民集体所有的动产及不动产，属于本集体成员所有，因此，只要是本村集体的成员无论男女老少，或是何时出生，理应对集体资产享有权利。

四、厦漳泉地区农村股份合作社股权管理制度有待健全

通过对厦漳泉地区农村股份合作社的股权管理方式的调查，发现该地区的股权管理主要存在以下几个方面的问题。

第一，以漳州为代表的股权静态管理模式切断了股权与人口变动的联系，武断地采取某个时间作为节点，规定仅为现有的股份合作社成员配股，对该节点之后新增的婴儿或娶进的妇女不进行配股，这将引起新增人口的不满，认为静态股权管理模式侵犯其合法权利，因而形成改革阻力。本书认为，静态股权管理模式存在的最大问题在于未考虑新增人口的利益，剥夺新增人口的社会保障。

第二，以泉州为代表的股权动态管理模式最大的亮点在于根据生增死减的原则，定期调整股权，将新增人员作为天然成员，并纳入配股的范围，对于死亡人员的股权不能继承，只能再次收回，妇女成员外嫁后，与其相关的股份合作社股权也要收回。股权的动态管理根据成员的流动不断调整的方式，从表面上看更能反映股权的真实情况，也更能够体现出公平配股，但随着时间的推移，该做法的弊端也开始显现。首先，如果收回死亡人员或外嫁女的股权，并将其赋予新增成员，将导致农村股份合作社的股权不能实现继承及流转权能；其次，股权的动态管理，意味着农民一旦脱离农村集体经济组织，将同时丧失股份合作社股权，因此为了不丧失该既得利益，始终不愿意离开农村，这将严重影响城市化进程。

第三，以厦门为代表的股权相对静态管理模式，相对于纯粹的静态股权管理模式及动态股权管理模式，相对静态的股权管理模式是比较科学的，但仍然在很大程度上限制了农村股份合作社股权的流动性，主要表现为：在相

对静态的股权管理模式下，股权的流动性只能体现在继承及通过股东大会表决的内部流转上，这将导致量化的集体资产所形成的只是"僵化"的股权，不具备市场竞争力，不能与其他生产要素实现优化组合，难以在交易过程中产生增值效能，不能实现增加农民收入的最终目的。

第四节 厦漳泉地区农村股份合作社
集体资产折股量化的完善建议

基于以上对厦漳泉地区农村股份合作社集体资产折股量化情况的调研和分析，我们不难发现，农村股份合作社资产名义上是集体所有，但由于对农村集体资产的内涵定义不清、产权关系模糊，实践中，由相关乡镇、社区或村委会领导掌控着股份合作社集体资产的支配、控制权、剩余索取权和剩余控制权，成为农村集体经济所有制的既得利益者，并作为核心社员成为农村股份合作社的内部控制人❶，导致股份合作社存在浓厚的政治色彩，政企不分❷，甚至出现县、镇政府和村委会剥夺、侵吞股份合作社集体资产的现象，且类似现象比比皆是，屡禁不止。为保障农村股份合作社成员财产权利的更好实现，必须把好集体资产折股量化这一关键环节，从制度上加以完善。

一、全面量化集体资产

通过阅读文献资料，结合各地的实践经验，本书认为合理的集体资产折股量化应当全面量化经营性资产及非经营性资产，并将量化范围扩张到资源性资产，因上文已说明理由，此处不再赘述，仅以如何全面量化经营性与非经营性资产，并将量化范围扩张至资源性资产为重点提出建议。

第一，在经营性资产及非经营性资产方面，我们认为，应当从增加农民的财产性收入出发，以将所有经营性资产及非经营性资产量化到每个村民为最终目标。具体做法可以分为以下步骤：首先，界定成员资格，可以通过对

❶ 佚名. 农村股份合作社财产权客体与结构解析 [J]. 农村经济，2017（2）：74.
❷ 孔有利. 农村城镇化进程中农村集体经济组织产权制度变迁：对无锡市农村集体经济组织产权制度变迁的剖析 [D]. 南京：南京农业大学，2004.

本村人口进行清查、核实登记，在摸清人口情况的基础上，以户籍登记作为集体经济组织成员的标志，逐一核定成员资格；其次，对经营性资产及非经营性资产进行全面核查，主要清核的对象包括集体经济组织现有的机器设备、存货物资、账户资金、债权债务、学校、医院、公共设施等资产，且因清产核资涉及每一成员的切身利益，工作量极大专业性较强，故在实践操作中应当聘请有资质的会计师事务所、律师事务所等中介机构介入，以保证对经营性资产及非经营性资产核资的准确性与公允性；最后，在清产核资的程序方面，每个方案的制定、表决都必须以"一人一票"的方式民主表决，依据相关法律、法规及政策制定详细的清核方案、清查事项、清查方法做详细说明，并对最终的清核结果进行审计，出具审计报告，向全体村民成员公示，接受村民的监督及质询。

第二，在资源性资产方面，本书认为，考虑到我国资源性资产的公有及集体所有性质，土地等资源性资产不能在市场上自由流通，如果将所有资源性资产一次量化折股，将严重限制量化份额自由流转的权利，因此在现阶段就将所有资源性资产全部纳入量化范围会显得急功近利，操之过急。但在加快城市化进程中，土地等资源性资产价格不断上涨，为集体经济组织带来了极大的收益，将其纳入改革范围是真正让利于民的体现，故我们提出，可以通过以下方式，循序渐进的将其纳入量化范围。首先，根据 2015 年 11 月国务院办公厅颁发的《关于印发自然资源资产负债表试点方案的通知》，加强对村集体自然资源的统计调查及检测工作，编制自然资源资产负债表，为资源性资产的清查奠定基础；其次，为避免私有化或造成本集体资源性资产的流失，可允许将资源性资产作为入股本经济组织的股本，就该入股份额享有决策权、收益权，但在一定程度上限制与其相关的转让权。

综合考量上述判断标准，本书认为，农村股份合作社集体资产的量化范围应当涉及全部的经营性资产、非资源性资产及部分可估值并能适度流通的资源性资产，也应纳入农村股份合作社集体资产的量化范围。

二、优化股权设置

如前所述，笔者认为合理的股权设置应当废除集体股，具体理由如前文所述，在股权设置方面，原则上只设人口股、农龄股、优先股或激励股，具体操作如下。

第一，设置人口股方面。设置人口股股权可以选定具体的设股基准日，在该基准日的所有在册农业户口，以及本村的现役军人、在读学生、甚至是被判有期徒刑的服刑人员均可全额享受人口股，人口股系数为 1；因升学将户口迁出本村的，在基准日前迁回原籍的，享受照顾人口股，人口股系数为 0.5，进城购房，户口在基准日迁回原籍的，享受照顾人口股，人口股系数为 0.5。对于户口虽在本村，但为国家机关、事业单位、原国有的人员，及挂靠人员，或已经享受其他股份合作社人口股的不享受本村股份合作社的人口股，非农户口返迁人员不享受人口股。预留部分人口股，基准日后的新增人口配股。本书认为，根据以上方法设置的人口股足以保障农民最基本财产权利。

第二，设置农龄股方面。本书认为设置农龄股应当体现出股份合作社成员对经济组织发展做出的贡献，可以依据农龄标准进行设置，为本村 16 周岁以上的农业户口设置农龄股，每满 1 年农龄加 1，6 个月以上不满 1 年的算一年。因征地而劳力安置的，按年满 16 周岁以后实际在本村的农业户口的年限享有相应的农龄股；全日制大学、中专的学生在校期间及义务军人服役期间的年限可以计算农龄股；被判刑人员计算农龄股应当扣除服刑期间的年限；本村妇女出嫁后享受另一股份合作社经济组织成员身份，后因离婚、丧偶，户口迁回本村的（原农村户口），其婚姻期间不算农龄；迁回原籍的挂靠人员不享受农龄股。

第三，设置优先股或激励股方面。本书认为可以设置小比例的优先股（激励股）作为过渡，代替原先的集体股。一方面，可以通过优先股（激励股）的利润分红激励为管理经济组织做出贡献的合作社管理人员及为合作社发展做出过较大贡献的相关干部，将相关人员的利益与股份合作社的盈利情况紧密联系在一起，有助于充分调动相关人员的积极性，减少集体资产产权改革的阻力；另一方面，优先股（激励股）的股权权能在受到一定限制，优先股东不享有选举及被选举权，对公司的重大经营政策无投票权，从根本上解决乡镇、社区政府过度干预股份合作社的发展，或平调侵吞集体资产，也为构建农村股份合作社剩余控制权和剩余索取权的合理配置奠定基础。

三、科学配置股权

科学的股权配置，应当对原始股金、外嫁女、新生婴儿进行配股，主要理由如前文所述，具体操作如下。

第一，原始股金方面。本书认为原始股金的量化可以借鉴北京市或上海市的做法采取折现或以股权形式返还。如《上海市撤制村、队集体资产处置暂行办法》规定：应当按照股金原额退还，原始股金的红利分配可以按原额10倍至15倍的比例[1]；又如《北京市撤制村队集体资产处置暂行办法》规定：原始股金入社的可按15倍左右的比例返还。继续发展股份合作社的则以股权的形式返还，不能继续发展股份合作社的则以现金形式返还[2]。我们认为，在农村合作社成立初期集体经济组织成员投入的股金、资产，理应属于原入股人所有，应当以银行的同期存款复利折算成改革当日的现值，原始股金折现工作后，组织召开集体经济组织成员大会，根据其本人意愿决定是否入股还是取现。如果原始投资人已经去世，按法定继承顺位进行继承；没有继承人的，则列入集体资产量化的范围，按集体资产量化办法进行折股量化。

第二，外嫁女方面。我们认为主要可以从以下几方面突破股份合作社妇女的尴尬地位，保护外嫁女的配股权。首先，在成员资格层面上，由于农村集体成员福利权的身份性，导致股份合作社的成员标准成为解决"外嫁女"困境的第一步[3]，可以以户口作为股份合作社成员资格的主要标准，同时充分尊重"外嫁女"的户口选择权，如果"外嫁女"选择不将户口迁入男方所在地，则应当继续享有本股份合作社的股权，相关管理人员、决策人员不得因妇女外嫁，而否认其影响有的股权份额，如果"外嫁女"选择将户口迁出，则与之相对应的股权也消灭。但如果因离婚或丧偶回迁户口（原为农业

---

[1] 《上海市撤制村、队集体资产处置暂行办法》第21条：撤制村、队集体经济组织成员加入合作社的原始股金，应当按照股金原额退回。原始股金的红利分配，可以按照股金原额的10倍至15倍的比例，以现金兑现。

[2] 《北京市撤制村队集体资产处置暂行办法》第21条：撤制村、队集体经济组织成员加入合作社的原始股金，可按15倍左右的比例返还。继续发展股份合作社的则以股权的形式返还，不能继续反战股份合作社的则以现金形式换返还。

[3] 吴玲玲. 论农村"外嫁女"集体成员福利权的法律保障 [D]. 北京：中国社会科学院研究生院，2012.

户口），应当为其配置基本的人口股，及相应的农龄股。其次，在福利保障层面，相关法律、法规应当保护"外嫁女"在其户口所在地，享有与其他股份合作社成员在同等的条件下，在入学、入托、社保、就业等方面享有同等的福利。最后，在权利保护层面，在股份合作社的经营管理过程中，已迁入户口的"外嫁女"应当享有与该农村股份合作社成员同等的经营决策权及股利分配权，未迁户口的"外嫁女"应当享有与本农村股份合作社成员同等的经营决策权及股利分配权。

第三，新生婴儿方面。我们认为集体资产股权的成员资格获得应当以户口为标准，不能以出生时间决定是否享有股权，因其出生在基准日之后而不享有股份合作社的股权是极为不公平的，且仅对现有劳动力进行分红也不符合社会保障应有之义。课题组认为，农村推行股份合作社，选择基准日将集体资产量化给现有成员的同时，可以通过以下两种方式，保护在集体资产量化基准日之后出生的新生婴儿对集体资产应享有的权利。一种是在为基准日之后的新生婴儿预留部分股份由职工持股会或工会代持，每年统一为新增人员配股；另一种是向基准日现有成员配股，基准日之后出生的婴儿由股份合作社向成员回购一定比例的股权，为新生婴儿配股。

四、健全股权管理制度

课题组认为，可以从如何保护新增人口利益的角度与促进股权流转的两个角度优化对农村股份合作社股权的管理。具体操作如下。

第一，从保护新增人口利益的角度出发，应当因地制宜分阶段的实施股权固化管理办法。在目前尚未实现城乡一体化的地方，农民仍以农村股份合作社的集体资产收益作为主要生活来源及根本的生活保障，推行股权固化在一定程度上剥夺了新增人口的成员权，因此不适宜推行固化股权的管理制度，而应当按照实际需求设立工会或者由信托机构代持部分股权，用于发放给新增的人口，赋予新增人口股东地位；但对于土地已经完全被征用、撤村建居的农村股份合作社，农村股份合作社股权的福利性质被淡化，则完全可以采取股权固化的模式管理股权。

第二，在股权流转方面。有学者认为，基于以下两个理由应当限制农村股份合作社股权流转，一是农村股份合作社股权功能的特殊性，即具有浓厚的福利性色彩，在某种程度上该股权承担着农村社会保障功能，转让股权可能造成农民基本生活保障的丧失，且与农村土地、森林等资源性资产有着直接或间接的联系，股权的转让涉及土地等资源性权利的转让；二是农村股份合作社的股权价值尚未完全市场化，目前由于清产核资以账面价值衡量，而非市场估价，因此，如果允许股权自由转让，则有侵蚀农村集体资产之嫌。

但在市场经济体制下，只有允许集体资产股权流转，发挥集体资产股权的市场价值才能把"死资产"变成"活资本"，否则不允许流通的集体资产股权只是量化的"僵化资产"。我们认为，可以采用以下方式平衡股份合作社的福利性及流转问题。首先，明确对外转让股权的农村股份合作社，如已经撤村建居的，集体所有的土地，已被全部征收或转为非农用的建设用地，并已经妥善安排养老、医疗等社会保障的，股份合作社股权基本上不承担社会保障功能的，则无须限制其流转功能。其次，设置相关交易平台，对股份合作社股权进行公平的市场估值，加大对评估结果、资产质量、每股净值及收益情况等信息的披露，促进其市场价值的充分发挥。最后，还应当设立公正的股权流转程序，如股权转让须经股东大会批准同意，签订相关协议，并作股权转让变更登记。

第四编

对策论

第八章　农村股份合作社成员财产权立法与制度完善对策

第一节　"三权分置"视野下农村股份合作社成员财产权完善的现实困境

党的十九大报告描述了实施乡村振兴战略的宏伟蓝图，强调要深化农村集体产权制度改革，保障农民财产权益。《规划》不仅肯定了合作经营是新型农业经营体系的重要组成形式，更是明确将发展多种形式的股份合作作为深入推进农村集体产权制度改革、鼓励农民参与产业融合发展的主要途径，《规划》中还进一步提出要推动资源变资产、资金变股金、农民变股东；完善农民对集体资产股份的占有、收益、有偿退出及抵押、担保、继承等权能，推动农村集体经济组织立法。2019 年中央 1 号文件《中共中央国务院关于坚持农业农村优先发展做好"三农"工作的若干意见》再次提出，要加快推进和继续扩大农村集体经营性资产股份合作制改革的试点，总结推广农村股份合作经验。

农村股份社成员绝大多数为农民，选择农村股份合作社为研究对象，对完善农村集体产权权能，实现赋予农民更多财产权利的改革目标具有一定的代表意义。2017 年和 2018 年先后修改通过《农民专业合作社法》《农村土地承包法》，农村股份合作社与农民专业合作社虽然在决策机制、分配机制和制度目标等方面均存在诸多区别，但其成员具有较大同质性、运行机制亦有相同性，而农地产权"三权分置"改革的法律确认，对赋予农民财产权利无疑是一种质的突破。基于前述理论研究和实践调查基础，结合立法修改最新进展，遵循上述逻辑，能为当前农村股份合作社成员财产权保障的路径突围提供积极的参考和直接的法律支撑。

当前，农村股份合作社成员财产权制度面临困境的原因复杂，但可以主要归结为法律法规尚不完备明确、司法行政人员素质和法律观念参差不齐、制度缺陷及历史遗留问题较多等几方面。从农村股份合作社角度而言，其成员财产权制度的不完备之处主要表现为以下几个方面。

一、成员财产权权属模糊

成员财产权权属模糊，首先，体现集体经济组织权益对成员个人财产权的挤占。实践中主要有三种表现：一是部分地区农村股份合作社集体股仍存在且所占比例较高，导致成员财产权无法落实到位。如前所述，有的股份合作社集体累积股或集体股占到股份总额的60%以上，高者竟达到80%以上❶，而且其产权不明确。集体股名义上属于集体全体成员共有，但由社区经济组织"代表"持股，导致实践中主要管理人员滥用其与村党支部委员会和村民自治委员会的（以下简称"两委"）身份混同的优势地位，"小官大贪"侵占集体利益的现象屡屡发生。也正因为如此，关于农村股份合作社中应否设立"集体股"的争论不断，对集体股拆分到人的呼声也日渐占据上风。二是公积金提取比例过高。部分地区股份合作社虽然没有设置集体股，但在利益分配时先提取30%～40%的公积金或集体福利，以及"两委"办公经费等费用后再向成员个人分配❷。提取公积金本身是符合《公司法》《农民专业合作社法》规定的财务管理通行做法，但公积金提取比例过高，势必导致股东个人可分配利润缩水，而且《农民专业合作社法》规定每年提取的公积金应该按照章程量化为每个成员的份额，在合作社解散时可以作为成员分配合作社剩余财产的计算依据。用公积金弥补"两委"经费不足的做法属于权宜之计，与新一轮农村产权制度改革的"集体资产量化到人"的要求不符。三是在股权配置上未尽可能保护特殊人群的利益。司法实践中屡屡出现"改嫁夺地、外出务工夺地、转包夺地、迁居夺地"等典型不合理甚至违法现象❸，

---

❶ 傅晨. 社区型农村股份合作制产权制度研究［J］. 改革，2001（5）：10.
❷ 孔祥智. 农村社区股份合作社的股权设置及权能研究［J］. 理论探索，2017（3）：7.
❸ 陈暹秋，郑划. 广州社区集体经济引入股份制改造合作制做法及意义［J］. 农村经营管理，2004（4）：36.

随之而来的是被夺地成员在股份合作社中股东权利的减损甚至被剥夺；在合作社经营所得收益分配（俗称"分红"）上，很多股份合作社对进城务工人员、在读大学生、现役军人等未在本集体组织内部进行生产经营的人员，理所当然地剥夺其参与集体利益分配的资格，认为其自动丧失了成员资格。这与农村股份合作社立法缺失，合作社出于保护集体财产和留守人员的利益权衡而对特殊群体持不同立场有很大关联。

从进一步深化农村经济制度改革的初衷出发，股份合作社的核心应当在于"股份"和"按份"，与传统意义上"共同劳动、共同收益、共同分配"的传统集体经济形式不同，股份合作社更为强调多种资本要素的配置和流动，成员财产权的性质和地位应当类似于股份公司当中的股权。因此，股份合作社的成员只要具备成员身份且有入股事实，即使没有参与集体经营劳动，也应当保证其参股投资的份额权利。

二、处分权能不完整，成员财产权流转易陷入困境

《农村土地承包法》修改之前，以土地承包经营权入股农村股份合作社已经较为普遍，但在立法上，无论是农民以家庭为单位获得的土地承包经营权抵押、转让，还是农村经营性集体建设用地的出让、租赁、入股等，出于防止土地兼并、保障农民基本生产资料以及保护集体财产的需要，现行的法律都设置了诸多限制。例如，《物权法》《中华人民共和国担保法》（以下简称《担保法》）及其相关司法解释均规定以农民家庭为单位获得的土地承包经营权不可以设定抵押或应当认定无效。又如，现行法虽然规定以家庭为单位取得的土地承包经营权可以依法转让，但又施加了受让方必须是"其他从事农业生产经营的农户""转让方须有稳定的非农收入或者稳定的收入来源且须经发包方同意"等诸多限制条件。上述限制性的规定对财产权利流转的功能和活力产生了消极影响，必然会降低权利流转的交换价值❶，抑制成员权利流转的积极性，也不利于资源配置效率的提高。

《农村土地承包法》修改之后，土地承包经营权的转让虽然放宽了"转让方须有稳定的非农收入或者稳定的收入来源"的限制，但转让对象更严格

---

❶　张龙耀，等. 农民土地承包经营权抵押融资改革分析［J］. 农业经济问题，2015（2）：70.

限定为只能是"本集体经济组织的其他农户",其意在保障发包方的权利,便于集体经济组织监督管理,防止受让方改变土地用途和性质❶。而在抵押问题上,修改后的《农村土地承包法》虽然一改过去在土地承包经营权抵押上的否定态度,规定无论是承包方还是流转后的受让方都可以用土地经营权向金融机构融资担保,避免过去存在的对金融机构实现担保权利而处分土地承包经营权时可能面临的复杂社会和法律问题。但在法律上,土地经营权的性质仍存在较大争议,即便承认其为从土地承包经营权中分置出来的一种新型用益物权,但如果金融机构实现担保物权后获得了土地经营权,农户入股股份合作社的土地经营权发生易主,农户仍可保留土地承包权,但保留这样一种"空权利"(在承包期满之前对农户而言承包土地已经不具备使用价值和交换价值)能起到保障农民基本生活来源的目的吗?因此,对农村股份合作社成员财产权权能的限制仍未得到完全解放,无论在理论还是实践中仍存在诸多争议或亟须澄清的问题。

三、合作社成员财产权利保障机制往往处于灰色地带甚至缺位状态

农村股份合作社作为集体财产的主要管理者,对合作社成员的财产权利负有保障责任,不仅要确保集体资产的保值增值,更要引领合作社成员增产增收,增加财产收入。但实践中,当成员的财产权利受到来自合作社内部或外部的侵犯时,农村股份合作社的作为《民法总则》所确认的特别法人的地位虽然已经为立法所确认,但我国农村"村社合一"现象较为普遍,合作社往往将矛盾推到村委会或村小组去解决,而村委会又以自己"只管政务,不管经济"为借口,将矛盾踢回合作社,即便两者不互相推诿,由于中国乡土社会固有的"熟人社会"色彩或其他历史遗留问题的影响,往往也采取拖延或暂缓矛盾的态度,使纠纷不能得到及时彻底处理,而行政救济、司法救济等渠道又有着诉讼成本高、耗时长的特点,大多数合作社成员无法、无力负担或不愿付诸诉讼司法程序。此外,部分地域甚至还存在集体财产向"家族财产"转化的趋势,合作社管理人员利用职务便利或影响力,强化对成员对合

---

❶ 何宝玉. 中华人民共和国农村土地承包法释义 [M]. 北京:中国民主法制出版社, 2019:91.

作社的人身依附，以合作社"集体多数"的名义钻法律空子，影响和妨害合作社成员财产权的正常行使❶。这也说明现行法律规定对农村股份合作社成员财产权利的保障远不及《公司法》对股东的保障，并且救济程序相对繁琐，村民难以负担和消化。

第二节　完善农村股份合作社成员财产权利的基本原则

《规划》强调要始终坚持把农民更多分享增值收益作为基本出发点，并将"农民入股＋保底收益＋按股分红"作为利益联结的重要方式。为实现乡村振兴战略的目标和深化农村经济体制改革的需要，完善农村股份合作社成员财产权制度势在必行。党的十八届三中全会做出的《决定》中明确提出，完善产权保护制度应遵循"归属清晰、权责明确、保护严格、流转顺畅"的基本路径，正确揭示了"归属——权利之根本，权责——权利之内容，保护——权利之救济，流转——权利之灵魂"的内在逻辑关系，也为构建农村股份合作社成员财产权利保障制度提供了切实可行的法律进路。

一、归属清晰

归属清晰亦可称作权属明确，即明确某项民事权利或权利束在法律上的主体地位。权属清晰是权能完整和流转顺畅的基本前提，同时是保障完善的重要依据。在法治文明的语境下，权属明确能够起到"定分止争"的基础性作用，在权利制度中占据着核心地位。如果权利的归属尚存争议，那么权利的行使、流转和保护都无从谈起。新一轮农村产权制度改革的重点就是要明晰产权，明确股份合作社成员财产权利归属需要重点加强三个方面的工作。

第一，明确农民个体成员可以成为农村股份合作社成员财产权的权利主体。长期以来，我国农村土地承包均以户为单位，从修改后的《农民专业合作社法》的相关规定来看，也没有明确农村集体经济组织的成员到底是农户还是成员个人，甚至有学者提出农村集体成员的适格主体只能是农户而不是

---

❶　迟福林. 走入 21 世纪的中国农村土地制度改革［M］. 北京：中国经济出版社，2000：188.

个体农民成员❶，本书以为上述观点有待商榷。农户本属于社会管理的最小单元，《农村土地承包法》等法律虽将其采纳为法律上的概念，规定农村土地承包一般以农户为适格主体，但并未否认家庭成员中个体的资格与权利，相反，在第 16 条第二款中明确规定，家庭成员平等享有承包土地的各项权益。如农户家庭内部分家析产时，新独立的农户对分配到的承包土地可以要求进行权属登记，并自然取得农村股份合作社的成员资格，享有相应的成员财产权利。将农户作为合作社成员的唯一适格主体，与修改后的《农村土地承包法》对离婚、丧偶妇女权利的特殊保护规定也相违背。如外嫁入户的妇女离婚后，其户口很大程度上只能从原农户家庭迁出，而其在父母家庭中的户口已经迁出或很难再重新迁入，如果不允许她以个体成员身份单独立户并从离婚前的农户家庭中分得相应的承包土地，其生活将无法获得保障。在这种情况下，外嫁离婚妇女应可以以个体名义成为股份合作社成员。

第二，适当突破股份合作社成员资格上的封闭性限制。在成员资格的取得上，农村股份合作社成员资格具有天然的封闭性，非本集体经济组织成员无法取得成员资格，股权转让也只能在集体经济组织内部进行，以确保集体经济利益不被外来资本侵占，这也是农村股份合作社与农民专业合作社允许 20% 以下的成员为外部成员的区别性特征之一。然而，农地产权"三权分置"之后，土地经营权可以采取出租、转包、代耕、入股等方式进行流转，流转的对象可以是本集体经济组织之外的符合条件的工商企业。如此一来，农户将自己承包的土地入股农村股份合作社后，合作社根据《农村土地承包法》的规定可以将农户入股的土地经营权进行再流转，所获收益按照章程进行分配；但农户直接将土地经营权流转给工商企业或其他农户后，受让方是否可以以土地经营权入股农村股份合作社呢？从合作社规模经营良性发展的角度分析，本书以为在今后的股份合作社实践中应借鉴《农民专业合作社法》的规定，适度削弱股份合作社成员资格与户籍或地缘的唯一联系，与资本的投入产出并建立起适当、适额的联系。除本村原集体经济组织的成员外，可以适当吸收外来成员参加，以吸引各种形式的资金、固定资产、经营管理技术、知识产权等生产要素加入，扩大合作社的规模。当然，为防止外部资

---

❶ 向勇. 中国农村集体成员主体资格新论［J］. 河北法学，2016（6）：128.

本对农村集体资产利益的侵占，可以在股权比例和分配、决策机制上做出适当限制。

第三，坚持股份合作社成员财产权以其在集体内部享有的股权为基础。在与成员切身利益相关的红利分配上，股份合作制意味着在合作社集体内部分配的比例化和差别化，即在集体财产的分配和使用中，在保障土地等集体财产的农业用途、口粮地和宅基地等基本生活需要的基础上，应严格遵循"一股一权"的分配原则，以成员在合作社中享有的股权份额为主要依据划定其参与分配和享有财产性权利的比例，而不应该过多考虑资本要素以外对合作社经营效益不相关的其他因素，如是否参与集体生产经营活动、是否长期脱离本村集体经济组织、是否"农转非"后又转"农"等。当然，在合作社剩余控制权和剩余索取权的配置上，既要注意到两种权利相对应，股东应同时享有剩余索取权和剩余控制权，也要体现激励机制，通过建立合理的薪酬制度，给予经营管理人员部分剩余索取权，通过股权激励制度，授予经营管理人员特定控制权和部分剩余控制权，使他们与合作社股东的利益取向达到一致，以充分调动经营管理人员的工作的积极性和创造性。

二、权责明确

权责明确，首先，意味着权能应当完整。农村股份合作社成员财产权应包含股权的完整权能，以及与入股密切相关的土地承包权和经营权的抵押、担保等其他权能，以充分实现股份合作社成员就自己持有的股权份额所享有的权利与自由，满足成员的经济需要。为此，我们需要从两方面重点完善。

一方面，进一步完善农村股份合作社成员财产权的权能。《规划》再次强调要完善农民对集体资产股份的占有、收益、有偿退出及抵押、担保、继承等权能和管理办法，将集体成员的财产权利拓展为六项权能。如前文所述，根据《物权法》理论，可以将农村股份合作社成员财产权权能概括为占有权、使用权、资产收益权、处分权四项基本权能。在农村集体资产产权改革的实践中，其股权权能中的占有、使用和收益权能得到了相当程度的保障，但其财产权权能中的处分权能及其实现的各种形式不仅在立法层面亟待完善，实践效果也存在较大风险和不确定性，尤其是农村股份合作社成员财产权中的有偿退出权亟待法律进一步明确。至于如何拓展农村股份合作社成员财产权的权能及如何完善合作社股东的退出权,将在后文专节展开论述,此处不予赘述。

另一方面,明确权利行使的边界。一切自由皆有限度,股份合作社成员财产权的行使也不例外,必须在合法框架范围之内进行。《土地管理法》《土地承包经营法》等法律均有不得改变土地农业生产用途、维护社会公共利益的相关规定,如果合作社成员有任意抛荒、破坏土地、擅自改变土地农业生产用途等违法行为,则承包地发包方有权依法定程序收回该成员的承包经营权与承包地,股份合作社则可因该成员入股的土地承包经营权被收回而削减或取消其在合作社所占股份,并可就合作社所受经济损失要求该成员自行承赔偿损失等,对严重破坏农业生产构成犯罪的,由司法机关依法追究刑事责任。

三、流转顺畅

权利流转,亦称"权属变更"。权利的流转赋予静态的法律权利以动态的活力,是权利的另一种存在方式和表现形式,并在很大程度上为社会主义市场经济提供发展动力,是权利的灵魂所在。因此,流转顺畅是权属明确和权能完整的动态体现,同时也是保障完善的重要内容,一个健康的法制社会应当保障法律框架内的权利流转顺畅和交易安全。

修改后的《农村土地承包法修正案(草案)》明确规定:土地承包经营权在流转中分置为土地承包权和土地经营权,土地经营权可以依法采取转包、出租、入股或其他方式流转,承包收益可以继承,承包的林地在承包期内也可以继续承包。尽管农村土地"三权分置"在法理上还存在权利生成逻辑上的不足,但农村土地"三权分置"作为深化农村改革的重要举措,对完善土地承包经营权的权能,突破农村土地承包经营权流转的诸多限制,实现乡村振兴战略的目标具有十分重要的现实意义。

但是,修改后的《农村土地承包法》对土地承包经营权的权属流转限制仍十分严格。一是对土地承包经营权的转让对象作了更为严格的限定,其对农村股份合作社发展的影响有待考量。立法修改后,土地承包经营权的受让方由之前的"其他从事农业生产经营的农户"缩限至"本集体经济组织的其他农户",不允许将土地承包经营权向本集体经济组织之外的任何人。立法修改的理由除保证土地的农业用途外，还在于与土地经营权的分置政策相衔接，农户如果自己不愿意继续经营承包土地又不转让给本集体组织内部其他农户的，可以向其他人流转土地经营权❶。此项立法修改对农村股份合作社的发展可能出现两极分化的效果。积极的影响是土地承包法已经确认土地经营权可以以入股方式流转，故农户或农民将自己土地承包经营权中分置出来的土地经营权以入股方式流转给农村股份合作社在法律上不再存疑，此举将调动农户入股合作社的积极性；消极的影响是相比于入股这种流转方式而言，转包、出租或其他流转方式的经济效益如果比入股更好或更稳定或更具实现性，必将影响股份合作社成员的入社意愿。

二是土地经营权抵押还存在一定隐患。《农村土地承包法》修改后，土地经营权抵押虽已为法律所确认，无论是农地的承包方还是受让方都可以用土地经营权向金融机构融资担保。但法律对承包方和受让方融资担保的程序要求有所不同。承包方利用土地经营权抵押时，只需要向发包方备案即可，而受让方将流转而得的土地进行抵押担保时，还必须经承包方同意。理由是出于对承包方利益的保护，一旦金融机构实现担保物权的情形，土地经营权的优先受偿必将影响到承包方的利益❷。此项规定对农村股份合作社的发展存在一定隐患，因为农户以土地经营权入股后，该土地经营权本该成为股份合作社的独立财产，合作社在章程规定范围内有经营和处分的权利，利用农户入股的土地经营权作为向金融机构贷款的权利质押物标的属于合作社重要的融资手段，如按照上述规定，合作社还需要经过承包方再次同意，可能会影响到合作社融资的效率，甚至使得交易不能发生，势必影响合作社发展进而影响合作社成员财产权利的实现。因此，土地经营权抵押的不同规定是否合理需要在理论上进一步考量、论证。

不可否认的是，土地抵押权实现后，农民失地后的隐忧仍未根本解除。即便是在"三权分置"的政策背景下，一旦发生"土地经营权"和"土地承包权"相分离的情形，农民在剩余的承包期内仍然会失去对原本由自己所承包的土地的"经营权"，只剩下一个"土地承包权"的空壳，处理得不好将

---

❶　杜涛. 中华人民共和国农村土地承包法解读［M］. 北京：中国法制出版社，2019：200.

❷　同❶274.

影响农民基本生活、影响农村稳定。为此，要从两方面加以完善。

第一，尽快健全农村社会保障综合机制。只有改变长期以来形成的农村土地承包经营权承载一切社会保障功能的单一机制，个体农民对集体土地的权利才可能真正获得有效实现。不断发挥以农村最低生活保障、农村新型合作医疗、农村养老保险及农村义务教育等制度为核心的社会保障综合机制的联动功能，构建全面、稳定的农村社会保障网络，切实推动农村股份合作社向规模化、产业化发展。

第二，要注意防止农村股份合作社成员财产权利的流转走入误区。必须遵循农民依法自愿有偿的原则、严守耕地红线、严禁擅自改变土地的农业生产用途，切忌不顾条件强制推行某种方式的土地流转。尤其是以土地入股等形式组建的土地股份合作社更要慎重，应当增加禁止土地兼并的规定，设定以"土地经营权"入股的面积和最高比例限额，保证农民对承包经营土地的最低拥有量，既要满足土地流转、促进社会经济发展的需要，又要防止农民利益大范围受损的风险，使农民成员不会彻底失去土地的基本生活保障功能，确保农村社会稳定。

四、保障完善

权利保障通常是指在法律框架内维持权利正常运转的机制与规范，是权利制度的重要内容与底线。保障完善意味着权属明确、权能完整、流转顺畅的全部内容得到法律的认可并作为权利运转的常态受到法律的保护，同时意味着当权利出现无序、混乱甚至受到侵犯时，能够明确受侵害者的损失和法律责任的承担者，并规定具体的承担方式，最终使失衡的权利得到调整，回归到利益受到侵害之前的状态与秩序。农村股份合作社成员财产权保障机制应重点关注两方面的内容。

第一，明确责任。任何法律责任的归责都包含三个要点：归责原则、责任主体与责任承担方式。参照《物权法》及《中华人民共和国侵权责任法》（以下简称《侵权责任法》）的规定，我国民事责任的归责原则以过错责任为主，对此在理论和实务中已形成共识，因而司法实践的重、难点就归结到责任主体与责任承担方式两方面。责任主体解决的是损失和责任应当由谁来承担的问题，在涉及合作社成员财产权侵权纠纷时，如合作社取消某成员的成员财产权资格纠纷中，由于农村基层政权与集体经济组织"政社不分"的现象普遍存在，在确定应当承担责任的主体是谁时，作为集体经济组织代表的农村股份合作社和作为一级农村基层政权的村委会之间的推诿、扯皮就难以避免。合作社认为是村民委员会做出决定收回农民成员的土地承包经营权导致合作社取消该农户的合作社成员资格，而村民委员会则认为是因为该农户已经不符合股份合作社成员资格条件才使得村委会做出收回土地承包经营权的决定。这就给责任主体的确定带来困难，最终会影响应当受到保护的成员一方的合法权益，增加其维权成本。因此，明确责任主体，严格做到"政社分开"、强化对成员期待利益的补偿并确保权利受侵害者优先获得保护和赔偿，应成为股份合作社成员财产权法律完善的一个重要内容。

责任承担方式解决的是在确定责任主体之后，产生的损失（包括既有投入与期待利益）范围如何确定，已明确的法律责任如何落实的问题。以民事侵权责任为例，我国现行法规定的民事责任承担方式主要有排除妨害、恢复原状、赔偿损失等。但在实践中，由于农村股份合作社成员具有天然的同质性，其与宗族、村集体之间的关系很难人为隔离，故而在民事责任承担方式的选择上应当尊重当事人意愿，充分考虑侵权性质、损害情形、生产生活需要和公共利益，尽量考虑到法律效果与社会效果的统一。

第二，完善权利救济程序。完善农村股份合作社成员财产权利的救济程序，可以从两方面入手：一是合理借鉴公司法的相关诉讼制度，当村民作为合作社股东成员的合法权益受到不法侵害而合作社又怠于行使诉权时，应赋予其直接起诉的权利，所获赔偿归合作社，以维护股份合作社的合法集体权益。二是可以适当简化救济程序以提高司法和行政救济的效率。农村股份合作社成员的财产权纠纷解决得不及时容易引起家庭冲突，甚至宗族争斗，对维护社会稳定将产生较大的负面影响。如果救济程序的规定过于琐碎、烦冗，不利于纠纷的实际解决和效率的提高，不仅影响到合作社成员财产权利的保障，还将延缓或阻碍农村股份合作社的稳定发展。

第三节　完善农村股份合作社的立法完善路径

虽然我国农村股份合作社发展迅速，也一再得到中央文件的肯定和鼓励。

但由于其仍处于试点阶段，与之相关的法律和制度并不健全，甚至还存在立法缺位等现象，这将严重影响到农村股份合作社市场主体地位的确立，对农村股份合作社管理及运行机制也将带来规范性不足等负面影响。因此，农村股份合作社立法问题的解决和立法路径的选择十分必要。

一、我国农村股份合作社的立法现状及评述

（一）单行立法缺位

我国目前尚无专门的农村股份合作社法，2002 年 12 月修订公布的《中华人民共和国农业法》第 11 条规定，"国家鼓励农民在家庭承包的基础上自愿组成各类专业合作经济组织"，第一次正式以立法形式肯定了农民专业合作社的合法性。2007 年颁布，2017 年修改的《农民专业合作社法》，明确了农民专业合作社的概念、类型，并肯定农民专业合作社的法律主体地位。但农村股份合作社与专业合作社毕竟是两种不同的经济组织形式，《农民专业合作社法》的相关规定并不能覆盖农村股份合作社的所有问题。根据《农民专业合作社法》第二条有关其调整范围的界定，不难发现《农民专业合作社法》仅适用于农民专业合作社，而不适用于诸如农村信用合作社或农村股份合作社等其他合作社组织。

（二）相关立法零散、缺乏统一性

我国关于农村股份合作的相关规定散落在行政法规、地方性法规和规章之中，相关立法缺乏统一性，导致农村股份合作社法律地位不明、治理结构各异和产权结构模糊，各地的实践也随之呈现出五花八门的现象，最突出表现在以下几个方面。

第一，合作社主体地位不明。在股份合作社的定位上，湖北省发布的《湖北省农村集体资产管理条例》第 3 条规定，"农村经济组织是指本省乡（镇）经济联合总社、村经济联合社、组经济合作社以及以其他名称的以生产资料集体所有的形式组成的独立核算的经济组织"，并未明确提出农村股份合作社经济组织形式；而广东省颁布的《广东省农村集体经济合作组织管理规定》第 3 条规定，"本规定所称农村集体经济组织，是指原生产大队、

生产队建制经改革、改造、改组形成的合作经济组织，包括经济联合总社、经济联合社、经济合作社和股份合作经济联合总社、股份合作经济联合社、股份经济合作社等"。明确规定农村集体经济组织包括股份合作经济社，肯定股份合作社的法律地位。

第二，对股份合作社治理结构的规定大相径庭。例如，《广东省农村经济联合社和经济合作社示范章程（试行）》规定，经济合作社的治理结构由成员大会、成员代表会议、社委会、民主理财监督小组组成，而杭州市发布的《股份经济合作社章程（示范）》则明确股份合作社的组织机构由股东代表大会、董事会和监事会组成。实践中，股份合作社与村民委员会"政社不分、村企不分"现象比比皆是。

第三，对股份合作社产权结构的规定相对模糊。地方性法律文件均存在用语模糊的共性问题，如许多地方性法规都规定："企业集体股股权归职工集体共有。"此处所谓"共有"并未说明是按份共有，还是共同共有，缺乏可操作性❶。很多股份合作社依此在成立之初都设立了集体股，集体股产权归属于股份合作社全体成员，其目的主要是为了保证股份合作社的公有制性质，同时也可以满足集体福利事业和公益事业的需要。但如此一来，集体股反而成了明晰产权的障碍❷，集体股不仅在设立之初就实际上由少数干部实际控制，随着时间的推移，集体股的收益如何分配又变得更加模糊，普通成员很难通过股份制改革获得更多财产收益，赋予农民更多财产权利无从实现。

地方性法规和文件对农村股份合作社的相关规定存在较大差异，与无统一的上位法指导有着直接的关联，不仅缺乏统一性，甚至还出现相互冲突的情况。毫不讳言，农村股份合作社专门立法的缺失，势必对我国农村股份合

---

❶　如《上海市股份合作制企业暂行规定》第二十条规定："集体企业改制设立股份合作制企业时认定为原集体企业全体离退休职工集体共有的资产，可以折合为股份，设为集体共有股。其股权由市人民政府有关部门指定的机构代为行使。"《××省股份合作企业条例》第二十六条第3、4、5、6款分别规定：（三）城镇集体企业联合经济组织或者乡村集体经济组织投资和投资收益形成的资产，其产权归该经济组织范围内劳动群众集体共有；（四）企业历年公共积累形成的资产，其产权归企业集体共有；（五）投资主体不清的资产以及接受无偿资助和捐赠所形成的资产，其产权归企业集体共有；（六）企业按照法律、法规和政策规定享受的优惠，包括税前还贷和各种减免税所形成的资产，其产权归企业集体共有。

❷　耿黎，朱长悦. 城郊农村社区股份合作制经济有关问题的思考［J］. 农业经济，2007（6）：13.

作制经济的发展产生诸多不利影响，甚至可能使得股份合作社的发展长期停留在"摸着石头过河"的试点探索阶段止步不前。

二、完善我国农村股份合作社立法的必要性分析

针对上述立法空白或缺位，有学者指出："我国既没有股份合作基本法，也没有与之相配套的法规或规章，在工商登记、税收、劳动、金融、破产与诉讼等方面均无法可依、无章可循。"❶ 也有学者感叹："难道股份合作制这一曾经是研究热点的课题竟冷落到这样的地步，以致到了该它上场的时候，竟没人想到还有这样一个'演员'存在。"❷ 因此，农村股份合作社立法问题的解决迫在眉睫。

（1）为进一步明确农村股份合作社的市场主体地位，必须完善农村股份合作社的立法。如前所述，虽然《农民专业合作社法》已经确立了农民专业合作社的新型法人地位，但由于农村股份合作不属于《农民专业合作社法》的调整范围，目前其市场主体地位仍不清晰，没有得到立法的明确肯定。农村股份合作制作为一种新型的经济形式，在我国农村经济形式改革中起到极大的促进作用，代表了农村集体资产改革的趋势，但由于相关立法的缺失，致使诸多问题难以解决。例如，由于农村股份合作社的市场定位不明确，导致农村股份合作社只能在当地的农业经济管理部门进行登记而无法在工商管理部门登记，不能成为独立的企业法人，不能以自己的名义签订合同，这就在很大程度上限制了其市场交易的自主性，使得股份合作社的运行也常常处于不稳定的状态，成为农村股份合作社发展的一大瓶颈。因此，为了保护并进一步发展农村股份合作社经济，必须完善相关立法肯定农村股份合作社的市场主体地位，合理安排其运行机制。

（2）为进一步规范农村股份合作行为，保护各方利益，必须完善农村股份合作社相关立法。吴敬琏先生曾提出，"中小企业是国民经济的半壁江

---

❶ 朱树林. 股份合作制企业若干法律问题研究［D］. 厦门：华侨大学，2011.

❷ 康德官，林庆苗，史丽生. 股份合作制理论与立法的基本原则问题［M］. 北京：中国检察出版社，2002：231.

山"❶，股份合作社作为中小企业重要组成部分，引领农村经济改革新风潮，其重要性不言而喻，但至今仍没有一部保护、规范其发展的法律，导致实践中农村股份合作社的成立和运作主观随意性强、不规范性突出，甚至出现合作社管理人员利用其身份便利中饱私囊等腐败现象，严重侵害了各方的利益。股份合作社经济问题频现与相关立法缺位密切相关，因此，必须赶在其全面推广之前完善农村股份合作社相关立法，规范农村股份合作行为，防止集体资产流失和被侵害，保护其最基本成员即农民的合法利益。

（3）为明确农村股份合作社的发展方向，统一指导农村股份合制经济的发展，必须完善农村股份合作社的立法。虽然近年来中央系列文件均对农村股份合作社的发展予以肯定和提倡，政策上对增加农民财产权利也做出了方向性的若干指导意见，如允许土地承包经营权入股农业龙头企业或农村股份合作社，为农村集体建设性用地、农村宅基地有限盘活等创造条件等。但政策不能等于法律，要真正体现出"立法先行、依法治国"的法治精神，还需要立法的完善和配套才能使政策得以贯彻实施。况且，单纯依赖地方性立法来贯彻实施中央政策本身也不具备可行性，党的十八届四中全会下放地方立法权，不仅地方立法的主体大幅增加，各地地方立法的水平参差不齐，依据缺乏科学性、可操作性差、效力低等问题普遍存在。因此，出台一部全国统一的、有权威性、指导性的农村股份合作社法律是十分必要的。

三、完善我国农村股份合作社立法的路径选择

完善我国股份合作社立法不外乎在两条路径中进行选择，一是采用"修补"模式，即通过完善现有相关立法的路径；二是采用"分业立法"模式，单独制定农村股份合作社法。

（一）修补式立法路径的合理性分析

修补式立法路径，即在现有的《农民专业合作社法》及《公司法》等相关法律之中增加、补充有关农村股份合作的相关规定，具体而言可以从两方

---

❶ 王凤云，徐敬东. 中小企业是国民经济的半壁江山：访谈吴敬琏教授［J］. 宏观经济研究，1998（12）：27.

面入手。

一是完善《农民专业合作社法》的相关规定。如第一章所述，农民专业合作社在许多方面与农村股份合作社存在相似之处，甚至出现相互融合的情况。因此，在《农民专业合作社法》增加有关农村股份合作社相关规定的做法具有一定合理性。例如，农村股份合作社在立法原则、立法目的上都与《农民专业合作社法》非常相似，因此，基本上可以共用总则部分，同时在总则部分增加关于农村股份合作社的特殊问题的规定。在《农民专业合作社法》的其他章节上也可以采取同样的做法，保留《农民专业合作社法》的原有内容，并在每一章节增加有关农村股份合作社的特殊规定。

二是完善《公司法》的相关规定。如第一章所述，农村股份合作制经济与公司股份制企业在资金、财产和经济管理等方面都与股份制公司存在共性。因此，通过在《公司法》中设立专章规定农村股份合作社的相关法律问题来达到弥补股份合作社立法的缺失也具有一定合理性。具体来说，在《公司法》下一次修改时，专门增加"农村股份合作社"这一章，内容包括农村股份合作社的设立登记；股东成员资格、权利、义务的特殊规定；股东大会；董事会、经理；监事会；经营管理机构；财务与会计；合并、分立和解散破产清算制度；法律责任及附则等。

（二）修补式立法路径可行性之否定

农村股份合作社是我国农民在农村改革实践中创造的一种具有中国特色的新型集体经济形式，它融合作制与股份制为一体，兼有股份制和合作制的优点，是实行劳动联合和资本联合相组合的新型的公有制实现形式❶，既不同于合作社经济，也有别于股份制经济。农村股份合作社与合作制经济、股份制经济均有较大区别，如前所述，通过完善现行《农民专业合作社法》或《公司法》的修补式立法路径虽貌似合理，可解农村股份合作社立法缺失的燃眉之急，但无法从根本上解决立法缺位问题，在路径选择的可行性上存有较大疑问。

若强行将农村股份合作制经济的相关法律规定寄生于《农民专业合作社

---

❶ 允平，陆宇健. 股份合作制企业会计实务［M］. 北京：中国财政经济出版社，1998：9.

法》或《公司法》之中，则可能产生对农村股份合作制经济形式异化的问题，抹杀其独特性，将其混淆于单一的合作制经济或股份制经济。此外，随着农村股份合作经济的进一步发展，仅在《农民专业合作社法》或《公司法》中对农村股份合作社的相关问题加以规定，已经不足以应付其多样化、个性化的发展趋势，不利于农村股份合作制经济的健康发展。因此，在立法条件成熟之后，单独制定农村股份合作社法解决农村股份合作社法律缺失问题才是既"治标"又"治本"的有效立法路径。

（三）分业式立法路径的依据

所谓分业式的立法路径即针对农村股份合作社经济进行单独立法。我国农村股份合作制经济经过近三十年的发展，积累了丰富的实践经验，中央政策的鼓励和理论研究成果的不断积淀又夯实了立法的政策和理论依据。因此，采用分业立法的路径，制定单独的《农村股份合作社法》具有较大的可行性。

（1）制定农村股份合作社法的法律依据和政策依据。第一，法律依据。主要表现在两个方面：一是《宪法》依据，根据《宪法》的规定，我国基本经济制度是以公有制为主体，多种所有制经济共同发展，其中当然包括股份合作制经济；二是《中华人民共和国农业法》以下简称（《农业法》）的依据，《农业法》第 2 条规定："农民和农业生产经营组织可以自愿按照民主管理、按劳分配和按股分红相结合的原则，以资金、技术、实物等入股，依法兴办各类企业。"同时，为了进一步推进农村股份合作制经济的发展，国务院、农业部、地方政府都相继制订了一系列行政法规、部门规章。1990 年，农业部颁布了《农民股份合作企业暂行规定》，鼓励并引导农民股份合作企业健康发展，保护其合法权益；1991 年，国务院颁布了《中华人民共和国城镇集体所有制企业条例》（以下简称《城镇集体所有制企业条例》），1992 年，农业部颁布了《农民股份合作示范章程》。在中央行政法规、政策的引导下，各地方也相继出台一系列有关农村股份合作社的规章，如 1996 年，北京市颁布了《北京市农村股份合作社企业暂行条例》，1997 年，上海市政府颁布了《上海市股份合作制企业暂行办法》；2002 年，河北省颁布了《河北省乡村股份合作社企业条例》；2010 年，西安市修正颁布了《西安市股份合作制企业条例》；2012 年，广东省修正颁布了《广东省股份合作企业条例》等。

第二，政策依据及其发展历程。1985 年的中央 1 号文件《关于进一步活跃农村经济的十项政策》第一次正式提出了"股份式合作"的概念："有些合作经济采用了合股经营、股金分红的方法，资金可以入股，生产资料和投入基本建设的劳动也可以计价入股，经营所得利润的一部分按股分红。"该文件所提及的股份合作制在农村经济改革中起到重大作用，使农民拥有生产经营的自主权与绝大多数生产资料的所有权，增加了原始积累。为进一步增强农村发展活力，逐步缩小城乡差距，促进城乡共同繁荣，党的十五大报告认为，城乡大量出现的多种多样的股份合作制经济是改革中的新事物，要支持和引导，尤其要提倡和鼓励劳动者的劳动联合和劳动者的资本联合为主的集体经济，充分肯定了对农村股份合作社经济的探索。党的十六届三中全会提出，要使股份制成为公有制的主要实现形式。党的十八大报告更为明确地指出，要发展农民专业合作和股份合作，培育新型经营主体，发展多种形式规模经营，构建集约化、专业化、组织化、社会化相结合的新型农业经营体系。2016 年中央 1 号文件《关于落实发展新理念加快农业现代化 实现全面小康目标的若干意见》还更为具体地提倡，"要鼓励发展股份合作，采取'保底收益＋按股分红'等方式，让农户分享销售加工环节的收益"。2016 年 4 月，习近平同志在小岗村改革座谈会上又再次强调要着力推进农村集体资产确权到户和股份合作制改革。

作为我国农村深化改革的重要成果之一，农村股份合作社得到了中央和各级地方政府出台的一系列农村经济改革、转型政策的支持，为农村股份合作社的发展创造良好的社会条件，同时，也为完善农村股份合作社的相关立法提供了坚实的政策基础。

（2）制定农村股份合作社法的理论依据。自 1985 年中央 1 号文件正式提出"股份式合作"之后，股份合作制一直备受理论界关注并成为研究热点。股份合作制经济逐渐摆脱了"非驴非马"的尴尬处境，学术界对股份合作制在概念、本质、特征等方面的研究都有了长足进展。主要包括以下几个方面。

第一，关于股份合作制的概念。虽然关于股份合作制的概念尚无统一的界定，但大多数学者都认识到股份合作经济是把股份制与合作制的"资合性"与"人合性"有机地结合起来，通过劳动者入股集资的途径建成一种产权明晰、责任明确和风险配置合理的新型经济组织❶。第二，关于股份合作制的性质。认识到股份合作制兼有合作制和股份制的特点，是合作制和股份制的折中化的本质。合作制强调人权，强调公平，不否定股份；股份制强调资本权，强调效率，不否定公平。股份合作社在制度设计上力图兼有股份制和合作制的优点。作为特殊的合作制，它要在一定程度上抑制两极分化，强化公平；作为特殊的股份制，它要在一定程度上保留资本中心特性，强化效率、强化发展❷。第三，关于股份合作制的特征。认识到农村股份合作社既具有自愿集资，按股分红、利益共享和风险共担等股份经济的主要特征，又具有自愿相利、提取公共积累和一定比例的按劳分配等合作经济的特征❸。第四，关于股份合作制的法律属性。学界对股份制企业的法律属性主要存在两种观点，主流的观点认为股份合作制是一种新的企业形态，既不同于股份制企业，又不同于合作制企业，还不同于集体所有制企业，具有独特的法律性质❹。另一种观点认为股份合作制是我国现实条件下合作制的一种新形式，不是股份制的一种形式，也不是合作制和股份制两者"半斤八两"的结合❺。目前，学界大多数学者持第一种观点。

学界对股份合作制经济的理论研究不断清晰和深入，为单独制定农村股份合作社法提供了有力的理论支持。

（3）制定农村股份合作社法的实践依据。我国的农村股份合作制最早出现在山东淄博大周村、安徽阜阳、浙江温州、深圳宝安等地，并形成了诸如周村模式、阜阳模式、温州模式、横岗模式等典型的股份合作制经济模式，上述各种模式均具有较大影响力，其发展经验中以下几方面值得借鉴。

第一，在经营效益方面，农村社区股份合作制实行资金与劳动的双重联合，调动了农民的积极性，增强了发展集体经济的凝聚力和向心力❻，实现

❶ 郑子耿，陈惠友. 股份合作经济通论 [M]. 杭州：杭州大学出版社，1998：38.
❷ 宝贡敏. 股份合作制 [J]. 市场经济研究，1996（1）：25.
❸ 何庭堆，等. 农村股份合作问答 [M]. 广州：广东人民出版社，1992：4.
❹ 马跃进，等. 股份合作企业法律制度研究 [M]. 北京：中国财政经济出版社，2002：28.
❺ 吴凯泰，王玉从. 股份合作企业立法的两个重要问题 [J]. 改革，1996（6）：97.
❻ 潘长胜，李明. 江苏农村社区股份合作制的实践与思考 [J]. 农业经济问题，2004（11）：44.

了集体资产的保值、增值，大幅度提高了农民的收入。第二，在资产处置方面，改革资产处置权，即把集体资产评估后折股量化，分股到户，再实行招资入股，对集体项目实行参股参劳，此做法把分散在千家万户的生产力结合起来，实现了农村经济组织形式质的飞越。第三，在经营控制方面，改革经营控制权，农民以持股者的身份监督经营管理者，董事会发展战略进行决策，履行董事会的职责，形成利益激励与责任约束的管理机制，改善了"一统就死，一放就乱"的局面。此外，沿海发达地区不断开展的乡村改制实践，也为股份合作制经济产权制度改革提供可资借鉴的宝贵经验，如上海的乡村改制实践，探索建立了农村征地留用地制度和土地股份合作制度，让农民享有稳定、长期的土地收益回报。同时，还创新了农村集体资产管理体制，把农民的一部分集体资产集中起来给农民股份，使农民真正成为股东，按股分红，在农民财产性收入中增加"股金"这一来源❶。随着农村股份合作制经济在全国多个省市开展试点的广泛铺开，取得了较为丰硕的实践经验和成果，为单独制定农村股份合作社法奠定了坚实的实践基础。

四、对农村股份合作社在《民法典》中地位的延伸思考

农村股份合作社单行立法的模式并不排除在《民法典》中明确农村股份合作社的主体地位。股份合作社是具有营利性法人属性的市场主体，其民商事主体的地位应当在《民法典》的"法人"这一节中予以明确规定。当然，我国合作社法人类型众多，且具有较强的易变性特质，正在拟定的《民法典》中并不需要用专章予以明确和细化❷，否则，既有违于民法典稳定性之特点，也不利于合作社类型多种、属性不一且需要根据实践及时进行修改或调整之需要。

但稍显遗憾的是，2016 年颁布的《中华人民共和国民法总则（草案）》中，仅在第三章"法人"第二节"营利性法人"第 73 条第二款笼统规定，"营利性法人包括有限责任公司、股份有限公司和其他企业法人等"，此种规定不仅未明确规定农村股份合作社的营利性法人地位，还因农村股份合作社

---

❶ 陈天宝. 农村社区股份合作制改革及规范［M］. 北京：中国农业出版社，2009：167.

❷ 欧阳仁根，陈岷. 合作社主体法律制度研究［M］. 北京：人民出版社，2008：88.

不同于其他股份制企业的特点，且《民法总则（草案）》第 91 条第二款中同时有非法人组织的规定："非法人组织包括个人独资企业、合伙企业、营利性法人或非营利性法人依法设立的分支机构等。"此处的"等"可做扩张式解释，农村股份合作社本身就在一定程度上存在登记困难的情况，更易让公众产生其属于非法人组织的误解。相比《农民专业合作社法》第 4 条"农民专业合作社依照本法登记，取得法人资格"的规定，《民法总则》的这种笼统规定，与农村股份合作社蓬勃发展的实际和其应有的法律地位明显不符，对前述系列中央文件所阐明的政策也可谓视若无睹。基于农村股份合作社在深化农村体制改革中的作用和地位，立法理应赋予其合法的市场主体地位。

因此，建议在《中华人民共和国民法总则（草案）》以下简称《民法总则（草案）》征求意见结束后，在"营利性法人"中将第 73 条增加第三款规定："农村股份合作社依法进行登记后，取得营利性法人资格。法律对其另有规定的，依照其规定。"如此，既明确了农村股份合作社的营利性法人地位，又为农村股份合作社法的分业立法奠定了立法基础。相应地，应在"非营利性法人"一节中增加农民专业合作社的相关规定，即将第 81 条第二款修改为"非营利性法人不得向其成员或者设立人分配利润；法律对农村合作经济组织另有规定的，依照其规定"，以进一步明确农民专业合作社作为一种新型非营利性法人的地位。

五、补记

2017 年 3 月，全国人大通过《民法总则》，令人欣喜的是，《民法总则》第 96 条将农村经济经济组织和城镇农村合作经济组织定义为"特别法人"，并在第 99 条中规定，"农村集体经济组织依法取得法人地位"，第 100 条规定，"城镇农村的合作经济组织依法取得法人地位"，但该两类组织的具体规定依照法律、法规另行规定。据此，农村股份合作社的法人地位被立法所确认。

然而，如前所述，农村股份合作社与农民专业合作社存在一定区别，将其均归入特别法人是否意味着漠视了两种不同的新型农村经营主体的区别不得而知。笔者认为，基于两者的明显区别，农村股份合作社运作的具体规则仍需留待今后制定农村集体经济组织法时才能予以明确。

第四节　农村集体经济组织成员资格认定的法律完善

如前所述，立法缺失是造成我国"成员资格"认定困境的主要原因。第一，我国并没有设立专门的农村集体经济组织法，因此，当相关工作人员在处理"成员资格"认定问题时，常常无法可依。第二，现行民事立法过于分散，实践中难以有效处理"成员资格"认定纠纷。虽然我国《民法总则》《物权法》《村民委员会组织法》对集体经济组织的成员身份认定虽略有提及，但没有具体明确规定"成员资格"认定适格主体以及"成员资格"认定标准，导致基层审判工作陷入适用法律依据不充分、规范性文件效力低且不能引用的窘境。由于各地所依据的规则不一，"同案不同判"现象时有发生，这不仅影响了司法权威，还侵害了事实上具有"成员资格"成员的合法权益，激化农民矛盾且不利于社会和谐稳定。

只有从法律层面确定农村集体经济组织成员权，将合法有效的农村集体经济组织成员权益明示告知，让农村集体经济组织成员切实依法享有成员权，将成员与非成员明确化界，从实践方面进一步明确"成员资格"的认定机制与认定标准，从司法层面推进司法机关有效介入农村集体经济组织成员资格认定纠纷，才能在农村集体产权制度改革中实现赋予农民更多财产权利的新一轮农村改革目标，切实保障农村集体经济组织成员的合法权益，让政策落实，靴子落地，不留下政策漏洞。增收创收，让农民能直接享受改革开放所带来的红利。

一、确立农村集体经济组织成员权相关法律

《规划》明确提出要"研究制定农村集体经济组织法，充实农村集体产权产能"。目前，农村产权体制改革已经进入了关键时期，而确立农村集体经济组织成员权是大势所趋。

首先，在法律层面明确农村集体经济组织成员权。在农村集体经济组织法中对农村集体经济组织成员权的综合性进行肯定。具体来说，该权利指的是具有农村集体经济组织成员身份的人员在农村集体经济活动中所拥有的民主管理权以及获取经营收益权。民主管理权主要涉及成员的投票、出席、选

举、被选举、监督、撤销及知情权；经营收益权则涉及农村土地承包经营权、宅基地使用权及农村集体资产收益分配权。

其次，借鉴《公司法》的立法体例和相关构架。农村集体经济组织是新型农业经营主体，参与市场经营，其成员权利和治理结构均与公司有相通之处，故《公司法》的立法体例值得制定农村集体经济组织法时予以借鉴，在立法体例上以总分模式为宜。总则为立法目的、概念介绍、性质、章程、农村集体经济组织成员资格认定标准和认定主体等；分则具体应包括农村集体经济组织和成员、权利与义务、资产监督管理、成员变更、法律责任等部分。

最后，完善农村集体经济组织成员的救济权利。需要注意是，农村集体经济组织成员权应该包含成员救济权利。在制定农村集体经济组织法时，应重点明确成员的救济权利，以"侵权之诉"和"撤销之诉"两种诉讼途径为主，分别为村集体成员实体法和程序法上的救济保障。"侵权之诉"，基于民法上的请求权基础，农村集体成员拥有农村集体收益分配权利，典型的有农村集体资产收益款项分配不均引发的纠纷，如土地租金收益、国家土地补贴收益。侵权对象主要是农村集体经济组织的成员权，《侵权责任法》保护的法益是民事权益。农村集体经济组织成员权虽在目前法律中未明确规定，但是从"农村集体所有权"属于民事权益，细化到个人，即"农村集体成员权益"也应为民事权益，受《侵权责任法》所规制。不仅如此，也应限制"侵权之诉"适用情形和主体，限农村集体经济组织或农村集体经济组织成员权益侵害情形下适用，且只有存在有民事侵权行为可以适用。所涵括的保护民事权益，仅限于农村集体经济组织和农村集体经济组织成员因成员权所享有的民事权益。"撤销之诉"，是《物权法》第 63 条第二款对村集体成员程序救济的保障，对农村集体经济组织做出决议侵害自身权益的，请求人民法院撤销，典型的就是农村土地征收补偿款分配纠纷。

关于农村集体经济组织成员行使撤销权的前提条件有两点：所在村集体经济组织做出决议违法；村集体经济组织的决议侵害了村集体或村集体经济成员合法权益。只有在这两种限制情形下，农村集体经济组织成员才可以对村集体提起"撤销之诉"，撤销村集体违法决议事项。总之，农村集体经济组织成员权的救济权利表现为成员或集体的重大利益受到侵害时，成员有权提起"侵权之诉"和"撤销权之诉"。此外，有部分学者提出要增加代表诉讼，即参考《公司法》的股东代表诉讼制度，当集体利益受到重大侵害而集体领导机构怠于行使权利维护集体利益时，可由成员提起代表诉讼以维护成员的集体利益，笔者表示赞同。

二、完善农村集体经济组织成员认定机制

（一）明确认定主体

应确定农村集体经济组织成员的初步认定主体为村委会或村集体。对村集体决定不予认可的村民，也可通过行政机关做出的行政决定或由司法机关机重新认定其具有村集体成员资格身份。当然，司法或行政认定仅为是一种救济措施，不能将其理解为行政机关、法院是农村集体经济组织成员资格认定的当然有权主体。

（二）完善认定程序

成员资格认定程序的设立应做到科学化，有利于申请人实现自身的合法权益，有利于减少集体成员资格认定纠纷的发生。一套完整的成员资格认定流程应包括六个环节，具体为"成员资格申请""审查公示""异议阶段""决议阶段""最终表决""政府备案"。同时，还有救济阶段，对最终决议结果不服提起诉讼阶段。为健全农村集体经济组织成员资格认定流程合法，认定程序顺利运行，应加强村集体决议公开、政府审慎监管流程、事后备案审查三个要点。在村集体经济组织对成员资格认定问题上与集体成员存在较大矛盾，在难以有效认定的情况下，应发挥地方党政机关积极作用，协调妥善解决。同时，要发挥村民的自我监督的作用，并将法院司法救济作为最后底线，通过对认定程序是否公开、公正的监管，来确保认定结果的公平，减少农村集体成员权益纠纷的发生。

（三）充分发挥非诉讼纠纷解决机制的功效

（1）建立成员权益纠纷案件仲裁调解机制。农村集体经济组织成员资格认定纠纷往往和集体收益分配密切相关，属于经济纠纷范畴，因此，可以借鉴民商事仲裁的理念，提高司法效率，节约司法资源，健全仲裁制度，有效

解决农村成员权益纠纷案件。

农村本是熟人社会，重视人际关系，矛盾宜解不宜结，依靠仲裁制度，可以防止矛盾进一步激化，软化处理集体成员与集体经济组织之间的矛盾。可以借鉴 2010 年出台的农村土地承包仲裁制度和土地纠纷相关调解经验。目前，人民调解制度在我国取得了重大成功，可以进一步完善当前的农村调解制度，将农村集体成员收益分配纠纷也纳入仲裁、调解范围；仲裁则具有高效和私密的优点，农村集体经济组织成员权益纠纷的主体一般在当地政府机关、村民委员会或村集体经济组织、村民（当事者）三方，构建中立、科学的农村集体成员权益纠纷仲裁制度，需要对仲裁程序、仲裁员审慎研究，不应等同于劳动仲裁的"一裁终局"制度设置。应妥善将仲裁和诉讼救济途径相衔接，保障农村集体经济组织成员合法的诉讼权利。

（2）建立政府多部门的联合处理机制。"三农"工作是国之重心，而农村发展稳定事关国运兴衰。农村集体经济组织成员权益的保障工作，不仅需要司法机关予以法律保障，同时还需要行政机关以及集体组织所在的一线政府单位（包括农业农村部门）予以积极指导。单兵作战，往往效果不理想，也不现实。积极协调司法部门、农业部门、审判机关、当地政府共建联合工作组，以常设专门队伍和场所，增加农村集体经济组织成员权益纠纷救济路径。充分发挥联合调处、调解、仲裁、诉讼等多元化的救济途径，有效满足农村集体经济组织成员权益纠纷案件解决的现实需要。

三、规范农村集体经济组织成员认定标准

（一）农村集体经济组织成员认定应坚持的基本原则

认定农村集体经济组织成员资格时，应该坚持四个基本原则：①自治原则。立法的制定及完善应考虑村民集体自治因素，充分尊重村集体的意志及村规民约，形成民主决议机制。②保障原则。要充分考虑该集体成员最基本的生存需要。③唯一原则。从公平的角度出发，每个人只能够享有唯一确定的集体经济组织成员资格，如果该人在其他集体经济组织也享有成员资格，则原集体经济组织成员资格应该自动终止。④尊重原则。因各地经济、历史以及风俗文化存在较大差异，各集体经济组织组织发展状况不尽相同，立法

时应避免一刀切，而是尊重历史和现实因素，赋予各地在执行过程中一定的自由裁量权。

（二）关于农村集体经济组织成员认定标准的建议

（1）放弃"唯户籍论"。许多地方以户籍作为认定成员资格的唯一标准，其主要原因在于混淆了"农村集体经济组织成员"与"村民"的概念。本书已对二者概念进行了区分，可知二者并不是同一个概念，在此不再赘述。户籍制度是为方便国家管理而产生的一种行政制度，是认定村民的依据，但不是认定农村集体经济组织成员的唯一依据。农村集体经济组织成员主要是基于成员向集体投入财产而获得相应的权利，与户籍关联并不唯一。用"户籍"一刀切的做法认定集体经济组织成员资格，难以确保真正的公平。特别是在城乡一体化发展、人口流动加速的背景下，用单一的户籍标准会阻碍农村集体产权改革。但实践中，由于户籍简单、确定的特点，许多地方依旧采用"唯户籍论"的认定标准，因此，在修订有关法律时应予以纠正。

（2）充分考虑与"三权分置"相衔接。随着科技水平的发展，农村城镇化与机械化水平的加速，农村大量剩余劳动力的产生迫使部分农民进城务工。然而，这部分农民不仅脱离了原农村集体经济组织，而且也不能确保其在城市的生活保障。如果仅以生产、生活标准认定农民的集体经济组织成员资格，那这些进城务工者一方面，丧失了农村集体经济组织提供的保障；另一方面，进城务工农民所从事行业大多处于底层，在城市的社会保障水平并不是很高。所以，为进城农民工留足后路，保留其土地承包权利，将土地经营权进行流转，可以部分保证其具有比较稳定的土地经营收入。而区分农村集体成员资格，也意味着农民的土地承包经营权也进行了权利主体的认定和更迭。为达到保障农民收入和农村土地流转秩序的稳定，要坚持成员认定时效的长期性，不应频繁变更认定标准，影响农村土地市场秩序。

（3）结合村民决议标准。农村基层自治是国策，也是法律规定。长期以来，我国历史也有着王权止于县政的政治特色。需要强调的是，关于农村集体经济组织成员资格认定标准的拟定，应综合考虑集体成员的意见，并由集体经济组织成员全体通过。但如前所述，不应将村民和集体经济组织成员完全等同，虽然两者有时是一致的。所以，由村民大会来做出本应由集体经济组织成员大会来做出的决议分配方案、成员认定标准，不仅可能造成程序的不正当，其结果更未必正义。

（4）考虑区域差异化因素。在实际生活中，各省（区、市）区域内可以采用差异化的认定标准。目前，国家尚未就成员资格确认问题出台统一的法律或行政法规，最高法院也明确表态其法律解释权归属全国人大。因此，在审判实践中，法院除采纳地方行政法规作为裁量依据外，还应考虑到各地集体经济组织的发展水平不一，应本着以保护成员利益为出发点的初衷。

各地经济发展情况不一，从沿海往内陆纵深发展是我国改革开放的格局所呈现出的特点。沿海发达地区的改革节奏远远快于发展水平较为落后的内陆地区，后者也难以跟上，所以立法设计需根据地区间的差异性分别规划。城镇化程度越高的地区，集体建设用地的经济价值越得到充分转化，其土地出让金和附着建筑的商业租赁金使得农村集体经济组织拥有数额较大的待分配利益，而且这些地区已经普遍完成了农村集体资产股份权能改革。因此，实现集体成员的股份权益及各项具体权能是其关键所在。应考虑区域差异特征，在全国统一的村集体成员资格认定框架下，各省（区、市）结合自身发展情况，在框架下设立区域的农村集体经济组织成员资格认定标准制度。

四、司法有效介入农村集体经济组织成员资格纠纷

（一）将成员资格纠纷明确纳入司法受理范围

在农村集体经济组织成员权益纠纷案例中，大多表现为财产分配方面的纠纷，此类纠纷案是否属于人民法院的受理范围呢？答案应是明确的，村集体和成员之间应属于平等民事关系，双方就农村集体收益分配产生纠纷属于民事纠纷，法院可以受理，并行使自由裁量权。

对于主张农村集体收益分配属于村民自治范围事项的观点，须坚持村民自决应遵守合法流程且决议结果合法，才能执行村民大会或代表大会通过的集体收益分配方案。否则，决议侵害集体经济组织成员合法权益的，人民法院可以受理该集体成员所提出的诉讼案件。农村集体成员权益纠纷解决途径不仅仅限于司法救济，在此表达观点"人民法院将农村集体经济组织成员权益纠纷纳入案件受理范围"，是符合当下《民法总则》《物权法》等相关规定

的。村集体分配方案侵害村集体成员权益纠纷案件，可以纳入财产权侵权责任纠纷案件的受理范围。建议在《民事案件案由规定》中明确增加农村集体经济组织集体收益分配权纠纷新案由，以便法院准确受理，规范操作。

（二） 明确成员资格纠纷的司法审查界限

法院受理集体成员权益纠纷案件，其成员资格认定问题是面临的首要问题。依据《村民委员会组织法》相关规定，村集体成员资格认定具体操作由村集体自主实施，政府可以出台文件指导。但并不等于仅限于村集体认定村集体组织成员，对不予认定为村集体成员的，可以寻求多种途径的救济方式，其中包括请求法院确认其具有村集体成员身份，根据分配方案参与分配。

需要明确的是如何实现法院司法权与村民自治权间的平衡。考虑到法院司法介入干预是一种补正的救济手段，故法院不应无视村集体认定办法，跳过村集体而径行做出裁判，直接认定村民具有村集体成员身份。设立基层群众自治制度的本意❶就是为实现村民自我管理、自我教育、自我服务的三个自我，法院应在法律框架内保护村集体成员合法权益，同时，应该充分尊重村民自治权利。

第五节　农村股份合作社成员财产权的权能拓展

农村土地股份合作社的实践至今已历三十余载，通过折股量化到人，集体成员的财产权利保障，不仅具备了明确的数量概念，其股权权能中的占有、使用和收益权能得到相当程度的保障，但其财产权权能仍远未完整，尤其是其中的处分权能及其实现的各种形式不仅在立法层面亟待完善，实践效果也存在较大风险和不确定性。结合农村集体产权改革分权、赋权、活权和保权的总体任务，本书以为可以从以下几方面着手，进一步拓展农村土地股份合作社成员财产权的权能，实现赋予农民更多财产权利的深化农村改革的总体目标。

---

❶ 参见《中华人民共和国村民委员会组织法》第 2 条。

一、稳妥推进股权处分权能的改革

如前所述，党的十八届三中全会《决定》中新增加的有偿退出、抵押、担保和继承均属于处分权范畴，赋予这四项权能，使得农村股份合作社成员财产权中的处分权能更加完整，也使得成员的股权份额有了更大的可变现性和可转让性。但此四项权能的实现较之占有、使用和收益权能所涉及的问题更为复杂，应当稳妥、慎重地加以推进❶。

从各地的实践看，对集体资产股权的有偿退出、抵押、担保和继承等权能，无论是经济较为发达地区还是经济基础较为薄弱的中西部村社，成员均抱着不敢、不愿转让或处分的态度❷。究其原因，一是因为集体资产股权的抵押、担保等处分行为可能会引起原权利人成员资格的丧失，而资本转换型股份合作社一般处在经济较为发达地区，集体资产比重较大，且所经营的产业风险较低，盈利稳定，成员一般情况下，不愿转让或处分自己的股权。二是抵押权人或受让人有可能是外来人员，一旦权利发生转移会导致股份合作社成员由"同质性"向"异质性"渐变，故实践中，股份经济合作组织一般不会同意成员以对集体资产的股权对外设定抵押或担保，而是采取内部转让或由合作社回购的方式允许股权的内部流转。但从发展方向上看，农村股份合作社股权向外部人员开放有利于提高股权交易的效率，也有利于成员财产权利益的实现。但必须估计到股份合作社兼具"资合"与"人合"的特殊治理结构，有效防控外部资本对合作社股权的控制，以免倾覆股份合作经济的"合作"秉性。因此，对外开放股权的步伐应稳步渐进；此外，股权的继承也可能涉及上述顾虑，因继承人亦有可能不具备合作社成员的基本资格。拓展股权处分权能的过程中，还要注意对"内部人控制"现象的防范，即便是股权的内部流转，也有可能造成部分成员通过有偿受让他人退出的股权而"一股独大"。因而，对内部成员的持股比例亦应有上限的限制。

---

❶ 叶兴庆. 农村集体产权权利分割问题研究［M］. 北京：中国金融出版社，2016：69.
❷ 方志权. 农村集体产权制度改革：实践探索与法律研究［M］. 上海：上海人民出版社，2015：55.

二、应遵循"分类推进、因地制宜"的原则拓展成员财产权的权能

我国农村股份合作社的实践中，各地的实践形态各异，股份制改造的程度也有较大差别，即便在同一区域，城郊和偏远农区股份合作的实践进程亦有所不同。因此，拓展农村股份合作社成员财产权利各项权能不能仅依照一种模式，而应综合考虑多种因素，遵循"分类推进、因地制宜"的原则。如在集体资产成分较少、集体经济经营能力不足的广大中西部地区的内部互助型土地合作社，当前的主要任务是做好农村土地承包经营权等土地资源的确权工作，守住农村基本经营制度底线，创新和完善合作社的治理经营机制，壮大集体经济的规模，促进农村集体经济的保值增值，增加成员的财产收入；资本嵌入型股份合作社主要存在于即将实行城镇化的区域，要根据城镇化的进程，不断完善公共服务的水平，有序推进"政社分离"和"政经分离"，逐步向资本转换型股份合作社靠拢；资本转换型股份合作社则一般处在城市化水平较高的经济发达地区，可以不断探索资源、股权的充分流动，按照党的十八届三中全会《决定》的部署，落实农村集体经营性建设用地与国有建设用地"同权同价"与"同等入市"的政策精神，建立宅基地有偿使用制度和自愿有偿退出机制，积极探索农民住房财产权抵押、担保、转让的有效途径，积极向现代公司治理模式转型，实现集体成员财产权的完整权能。

三、立法先行，加快农村集体资产改革和赋权于民的相关立法进程

党的十八届三中全会《决定》对集体资产改革和赋予农民更多财产权利提出了多项改革任务，既是一种政策引导，更是对立法先行发布的集结令。在全面推进依法治国的大背景下，任何重大的改革均必须做到有法可依，于法有据。

笔者认为应重点做好两方面的工作：一是赋予土地承包经营权完整的物权权能。现行法对土地承包经营权的抵押、担保和转让均采取禁止或严格限制立场，农村土地股份合作社成员财产权利的基础在于土地承包经营权，只有打破立法上的这些禁区，才能真正实现"三权分置"的理想设置，不断丰

富农民财产权利。二是建立健全集体资产入市的相关立法。农村集体资产类型多样，总体上可以分为土地等资源性资产、经营性资产和公益性资产三类，各地农村经济发展又极不平衡。因此，可以按照"三分开"的思路，根据各地农村经济发展的不同情况和土地股份合作社的不同类型，针对三类不同资产实行差别化立法路线，先行对相关立法进行粗放式的修改，再结合《立法法》修改后地方立法权扩大的实际，由各地先行制定地方立法，探索农村集体资产产权改革的不同模式，待形成较为集中的认识和实践效果后再制定国家层面的专门立法。

第六节　完善农村股份合作社剩余控制权和剩余索取权配置的对策

一、进一步明确农村股份合作社的集体产权

如前所述，逐步取消集体股，是农村股份合作社今后改革的一个重要内容。只有通过废除集体股，农村股份合作社的独立经济实体地位才能真正意义上实现。把村集体所掌握的经营性资产通过股份制来改造，其实质就是保证在集体所有制的大前提下，将经营性资产（含集体预留的土地征收补偿款）等自然资产量化到集体成员个人，所有权的主体依旧不变，仍然是合作社，但权益的受益人则变成股东个人。新一轮农村集体产权改革的重要举措就是变农村集体资产的"共同共有"为"按份共有"，这种转变并没有改变农村集体资产的集体公有性质。

从实践上来看，农村股份合作社建立的目的之一是明晰集体的产权，改革开始之初，步伐相对保守，保留集体股的决定适应当时的状况，而在股份合作社发展较为成熟的时期，集体股的存在必然会干扰其发展壮大，所以取消集体股乃大势所趋。当然，在具体实施过程中要做到"因地制宜、因势利导"，可以参考一些先进地区的社区股份合作社制度，把集体股的比例逐步下调，以此来阻隔股份合作经济组织对行政组织的依赖程度。总的来说，只有逐步取消集体股，才能解决集体经济组织存在的诸如产权不清、政企不分及行政干预、资产流失等问题。至于集体股所承担的一些社会公益性功能，

完全可以通过适当提高提取公积金或公益金比例等方式达到相同的效果。

二、规范内外部股东权利，合理配置剩余控制权

在设置了募集股允许外部人员融资加入的社区股份合作社，外部人员可能因投资入股而成为合作社股东，因而，会出现内、外部成员的区别，甚至有可能出现外资股比例过大，导致资本股东压榨原始股东的情况产生。为了避免这种与股份合作制宗旨相违背的情形发生，可以借鉴西方现代合作社的做法，合理限制外部股东持股的比例，明确地区分内、外部成员持股的权利具体内容，从制度上保证农村集体成员的主体地位。

具体来说，在配股比列上，外部股东的持股的比例应以不能控制合作社为限度。在股权权利上，内部股东持股为完整股，除掌握按股分红的剩余索取权外，更重要的是拥有具有人身属性的权利，如拥有选举权、被选举权等权；外部股东为优先股，只可以享受股息率固定、优先分红、索偿等权利；在管理上，随着实践的不断发展，可以给予外部股东少许的决策表决权，以此来鼓励外来投资的加入；在表决机制上，尽可能符合资本的责权相对称的要求，以此来实现股权平等与人格平等的愿景。可以采取"人头"与"资本"并行的双轨决策模式，在管理决策上充分体现"人资合一"。

具体操作可采取以下方式："一股一票"在股东代表大会上适用，董事会上则适用"一人一票"制。股东代表大会实行"一股一票"的表决方式，民主选举选出董事代表，以此来代表自己行使不便实施的民主管理权利。为了提高决策效率，真正尽可能地发挥专业人才的能量，调动投资者的积极性，在董事会会议上实行"一人一票"制。这样不仅可以在合作社重大事项的决策上保证一般股东的利益，也可以限制部分拥有大量股权的股东操纵合作社。上述的这种决策法在一定程度上可以解决过去传统的合作制的"一人一票"与"一股一票"之间存在的难以调和的矛盾，在相对平等的持股的情况下，还会促使缩短决策周期，从而提高决策，直接降低决策成本，在实践中也具可操作性。

在没有设置外来募集股的社区股份合作社，要坚持"政社分开"。股份经济合作社兼具合作制与股份制的双重特征，应当体现现代企业的经营管理理念和方式。股份合作社的管理人员应以股东的利益为追求，尽职做好合作

社的经营管理工作。村委会或居委会对合作社的工作有监督权，以防止集体财产被侵害。"两委"与股份合作社不是管理与被管理的关系，而是指导与被指导的关系。在资产管理体制上，股份合作社作为独立的法人，应具有独立核算、独立经营的权利，合作社自身的内部管理与"两委"的管理在理念、职责、权限上截然不同，自然应做到分开管理。只有这样才能尽可能地防止"内部人现象"的产生，合作社社员在享有剩余控制权的时也必须同时享有剩余索取权，只有将二者对称分布，才能防止权力被滥用，保护小股东的合法权益。

三、适当配置股权，设计合理的报酬激励机制

股权配置对股东各自的利益影响甚大，所以在股份合作社的运转流程中它显得十分重要，必须由多数股东决定。除设置常见的人口股、农龄股和土地股外，还可以适度引入技术股（知识产权股或信息股）、管理股或激励股，不断充实农村股份合作社的股权内容。股份合作社理应积极向现代企业制度发展，引入竞争机制，吸引优秀的管理经营人员。如前所述，股份合作社的股权封闭，将不利于培养出精英式的管理人员，容易滋生合作社的剩余控制权和剩余索取权被大股东掌握等现象，引发各种损害合作社成员集体利益的风险。为此，可以从以下两方面入手合理配置股权，完善相关制度。

一方面，必须设计有吸引力且行之有效的薪酬机制和股权激励机制，提高经营管理人员的工作积极性。农村股份合作社应建立有效的薪酬结构，不只是单一的工资奖励，而是在多样化的薪酬结构和考核机制的基础上辅之以灵活的股权激励，赋予经营管理人员部分剩余控制权和剩余索取权，实现经营管理人员与股东利益的趋同。

另一方面，应当适度敞开合作社股权交易的大门，批准部分股权进行让与、抵押或交易。社区型股份合作社与土地性股份合作社不同的是，其集体所有的土地多已经在城镇化过程中为国家所征收，不存在集体所有的土地在承包经营权抵押、转让等问题上需要面对的法律障碍。因此，在合作制经济中引入股份制的模式，本身就有解决合作社经营资金不足的目的，参照美国新一代股份合作社的做法，建立专门的股份合作社股权转让机制，不仅能有效地募集资金，有利于股份合作社的扩大经营，通过这种途径，股东所有的

股权将由"虚权"转变为"实权"❶，对农民实现更多的财产权益也有良好的促进作用。这也与党的十八届三中全会《决定》明确指出的"赋予农民对集体资产股份占有、收益、有偿退出及抵押、担保、继承权"的精神相吻合。

四、健全分层监督机制，完善股东权利的法律救济

严格且完备的监督机制，能够保障股份合作社的剩余控制权和剩余索取权不会被肆意滥用。由于董事会成员大多是大股东的代表，董事会又是股份合作社的执行机关，合作社做出的决定大多是由董事会成员提出并具体执行的，因此，董事会成员及经理相互之间的监督效力十分有限。监事会虽然是专门的监督机构，但实践中农村股份合作社的监事会作用发挥并不理想，其工作往往受制于董事会或容易被董事会所撇开。因此，有必要建立起健全的"分层监督"机制，有效防范因剩余控制权和事业索取权配置不当而滋生的"内部人控制"和权利滥用现象。所谓"分层监督机制"是指除作充分发挥监事会的专门监督作用之外，还应重视股东大会和股东对董事会及经理的监督，董事会成员及经理之间的相互监督，以及对决议或方案做出过程及执行过程的全程监督，重点在于充分发挥股东大会及股东的监督作用。例如，参照《农民专业合作社法》的相关规定，只要股份合作社的经营管理者给股东利益带来损害或存在重大损害的风险，百分之三十以上的成员提议时，就应该召开临时股东大会来罢免未尽勤勉义务的管理者，重新推选出股东所信赖的新的经营管理人员。

此外，还要健全社区型股份合作社成员财产权利的救济机制，这也是保障剩余控制权及剩余索取权制度的重要内容与法律底线。从司法角度而言，可以从两方面入手：第一，借鉴公司法的相关诉讼制度，当股东的合法权益受到合作社管理人员的不法侵害而合作社怠于行使诉权时赋予其直接起诉的权利，所获赔偿归合作社，以维护股份合作社的合法集体权益。第二，适当简化救济程序的设置，提高司法和行政救济的效率。涉及农村股份合作社剩余控制权和剩余索取权的法律救济程序，通常是在紧急和迫切的情形下才提

---

❶ 黄祖辉，傅夏仙. 浙江农村股份合作社. 制度创新与实践［M］. 杭州：浙江人民出版社，2002：185.

起的，如解决不及时，容易引起家庭冲突，甚至宗族争斗，对维护社会稳定将产生较大的负面影响。过于琐碎烦冗的程序规定与较长的时限设置，不利于纠纷的实际解决和效率的提高，不仅影响合作社成员财产权利的保障，还将延缓或阻碍社区型股份合作社的稳定发展。

第七节　完善农村股份合作社成员退出机制的立法建议

"有偿退出权"则是农民对集体资产股份所享有的六项财产权能的重要内容，也是农村集体产权制度改革的难点之一。2018 年 12 月，通过的《农村土地承包法修正案（草案）》，较为详细地落实了"三权分置"改革的要求，为巩固和完善农村基本经营制度，更好地解决"三农"问题做出许多重要的立法调整。但稍显遗憾的是修改后的《农村土地承包法》对"有偿退出权"的规定较为笼统。2019 年 8 月，《土地管理法》修改通过，在耕地保护、农村集体所有土地征收及其补偿、集体经营性建设用地入市等方面做出重大调整，对建立和完善农村股份合作社成员退出机制起到了积极补充。

2017 年，《农民专业合作社法》修订过程中，退出机制的完善是修法热点问题之一，最终通过的修订案虽然在第 25 条规定了成员可以向理事长或者理事会提出书面申请退出合作社，第 26 条规定了成员被除名的三款规定，并规定了相关程序，第 27 条、28 条规定了退出合作社的成员在资格终止后的合同履行义务、退资和盈余分配请求权及债务承担等核心问题。但令人遗憾的是，该法对成员主动退出的方式、条件、程序等均未进行明确规定，同时，因农村股份合作社与农民专业合作社在成员边界、运行机制、财产关系、分配机制等方面均存在一定区别，故农村股份合作社并未被包含在该法的适用范围之内。

但必须承认，股份合作社与农民专业合作社成员均以农民成员为主体，其法律地位均属于《民法总则》规定的特别法人，在财产构成、治理结构和运行机制上亦有诸多类似之处，这也给将来制定专门的农村集体经济组织法奠定了相应的立法基础，我们可以在《农民专业合作社法》初步勾勒出成员退出机制基础上加以完善，形成农村股份合作社成员退出机制的应然框架。

一、明确股份合作社成员退出的方式和具体情形

依是否基于股东自身意愿退出可将股份合作社成员退出分为主动退出和被动退出两大类。退社权作为一种行为权，应完全尊重合作社成员的个人意愿行使，因此，主动退出是成员退出合作社的最主要方式，但在成员违反合作社章程或严重损害合作社及其他成员利益等特定情况下，为维护合作社整体利益，也可能由合作社通过特定程序予以除名，此类情形就属于违背成员意愿的被动退出。具体而言，农村股份合作社股东退出的情形主要包括。

（1）因股权转让而退出。股东转让其持有的全部股份后失去股东资格而自然退出股份合作社。股权转让包括内部转让与外部转让，农村股份合作社股东内部之间可以进行股权流转毋庸置疑，且有利于维系合作社成员间的互信关系及合作社资本的稳定性，"一人一票"的投票机制决定了受让股东所持有股份的增加仅具有收益权增加的效力，其投票权并未相应增加，股权的内部转让不会增加受让股东对合作社经营决策的影响力。

对于股东股权的对外转让，理论上和实践中却一直存在争议，认为对外转让可能会因为农民基于短时期的利益获取而大量退出合作社，从而引发外部资金大量涌入合作社，导致农村股份合作社的社会福利性功能无法发挥。但是从长远角度考虑，股权转让仅限于合作社内部的封闭式退出机制不利于股权真实价值的体现，难以满足农村股份合作社经营规模扩大后对资金、技术、管理才能不断增长的需求。有学者提出可规定转让的仅为收益权，不转让成员权，以有效避免上述风险❶。本书以为不然，《农村土地承包法》对土地经营权的受让方资格并无明确限制，农户完全可以向本村集体组织之外的人流转承包地的土地经营权。因而，农民股东将原入股的土地经营权向合作社之外的人转让涉及的仅为受让方是否因此当然具备合作社成员资格的问题。而关于合作社成员资格，《农民专业合作社法》已经规定只要符合条件，经向理事会提出申请并经成员大会或者成员代表大会表决通过后，可以成为合作社成员。但农村股份合作社与农民专业合作社不同的是，其资产构成中还包含了原农村集体资产，其收益分配中也包含了农村集体经济组织成员的福

---

❶ 钟桂荔，夏英. 农村集体资产股份权能改革的关键问题［J］. 农村经营管理，2017（9）：25.

利，因此，外来成员受让原农民股东流转的土地经营权后，应明确规定其不能享有原集体资产折股量化后的股份请求权及集体收益分配权，其享有的股东成员权应相对受限。

（2）因合作社股份回购而退出。股份回购的情形多发生于股东与合作社决策发生重大分歧，股东认为合作社自身利益无法实现而要求退出合作社。需要注意的是，并非股东对合作社的各种决策存在异议便可请求回购退出合作社，应仅限于由股东大会讨论决定的重大经营策略，而由董事会决定的一般性经营策略则不在申请回购的范围内，以避免股东的恶意退出影响合作社经营秩序。

对于申请合作社回购股份的，由于没有新的成员加入以弥补退出成员所占股份需要的资金，同时考虑到多数地方不提倡合作社设立集体股的做法，可以先由合作社中有接受该部分股权意向的股东按照内部转让方式解决该部分股权的退出；若没有股东愿意接受该股权，则由所有股东按照持股比例分摊该退出股权，各股东按照分摊的股份份额缴纳认股资金以维持合作社资金的稳定。

（3）因股东交回承包地或土地承包经营权转让而退出。《农村土地承包法》修改后，承包方在承包期内可以自愿将承包地交回村集体经济组织或村民委员会并获得合理补偿；经发包方同意，可以将土地承包经营权全部或部分在集体经济组织成员间转让并取得相关收益。因此，农民股东如将入股股份合作社的土地承包经营权自愿交回村民委员会的，其股东资格自然丧失，其交回的承包地可以由村集体用于调整承包土地或留给新增人口承包。但村集体是否可以将部分承包地直接交由农村股份合作社经营在法律上却存在一定障碍，因《农村土地承包法》修改后，承包方的主体资格仍限定为"本集体经济组织的农户"，股份合作社严格来说是不具备承包资格的，其只能作为土地经营权的受让方利用农户入股的承包地开展农业生产经营活动。因此，村集体收回农户自愿交回的承包地后不能直接将其交由农村股份合作社承包经营，只能承包给本村集体内的其他农户，再由新的承包方将土地经营权采用入股形式流转给合作社经营。

（4）因被合作社除名而退出。《农民专业合作社法》明确了在成员不遵守农民专业合作社的章程、不遵守成员大会或者成员代表大会的决议或者严重危害其他成员及农民专业合作社利益的三种情况下，可以经成员大会或成员代表大会表决通过后对成员予以除名，除名的条件由合作社章程规定。除名对成员而言意味着股东身份被剥夺，关系甚为重大，上述规定虽基本符合合作社理论，但依《农民专业合作社法》规定，仅在做出修改章程或者合并、分立、解散及设立、加入联合社的决议时才适用三分之二多数通过制，就其余事项做出决定均适用过半数的简单多数通过规则，因而，不免会让人担心是否会出现大户或工商资本利用除名的规定将以土地经营权入社的成员赶出合作社的隐忧❶。无论是专业合作社还是股份合作社，其成员主体绝大部分为处于相对弱势地位的农民成员，为保护弱小成员的基本权益，建议进一步完善除名程序，在立法上或合作社章程中明确除名事项为绝对多数或全体一致表决通过事项。

（5）因合作社解散而退出。严格来说，因合作社解散而退出应称为成员权的消灭，合作社解散分为主动解散和被迫解散两类。主动解散是指合作社成员集体决定解散、合并、分立或加入合作社联社。《农民专业合作社法》规定经本社成员表决权总数的三分之二以上通过，成员大会做出决议，可以做出合并、分立、解散或设立、加入联合社的决议，对主动解散的程序及合作社债权人利益的保护也专章进行了较为全面的规定。相比之下，《农民专业合作社法》对合作社被迫解散的规定显得十分笼统，仅在解散事由中规定了"依法被吊销营业执照或者被撤销"一种事由和提供虚假登记材料或者采取其他欺诈手段取得登记、农民专业合作社连续两年未从事经营活动两种具体情形。针对农村股份合作社实践中资本控制取代民主控制和内部人控制、以"一股一票"取代"一人一票"决策机制、资本报酬不受限制等背离股份合作原则的现象五花八门，为维护股份合作社的宗旨和正常运行，建议在吊销营业执照的具体情形中增加"违背股份合作社原则设立和运行"，规定情节严重的撤销登记或吊销营业执照❷。

（6）因承包地被征收或收回而退出。农村承包土地有可能因公共利益需

---

❶ 朱宁宁. 聚焦农民专业合作社法修订三大审议焦点［EB/OL］.（2019－07－28）［2020－08－01］. http://jiuban. moa. gov. cn/sjzz/jgs/cfc/yw/201706/t20170626_5727220. htm.

❷ 张德峰. 合作社社员权论［M］. 北京：法律出版社，2016：188.

要而被征收，如该成员不采用或无力采取其他形式的财产履行出资义务，其股东资格将自动消灭或被合作社予以除名。《土地管理法》修改后，采用完全列举方式明确了"公共利益"的内涵，规定只有在因由政府组织实施的能源、交通、水利、通信、邮政等基础设施建设需要；由政府组织实施的扶贫搬迁、保障性安居工程建设需要等六种情形下才可以实施农地征收行为，对征收的程序、征收补偿的原则和标准及社会保障等均做出较为完善的规定，对赋予农民更多财产权利，保障失地农民长久生计做出周密的制度安排。

但是，农民股东作价入股的土地经营权是否可能被收回还难以实现逻辑自洽。按照《农村土地承包法》的规定，农户用于作价入股农村股份合作社的只能是其承包土地的土地经营权，而土地承包权仍予以保留。农民股东将土地经营权入股农村股份合作社后，合作社成为成员入股的承包地的经营权受让人，依《土地承包法》规定，土地经营权的受让人如擅自改变土地用途、连续两年抛荒、给土地造成严重损害或严重破坏土地生态环境及存在其他严重违约行为的，不仅要对相关损失予以赔偿，受到行政处罚甚至承担刑事责任，其土地经营权也将被终止或解除。依此，如土地经营权被依法终止或解除的，该土地的经营权自然回归承包权人，其在股份合作社的股权也可能因此而退出。因为修改后的《农村土地承包法》明确将不得收回承包地作为一项基本原则，在承包期内，发包方不得以任何理由收回承包地，其立法目的在于杜绝村委会随意收回农户承包地现象的发生，保持农村土地承包关系的稳定和长久不变，使得承包土地和土地承包经营权成为广大农民的切实保障❶。

但值得深思的是，此种规定固然有其政策合理性的考虑，但在逻辑上却存在一定疑问。土地经营权是在土地承包经营权流转中才产生的，土地承包经营权也可以不流转，那承包地的经营权人和承包权人均为承包的农户。如果农户在对土地进行自我经营的过程中发生上述违法行为，虽也有可能承担相应法律责任，但无论如何，该土地的承包经营权仍归该农户所有，村委会不得收回。同样的行为产生的法律后果却有着明显区别，确实难以实现逻辑自洽。

---

❶　何宝玉. 中华人民共和国农村土地承包法释义 [M]. 北京：中国民主法制出版社，2019：73.

二、适当限制成员退出的条件

"退社自由"自 1844 年英国罗虚代尔公平先锋社开始就被确立为合作社的基本原则之一，我国《农民专业合作社法》也将其作为农民专业合作社五项基本原则之一。尽管成员退出团体的自由符合社团法的基本法理，但"退社自由"不等于"自由退社"，基于特定目的、法律及团体章程也会对退出权的行使进行一定限制❶，因此，对"退出自由"中的"自由"应作狭义理解，股份合作社股东退出权的行使也不例外。

我国《农民专业合作社法》对成员主动退出设置的限制条件主要包括两点：一是不得影响合作社利益及其他社员互助合作。合作社成员主动退社的，除须按规定时间提前通知合作社外，还应当继续履行在其资格终止前与农民专业合作社已订立的合同。二是不得损害合作社以外的其他权利人利益。《农民专业合作社法》第 51 条规定，在合作社解散或申请破产时不能办理成员退社手续，即出于此目的。农村股份合作社具有人合性属性，上述退出权行使的条件限制自可适用。

但农村股份合作社同时兼具资合性属性，公司法上对有限责任公司股东退出的条件限制亦值得借鉴。我国《公司法》第 71 条规定，股东可以在公司内部股东之间和向公司以外的人转让股权，对外转让股权的须经公司股东过半数同意，且公司股东有优先受让权；第 74 条则规定，在公司连续五年盈利却不向股东分配利润等三种情况下，异议股东可以请求公司回购其股权而退出公司。上述规定的局限性较为明显，回购请求权的适用主体过于狭窄，在实践中容易引发"多数派暴政"，学界对此也早有异议。借鉴我国农村股份合作社体制上，设立股份回购制度对避免股权大户、外来资本利用退出机制漏洞侵占合作社剩余控制权和剩余索取权，侵害农民小股东利益具有积极的意义。但与有限责任公司更加注重资合性不同的是，农村股份合作社的合作制特征更为明显，合作社成员之间的相互信任是合作社存立的重要基石。股东对合作社经营决策产生强烈不满时，表明合作社成员间的信任基础发生动摇，一旦股东之间发生不可调和的矛盾，合作社内部的团结氛围便会受到

---

❶ 戴威. 农村集体经济组织成员权制度研究［M］. 北京：法律出版社，2016：223.

影响，从而影响合作社工作的继续开展，且乡村治理受宗族关系影响较大，少数派股东的权益难以得到保障，若是没有合理的解决机制，容易引发不必要的社会矛盾。

为此，在对待农村股份合作社股东退出问题上，建议修改现行《农民专业合作社法》关于被动退社——除名的规定，在股东不同意合作社成员大会或者成员代表大会的决议的情况下，用异议股东股份回购请求权取代除名制度。在合作社成员大会做出的重大决策可能对股东权益造成重大影响的情况下，允许异议股东行使股份回购请求权主动退出合作社。如此，不仅可以体现对"退社自由"原则的尊重，保障普通农民股东利益，对避免激发社会矛盾，维护乡村稳定治理也具有促进作用。

三、坚持依法、自愿、有偿退出原则

农村股份合作社股东的退出必须坚持依法、自愿和有偿原则。退出过程要依法进行并充分尊重农民的意愿，任何主体无权强迫农民退出农村集体经济组织，确保农民获得合理、公平的补偿❶。

第一，依法退出。"依法退出"意味着既要强调股东退出的合法性，又要注重退出条件和退出程序的合法设置，使农民股东退出股份合作社"有法可依、有章可循"。一方面，通过立法明确股份合作社股东的退股权。现行《农村土地承包法》赋予了集体经济组织成员以土地经营权入股的流转权利，也明确了农民对土地承包经营权所享有的自主退出权。同理，在农民将土地经营权入股农村股份合作社之后也应当享有退股的合法权利，有必要在将来制定农村集体经济组织法时予以明确。

另一方面，农民股东退出股份合作社应当依法进行。现行《农民专业合作社法》对合作社除名的被动退出制度在条件和程序上进行了规范，但对主动退出仅做出在一定期限内，提前书面通知理事会的笼统规定，而对是否要经过理事会同意未作任何规定。有学者认为，"退社权是一种行为权，退社不需要经过任何审批，否则，退社权就容易受到变相限制，应当废除退社审

---

❶　吴爽. 农民土地承包权有偿退出法律机制的建构［J］. 农村经济，2017（9）：25－29.

批制度"❶。本书以为此种理解有失偏颇，如前所述，"退社自由"并不意味着成员退社不受任何限制，《农民专业合作社法》本身也明确了"不得影响合作社利益及其他社员互助合作"及"不得损害合作社以外的其他权利人利益"两项限制条件，那么，股东向合作社理事会提交退社的书面申请后，理事会自然要对其退社申请是否符合退社要求做出判断，其结果无外乎两种，一是理事会认为成员的退出申请不符合要求，可以依法律或合作社章程规定不同意其退社申请。如个别成员的退出将导致合作社不符合设立合作社的成员人数限制，在合作社未发展到新成员加入的合理期间内，可暂时延缓个别成员的退社，又如成员在合作社清算期间的退社申请依法不得允许等。二是认为退股申请符合上述条件规定允许其退股，那么接下来合作社面临的是退社股东所退股份"退给谁"的问题，容后文再叙。故对合作社成员的退社申请，需要按照合作社章程，由理事会在合理的期间内提议召开并提交成员大会或成员代表大会讨论通过。

第二，自愿退出。所谓自愿退出是针对主动退出的各种方式而言的。合作社成员退股权的行使应当建立在成员意愿真实表达的基础之上，不能强迫成员退出或禁止成员退出。实践中需要把握的要点有以下四个方面。

一是成员退社的意愿必须有明确表达。农村土地股份合作社成员权是一种身份权映照下的财产权，农民基于其农村集体组织成员身份获得农村土地承包经营权及对农村集体资产的股权份额，再以土地经营权、资金、技术等生产要素及集体资产的股权份额入股，由此而享有对集体资产占有、使用、收益和处分等权能。因此，其股东资格的退出关系重大，在充分尊重农民股东成员意愿的基础上，应当采取书面形式表达，以免日后产生争议，引发更大矛盾。二是积极引导成员正确表达其退社意愿。不可否认的是，普通农户在经济利益上存在一定的短视性心态，并可能影响其在加入或退出农村股份合作社上的选择和判断。随着城镇化进程加快，地处城郊的社区型股份合作社土地收益增值迅速，成员对合作社分红的期望值也日益增长，加之对合作社管理的不信任、集体股比重过大等因素影响，导致部分农民股东要求退出合作社并进行"分家析产"意愿较为强烈；而在广大的中西部地区，纯农业

---

❶ 张德峰. 合作社社员权论 [M]. 北京：法律出版社，2016：171.

型土地股份合作社较为普遍，农村人口进城务工成为常态，将土地经营权入股合作社并获得较为稳定的农业生产收入是土地流转的主要形式之一，股东主动退社的意愿相对较弱。无论是哪种类型的股份合作社，既然属于市场主体，就有其生产、经营的规律和生命周期，无法确保永远处于正增长状态，因此，除采取改良合作社股权设置、完善合作社治理结构、提高合作社经营管理水平等措施外，还应对广大农民成员进行准确引导，帮助他们认识并尊重市场规律，引导他们克服"有利则合，不利则分""利增则图，利减则退"等认识和选择上的偏差，避免大规模"退社潮"蔓延。三是不得强迫成员退出。要谨慎运用除名机制，防止大股东或外来资本利用被动退出的规定强迫弱小成员退出合作社并形成大规模的土地兼并事实，侵害普通农民股东根本利益。因此，在合作社章程中应当明确除名条件，采用完全列举方式，列举"不遵守农民专业合作社的章程""严重危害其他成员及农民专业合作社利益"这两种除名理由的具体情形，将"不遵守成员大会或者成员代表大会的决议"这项除名理由由被动退出变主动，将其作为农民股东主动行使退股权的方式之一。四是取消对成员退社的不合理限制。对违背合作社本质，禁止合作社成员退股的不合理规定应当予以取消。例如，辽宁省大连市普兰店区战家村《战家村股份经济合作社章程》就有"股权不得继承、转让及赠予，不得退股提现"的规定❶，对不合理的退社条件应予修正，如部分股份合作社以是否户籍迁出本村作为是否丧失成员资格的条件之一，此类规定与《农村土地承包法》保护进城农户土地承包经营权，不得以退出土地承包经营权作为进城落户条件的规定明显冲突，应及时修正。

第三，有偿退出。有偿退出是股东退出机制的关键所在，要实现"有偿退出"，需要解决的是"退给谁"和"怎么偿"这两个核心问题。

首先，需要面对的是"退给谁"的问题。成员退出的股权份额既可以由集体经济组织出资赎回，也可以由其他成员购买。在存在"集体股"的情况下，可以由合作社进行股权回购，所得股份可并入"集体股"，由其他合作社成员共享集体股份所产生的收益；如合作社未设置集体股，那只能由其他

❶ 战家村股份经济合作社章程［EB/OL］.（2019－08－10）［2020－08－01］. http：//317507. cnlhzb. com/article/897777.

股东或外来成员受让要求退出的股份，合作社其他股东具有优先受让权，但如果是向集体经济组织成员以外的人转让全部股权，除按《农民专业合作社法》规定应当经成员大会或成员代表大会过半数同意外，为维护农村股份合作社的"人合性"特点，非本村集体成员总数和所持股份份额应符合合作社章程规定，不得影响农村股份合作社基本属性，避免外来资本对合作社的控制。如果其他股东半数以上不同意对外转让的，不同意的股东应当购买该转让的股权；两个以上股东同时主张行使优先购买权的，协商确定各自的购买比例，协商不成的，按照前一年会计年度终了时各自在合作社中的股权比例行使优先购买权。

其次，是合理解决"怎么偿"的难题。有偿退出的标准是股东退出机制中最为敏感和复杂的问题，其根源在于农村股份合作社成员兼具本村集体的成员和合作社股东的双重身份，其在合作社中所有的股权份额，既包括个人出资折股量化的土地经营权、资金、知识产权和劳务、技术等要素，也包括基于其村集体经济组织成员身份而获得的对村集体资产折股量化的股份份额和农龄股份额。退出股份合作社时，其个人出资的份额比较容易确定，一般以市场价格为准，市场价格难以确定的，可以由转让人和受让人协商或竞价确定。

但基于其村民集体身份而获得的集体资产股权份额，即便其退出股份合作社，村民身份也并未改变，基于其村民身份而可以享受的村集体福利也不能取消，故该部分股权的转让价格难以确定，实践中也标准各异，有的以市场价格为准，有的以合作社设立时确定的原始价格为标准。笔者认为，基于农民成员身份的双重属性，其股东身份的退出并不导致其村民身份的消灭，故单纯按市场价格为标准由合作社回购并不适宜，因此，该部分股权退出时，不宜参照市场标准；按原始价格为标准也不准确，未考虑到合作社资产增值或减值的实际情况及股东退出时对合作社财产的剩余索取权，故由合作社按近三年会计年度终了时的账面净资产平均值除以总股权份额为标准进行回购较为妥当；如果是股东相互之间的转让，则应当遵循合同规则，由当事人协商解决或竞价确定。在合作社股东半数以上不同意对外转让而由不同意的股东购买该部分股权的情况下，可以参照由合作社回购股权的标准；在因合作社解散而退出的情况下，应参照《农民专业合作社法》规定的程序和标准，确保农民成员退出时的基本权益不受侵害。

四、强化合作社成员退出的保障

农村股份合作社股东退出机制的保障是指在法律框架内建立一道防线，针对成员退出过程中可能发生的情况未雨绸缪，防患于未然，可以从以下三个方面入手。

一是构建退出补偿机制与风险保障机制。即退出前严格评定退出主体的资质，审核退出方意思表示真实性以及确保退出地用途的合法性；退出过程中依据可能出现的不同风险建立保障机制；退出后明确补偿对象和多渠道资金来源，构建科学合理的补偿标准。二是严格侵权人的法律责任。侵权人的范围包括但不限于退出股东、股权购买方、合作社其他股东以及合作社本身，借鉴《公司法》的法律责任规定，一旦构成侵权的应当承担相应的损害赔偿责任，构成犯罪的还应当承担相应的刑事责任。三是建立城乡统一的社会保障制度。农民退出股份合作社之后所获得的资金补偿有限，社会保障制度有利于确保农民退出后的进一步生活和发展。故本书建议，制定相关政策保障农民的就业、医疗及其子女的受教育权利，构建较为完善的扶持政策，从而减轻农民退出农村股份合作社的忧虑。

附　录

附件1 农村股份合作社章程及集体资产折股量化方案汇编

一、《厦门市湖里区××村股份经济合作社章程》

第一章 总 则

第一条 为确保"村改居"后原村级集体经济的正常运行，进一步深化农村经济体制改革，加快推进农村城市化进程，维护股份经济合作社及其成员的合法权益，依据国家有关法律、法规和市、区文件精神，制定本章程。

第二条 本股份经济合作社，是在坚持社会主义集体所有制的前提下，将原马垅村所有的集体资产量化到人后，新组建的社区性合作经济组织。股份经济合作社集体所有的财产、土地等属本社全体股东共同所有。

第三条 股份经济合作社，受街道党委、政府指导和监督，并在国家法律、法规、政策规定的范围内，按照本章程规定，实行自主经营、独立核算、自负盈亏、民主管理。努力把股份经济合作社办成产权明晰、职责明确、利益共享、风险共担、管理规范的集体经济组织。

第二章 资产折股

第四条 用以折股量化的资产应是集体经营性净资产。非经营性资产暂不列入折股量化范围。

第五条 用以折股量化的集体经营性净资产，分别采取以下办法进行折股

1. 生产性固定资产包括在建工程，按原值扣除折旧后其净值折入股份；

2. 长期投资通过清理后，按实折入股份；

3. 流动资产按其有效额减去实际负债后，其差额折入股份；

4. 其他资产主要是自征土地，按实际投资额折入股份。

第六条 财务数据。

第三章 股份量化

第七条 改制基准日期的界定根据根据厦湖府〔2004〕80号、〔2005〕58号的文件精神，本次改制的依照期以1981年1月1日（第一轮土地承包责任制落实的当年）起至2003年6月13日（湖里区政府批准撤销××村委会设立社区居委会的时间）止和2003年6月14日至方案通过日止两个阶段。以此为依照期界定××村集体经济组织成员资格。

第八条 参与分配对象及分配份额股份分配份额设置全额股为股。1981年1月1日到2003年6月13日户口在本村的原农业户口，包括在此期间服义务兵役及因上学户口迁出本村的（以下简称"原村民"），每人1股。

与以下条款相关的，按以下条款执行。

1. 1981年1月1日至方案通过日，××村原村民娶入的配偶及其子女，户口从未迁入的，每人0.5股，2003年6月13日至方案通过日期间本村的原村民娶入的配偶及子女，户口在册的，每人1股。

2. 1981年1月1日到2003年6月13日期间已出嫁的本村女子无论户口是否在册，包括"农转非"之前配偶户口未迁入本村的，每人0.5股。

3. 本村原村民纯女户，可有一女招婿入户，其女婿在1981年1月1日到2003年6月13日前户口迁入本村，其本人及其在这个时间内所生子女，每人1.5股。2003年6月13日至方案通过日前户口迁入的及出生的子女，每人0.5股。户未迁入的参照条款执行。

4. 出嫁外村或外地的本村女子，在农转非前因离婚或丧偶户口迁回本村且是农业户口的，及经法院判决后归其抚养的子女，每人0.5股，违反计划生育政策规定的除外。农转非前嫁入本村的女子所携带的是农业户口的非本村出生但户口随母迁入子女，每人0.5股。

5. 1981年1月1日至方案通过日前，本村原村民的独生子女户，每户奖励0.75股份份额，若该户夫妻双方因婚姻变故又再生育的，其奖励股份即时起取消。

6. 属于计划生育政策外生育及非法抱养的本村原村民子女，每人 0.5 股。其父母及子女在处罚期内父母年，子女年股权保留，但不享受分红，待处罚期满后恢复分红。

7. 按计划生育管理规定，一次不参加"查环查孕"的取消夫妻双方一季度分红份额，两次不参加"查环查孕"的取消当年夫妻双方分红。独生子女户如发生以上情况，除按上述处罚外，并取消奖励股份的当年分红。

8. 本方案表决通过之日后，按方案获得股份股权的股东，若有违反计划生育政策生育的，取消夫妻双方股份分红，如是独生子女户违反计划生育政策的，其奖励股份即时起取消。

9. 1981 年 1 月 1 日后原农业户口分到责任田的由于补员招工等原因迁出就业现又下岗且户口已经迁回本村的，每人 1 股。

10. 1981 年 1 月 1 日后失踪五年以上的人员保留股权，但不参与分红，待回来后再恢复股权、参与分红。

11. 1981 年 1 月 1 日后死亡人口采取一次性补偿的办法，具体数额另行规定。

第九条　不参与分配对象。

1. 1981 年 1 月 1 日后寄户或挂靠人员和农转非前的非农户口。

2. 有正式编制的行政机关、事业单位在职工作人员，以及区级以上含区级的行政机关、大集体企事业离退休人员。

3. 年月日前户口已迁出本村后又迁回的非农户口及其子女。

4. 农转非后嫁入本村的女子所携带的非在本村出生子女。

5. 本村的外嫁女子的子女。

6. 以上条款规定范围外的个别情况，由改制领导小组审议后做出处理决定。

第四章　股权管理

第十条　股份量化到人后，股份经济合作社应向股东出具统一印制的集体资产记名股权证书，作为持股和领取股份收益分配的凭证。股权证书不能抵押，不能作其他证书使用，遗失须及时报失，并申请补办手续。

第十一条　股权可以继承，股份的继承按《继承法》相关规定执行；允许股权在股份经济合作社股东之间内部转让，股权的转让必须经过董事会的审核批准，股权不得退股提现。股权继承或转让后，应及时申请办理变更登记手续，只有将继承人或受让人的姓名、住所和身份证号码等记载于股份经济合作社的股东名册上才能发生效力。

第十二条　股权的继承是从股东死亡时开始。股权的继承，为被继承人的配偶、子女、父母。

第十三条　股权的转让是在被转让人和转让人之间双方自愿并经董事会审核同意的基础上进行的，转让时双方必须签订规范的书面合同或书面协议并必须在公证部门办理公证手续。

第十四条　股权在每届股份经济合作社任职期间不随人口增减而变动，换届之后是否重新调整股权，由股东大会表决通过。

第五章　股东的权利与义务

第十五条　凡持有本股份经济合作社股权，并取得本股份经济合作社核发的股权证书，承认本章程，履行股东义务的，为股份经济合作社股东。

第十六条　股东享有以下权利。

1. 凡年满18周岁，持有××股份经济合作社股权证书的股东有选举权，持股在1.5股以上的股东有被选举权。

2. 有按股分配的权利，但对集体财产没有直接的处置权。

3. 有向本股份经济合作社提出改进经营管理方法和监督经营管理活动、财务收支的权利。

4. 股东有根据股份份额参与股份合作社项目投资的权利。

第十七条　股东应尽以下义务。

1. 自觉遵守国家的法律、法规和党的各项方针、政策，做到依法行事。

2. 必须遵守本股份经济合作社章程和各项制度，执行股东代表大会和董事会的各项决议。

3. 承担股份经济合作社的经营风险。

第十八条　股份量化中对独生子女户所奖励的股份只作为分红奖励的依据，该股份不承担风险，也无参与投资的权利。

第六章　财务管理

第十九条　股份经济合作社,按照财政部、农业部关于《村合作经济组织财务管理制度》及《村合作经济组织会计制度》规定,做好财务管理和会计核算工作。

第二十条　股份经济合作社以制定《财务管理制度》来规范本社资产经营和财务运行行为。

第二十一条　股份经济合作社应正确处理积累与消费、集体与个人的关系,严格控制非生产性开支。

第二十二条　股份经济合作社应实行民主管理。财务收支等经济活动必须按季上墙公布,接受群众监督。

第七章　收益分配

第二十三条　收益分配。

1. 股份经济合作社的当年收益分配,从当年合作社净收益扣除村民实际投资收益后的净收益中提取的公益金社会事务费,委托社区居委会代为管理社区公共事务。为保证社区居委会公共管理职能的顺利履行,当所提取的公益金低于万元时,按万计提。提取公益金后的净收益,再按照股东所持份额大小进行分配。每年分配一次,分配方案由董事会提出,报街道党委、政府审核同意后,由股东代表大会讨论通过后执行。

2. 股东收益分配必须遵守以下原则收益分配时要与股东的权利和义务结合起来必须坚持同股同利的原则,但刑释解教人员在服刑、劳教期间,不享受股利分配,其股利充入股份经济合作社盈余公积收益分配要兼顾原经济合作社福利水平,根据当年实际收益情况,按分配额的一定比例进行分配。

第八章　组织机构

第二十四条　股东代表大会。

1. 股东代表大会,是股份经济合作社的最高权力机构,一般每年召开一次,在特殊情况下,由三分之二以上的股东代表提议可以临时召开。股东代表由有选举权的股东选举产生,代表人数一般不少于有选举权人数总额的

5%，股东代表每届任期三年，可连选连任。

2. 为保证股份经济合作社和社区管理工作的延续性，第一届股东代表由现有享有全额股份的居民代表和原社区两委成员直接过渡，以后各届股东代表按规定由股东大会选举产生。

3. 股东代表大会由董事会召集，董事长主持，股东代表大会实行一人一票制，须有三分之二以上股东代表到会，会议决议经到会股东代表三分之二以上通过生效。

4. 股东代表大会的职权审议通过股份经济合作社的重大投资决策、经营方针、年度计划及执行情况选举和更换董事选举和更换由股东代表出任的监事审议批准董事会和监事会或监事的报告审议批准本股份经济合作社的收益分配方案和弥补亏损方案修改本股份经济合作社章程讨论和通过股份经济合作社的其他重大事项。

第二十五条 董事会。

1. 股份经济合作社的董事会由股东代表大会选举产生，是本股份经济合作社的常务决策机构和管理机构，股份经济合作社实行股东代表大会领导下的董事长负责制，董事长是股份经济合作社的法定代表人。董事会由人组成，下设董事长和1名副董事长。董事长和副董事长由董事会推选产生，任期三年，可连选连任。

2. 为保证股份经济合作社和社区管理工作的延续性，第一届董事会由现社区总支委员会成员直接过渡，董事长由原社区总支委员会书记兼任，以后各届董事会按规定由股东代表大会选举产生。

3. 董事会的职权，负责召开股东大会，并向股东大会报告工作决定本股份经济合作社的经济发展规划、投资方案、财务收支计划和分配计划等，制订本股份经济合作社的收益分配方案和弥补亏损方案，董事会定期召开会议，董事会议应有二分之一以上董事出席，做出决议时，应经全体董事的过半数通过。

4. 董事长的职权，负责召集股东代表大会和董事会会议，负责董事会决议的实施，负责处理本股份经济合作社的日常经营管理活动。

第二十六条 监事会。

1. 监事会是股份经济合作社的监督机构，对股东代表大会负责。监事不得兼任董事。监事由股东代表大会选举产生,监事会由 3 人组成,下设主席和监事。监事会主席由监事会推选产生,任期三年,可连选连任。

2. 为保证股份经济合作社和社区管理工作的延续性,第一届监事会由现有居民委员会成员直接过渡,监事长由现居民委员会主任兼任,以后各届监事会按规定由股东代表大会选举产生。

3. 监事会的职权,检查股份经济合作社的财务对董事执行股份经济合作社职务时违反法律、法规或本股份经济合作社章程的行为进行监督当董事的行为损害股份经济合作社利益时,要求董事予以纠正,监事可以列席董事会会议。

第九章　附　则

第二十七条　本章程于通过、开始施行。

第二十八条　本章程的解释权为本股份经济合作社董事会。本章程如有修改,须经股东代表大会讨论通过。

二、《××村集体资产个人股份量化方案》

一、改制基准日期的界定

根据厦湖府〔2004〕号、〔2005〕号的文件精神,本次改制的依照期以 1981 年 1 月 1 日(第一轮土地承包责任制落实的当年)起至 2003 年 6 月 13 日(湖里区政府批准撤销××村委会设立社区居委会的时间)止和 2003 年 6 月 14 日至方案通过日止两个阶段。以此为依照期界定××村集体经济组织成员资格。

二、参与分配对象及分配份额

股份分配份额设置全额股为 1 股。1981 年 1 月 1 日到 2003 年 6 月 13 日,户口在本村的原农业户口,包括在此期间服义务兵役及因上学户口迁出本村的(以下简称"原村民"),每人 1.5 股。

与以下条款相关的,按以下条款执行。

1. 1981 年 1 月 1 日至方案通过日,××村原村民娶入的配偶及其子女,户口从未迁入的，每人0.5股，2003年6月13日至方案通过日期间本村的原村民娶入的配偶及子女，户口在册的，每人1股。

2.1981年1月1日到2003年6月13日期间已出嫁的本村女子无论户口是否在册，包括"农转非"之前配偶户口未迁入本村的，每人0.5股。

3. 本村原村民纯女户，可有一女招婿入户，其女婿在1981年1月1日到2003年6月13日前户口迁入本村，其本人及其在这个时间内所生子女，每人1.5股。2003年6月13日至方案通过日前户口迁入的及出生的子女，每人0.5股。户未迁入的参照条款执行。

4. 出嫁外村或外地的本村女子，在农转非前因离婚或丧偶户口迁回本村且是农业户口的，及经法院判决后归其抚养的子女，每人0.5股，违反计划生育政策规定的除外。农转非前嫁入本村的女子所携带的是农业户口的非本村出生但户口随母迁入子女，每人0.5股。

5.1981年1月1日至方案通过日前，本村原村民的独生子女户，每户奖励0.75股份份额，若该户夫妻双方因婚姻变故又再生育的，其奖励股份即时起取消。

6. 属于计划生育政策外生育及非法抱养的本村原村民子女，每人0.5股。其父母及子女在处罚期内父母年，子女年股权保留，但不享受分红，待处罚期满后恢复分红。

7. 按计划生育管理规定，一次不参加"查环查孕"的取消夫妻双方一季度分红份额，两次不参加"查环查孕"的取消当年夫妻双方分红。独生子女户如发生以上情况，除按上述处罚外，并取消奖励股份的当年分红。

8. 本方案表决通过之日后，按方案获得股份股权的股东，若有违反计划生育政策生育的，取消夫妻双方股份分红，如是独生子女户违反计划生育政策的，其奖励股份即时起取消。

9.1981年1月1日后原农业户口分到责任田的由于补员招工等原因迁出就业现又下岗且户口已经迁回本村的，每人1股。

10.1981年1月1日后失踪五年以上的人员保留股权，但不参与分红，待回来后再恢复股权、参与分红。

11.1981年1月1日后死亡人口采取一次性补偿的办法，具体数额另行规定。

三、不参与分配对象

1.1981 年 1 月 1 日后寄户或挂靠人员和农转非前的非农户口。

2. 有正式编制的行政机关、事业单位在职工作人员，以及区级以上含区级的行政机关、大集体企事业离退休人员。

3. 年月日前户口已迁出本村后又迁回的非农户口及其子女。

4. 农转非后嫁入本村的女子所携带的非在本村出生子女。

5. 本村的外嫁女子的子女。

四、以上条款规定范围外的个别情况，由改制领导小组审议后做出处理决定。

三、《泉州市永春县××村股份经济合作社章程》

为适应社会主义市场经济的要求，发展生产力，依据有关法律、法规的规定，本着"资产变股权，农民当股东"、民主管理、民主监督的原则，经过社员代表大会讨论决定，特订立本章程。

第一章　名称和住所

第一条　名称：泉州市永春县蓬壶镇××村股份经济合作社。

第二条　住所：泉州市永春县蓬壶镇××村，邮政编码：362600。

第二章　经济性质

第三条　经济性质：股份合作制。

第三章　宗旨和经营范围

第四条　股份经济合作社设立的宗旨是：进一步解放和发展生产力，改革现行的农村集体经济产权制度，从根本上维护好、实现好、发展好股民的利益，全面建设小康社会，维护社会稳定。

第五条　经营范围：资产管理、投资和综合经营。

第四章 合作社股本及其他资产

第六条 以改革基准日计算，本社实有总资产 1123 万元，其中：固定资产：589 万元，净资产：112 万元，其他资产 422 万元。

第五章股份的设置名称、比例。

第七条 本社设置的股份总数：500 万股。

其中：集体股 150 万股，占 30%；个人股 300 万股，占 60%，其他股种 50 万股，占 10%。

第八条 股份经济合作社成立后，向每位股东发放股权证书。

第五章 股东的权利和义务

第九条 股东权利：

1. 有权推选股东代表并享有选举权和被选举权；

2. 有权通过股东代表对本社的事务提出意见及建议；

3. 依据所持有的股份获取本社收益及享受本社的各种福利待遇；

4. 认购本社新增股本；

5. 合作社终止后，依法享有本合作社剩余资产的个人应得部分；

6. 股东代表大会讨论通过的其他权利。

第十条 股东义务：

1. 依据规定与合作社签订有关协议，履行所承担的义务；

2. 依据所拥有的股份份额承担本合作社的债务；

3. 遵守本社章程和本社的其他规章制度；

4. 股东代表大会讨论通过的其他义务。

第六章 股东代表

第十一条 股东代表的条件：

1. 拥护中国共产党的领导，遵守国家法律，具有较强的政策文化水平和议事能力；

2. 年满 18 周岁的本集体经济组织股东，享有选举权和被选举权；

3. 关心集体，熟悉情况，公道、正派、责任心强，在群众中有较高的威信。

第十二条 股东代表的产生：股东代表由享有选举权和被选举权的股东联户推选产生。

第十三条 股东代表的权力：

1. 有选举权和被选举权；

2. 有权参加股东代表大会并享有每人一票的表决权；

3. 有权监督董事会、监事会的工作，参与重大经济问题决策；

4. 有权对股份经济合作社的各项工作提出意见和建议。

第十四条 股东代表的义务：

1. 遵守党和国家的政策法律、法规，遵守合作社的各项规章管理制度；

2. 执行股东代表大会决议，遵守合作社章程，履行合作社的各项决议；

3. 关心和爱护合作社的财产，维护合作社权益和利益；

4. 积极参与合作社组织的各项活动；

5. 定期征求、真实反映股东的意见和建议；

6. 及时向股东传达合作社的有关决议，并认真做好宣传解释工作。

第七章 股东代表大会

第十五条 股东代表大会是股份经济合作社的最高权力机构，行使下列职权：

1. 决定合作社的经营方针和投资计划；

2. 选举和更换董事；

3. 选举和更换监事；

4. 审议、批准董事会的报告；

5. 审议、批准监事会的报告；

6. 审议、批准本合作社年度财务预算方案、决算方案；

7. 审议、批准本合作社年度利润分配方案和弥补亏损方案；

8. 审议、批准本合作社增加、减少净资产，以及合并、分立、变更组织形式、解散和清算方案；

9. 修改本合作社章程。

第十六条　股东代表大会做出决议时，采用一人一票方式。

1. 股东代表大会对第十五条第 2、3、4、5 项做出决议时，须经半数以上股东代表通过；

2. 股东代表大会对第十五条第 1、6、7、8、9 项做出决议时，须经三分之二以上股东代表通过。

第十七条　股东代表大会由本合作社董事会召集，分为定期会议和临时会议。定期会议每 6 个月召开一次。遇有以下情况时，应召集临时会议：

1. 30% 以上的股东代表要求时；

2. 董事会认为应当召开时。

第十八条　股东代表大会应对所议事项做出书面决议，书面决议应由出席股东代表大会的股东代表签字。股东代表大会应对所议事项做出会议记录，会议记录由出席股东代表大会的董事会成员签字。

第八章　董事会

第十九条　本合作社设董事会，成员 3 人或 5 人，由股东代表大会选举产生。董事任期 3 年，任期届满，可连选连任。董事会设董事长 1 人，由董事会选举产生。

第二十条　董事会行使下列职权：

本合作社董事会对全体股东负责，董事会的决议须经半数以上董事同意，方能通过。董事会行使下列职权：

1. 决定召开股东代表大会并向大会报告工作；

2. 执行股东代表大会决议；

3. 批准本合作社的规章制度；

4. 审定本合作社发展规划、年度生产经营计划；

5. 审议本合作社年度财务预、决算方案，利润分配方案和弥补亏损方案；

6. 制定本合作社增、减资产方案；

7. 制定本合作社分立、合并、终止方案；

8. 聘任和解聘管理人员，决定其报酬及支付办法；

9. 股东代表大会授予的其他职权。

第二十一条　董事长为本社法定代表人，任期 3 年，由董事会选举产生，任期届满，可连选连任。

第二十二条　董事长行使下列职权：

1. 主持股东代表大会和董事会；

2. 检查董事会决议的实施情况，并向董事会报告工作；

3. 签署本合作社股权证书、重要合同及其他重要文件，处理有关协议、合同及其他须以法人身份处理的有关事宜；

4. 提名本合作社管理人员人选，交董事会讨论、表决；

5. 审查本合作社的各项生产经营发展规划、年度工作计划和工作方案，并提交董事会讨论、确定；

6. 在紧急情况下，对本合作社事务行使特别裁决权和处置权，但行使该权利须符合本合作社利益，并在事后向董事会和股东代表大会报告；

7. 在董事会闭会期间，负责处理董事会日常事务，了解和掌握本合作社的生产、经营状况；

8. 股东代表大会或董事会授予的其他职权。

第二十三条　董事会每月召开一次，遇特殊情况可召开临时会议。

第二十四条　董事会应对所议决的事项做出会议记录和书面决议，并由参加会议的董事签字。

第九章　监事会

第二十五条　本合作社设监事会，成员 3 人，任期 3 年，任期届满，可连选连任。监事由股东代表大会选举产生。

第二十六条　监事会行使下列职权：

监事会是本合作社的常设监督机构，执行监督职能，向股东代表大会负责并报告工作，行使下列职权：

1. 列席董事会会议；

2. 监督董事、经理的工作；

3. 检查本合作社财务工作情况；

4. 对董事执行职务时违反法律、法规或本合作社章程的行为进行监督；

5. 要求董事纠正其损害本合作社利益的行为；

6. 监督董事会对股东代表大会所做决议的执行情况。

第二十七条 监事长行使下列职权：

1. 主持召开监事会会议；

2. 列席董事会会议；

3. 代表监事会报告工作。

第二十八条 董事会和合作社财务负责人、经营管理人员不得兼任本社的监事。

第十章 财务管理、收益分配和亏损分担方法

第二十九条 本合作社按照国家规定健全财务、会计、统计制度，报送财务会计报表和统计报表。并接受区、镇农村集体经济审计机构的审计、监督。

第三十条 本合作社遵守税收法规，依法缴纳税款和其他费用。

第三十一条 本合作社在依法缴纳税（费）后的利润按照下列顺序和比例进行分配：

1. 冲销被没收的财务损失，支付各项应交税款的滞纳金和罚款；

2. 弥补本合作社五年以上年度亏损；

3. 向股东支付股利或者配（送）股。

第三十二条 集体股分得的股利，按照下列方式进行分配：

1. 用于集体福利支出、"以丰补歉"和奖励对本合作社有突出贡献的人员；

2. 用于扩大再生产、投资。

第三十三条 个人股红利依法缴纳个人收入所得税，并由本合作社代扣、代缴。

第三十四条 本合作社年度亏损时，按国家规定用以后年度利润弥补，不足部分经股东代表大会批准后可依次以公积金、集体共有股金、个人股金进行补偿，同时按相同比例在集体股和个人股股本金中减除。

第十一章 股份经济合作社的解散事由和清算办法

第三十五条 本合作社遇有下列情况即行终止：

1. 被依法撤销；

2. 破产；

3. 不可抗力；

4. 股东代表大会决定终止。

第三十六条　本合作社终止时依据有关法规对财产进行清算，成立资产清算小组（清算小组成员由董事会讨论决定），并按下列顺序清偿各种债务和费用：

1. 清算所拖欠的工资；

2. 所欠税款；

3. 所欠贷款和其他债务；

4. 清算工作所需的其他费用。

第三十七条　本合作社清算后的剩余财产按各股东股份比例分配，其中集体股分得的资产按照有关规定办理。

第十二章　附　则

第三十八条　根据需要或涉及登记事项变更的可修改本合作社章程，修改后的章程不得与国家法律、法规相抵触。章程的修改由董事会提出修改方案，制定修改后的章程草案，经股东代表大会批准后报原登记机关批准和备案，涉及变更事项的，同时应向本合作社登记机关申请变更登记。

第三十九条　本合作社章程由董事会负责解释。

第四十条　本合作社登记事项以登记机关核定内容为准。

第四十一条　本章程与国家法律、法规相抵触的，以国家法律、法规为准。

第四十二条　本章程自通过之日起生效。

四、《泉州市永春县××村集体资产折股量化方案》

为了进一步统一思想认识，合理量化股份，规范操作程序，切实推进改制工作顺利开展，结合本村的实际情况，现就本村股份合作社个人股量化工作，提出如下个人股量化办法：

本方案所指的个人股包括基本股、现金股与农龄股。

一、基本股的确认

1. 享受基本股及现金股的对象

（1）属本村户口人员（除不享受基本股的对象），每人 1 股基本股及现金股。

（2）未报户口的小孩，（在股份合作社成立大会前）申报户口的基本股按规定享受，每人 1 股基本股及现金股。

（3）出嫁的本村女子无论户口是否在册，包括"农转非"之前配偶户口未迁入本村的，每人 0.5 股基本股及现金股。

（4）其他原因享受基本股的人员，由村民代表大会决定。

2. 不享受基本股及现金股的对象

（1）无生育能力领养小孩，没有办理领养证的小孩。

（2）原城镇人员享受退休金、由子女顶替后其户口迁入本村的人员。

（3）挂靠户口不享受村民待遇的人员。

（4）企业引进、聘用的各类外地人员。

（5）现役军官及在部队提干后转业的人员。

（6）国家机关公务员、事业单位人员，或参照公务员、事业单位人员，以及金融机构、邮电、通信、电力、铁路等企业单位在编在岗及退休的人员。

（7）居民户口人员。

（8）其他原因不享受基本股的人员，由村民代表大会讨论决定。

二、农龄股的确认

1. 享受农龄股的对象

（1）年满 16 周岁（含 16 周岁）户口在村的人员。

（2）撤队已安置的、顶替进城的、买户口的、土地工、征土工、60 年代下放的老职工及照顾子女户口"农转非"的、知青配偶及子女，上述迁出、迁入时的当事人可享受农龄股。其农龄计算：迁出前、迁入后的时间可计算农龄，迁出期间不计算农龄；户口未迁出本村范围内的可照计算农龄。

（3）户口回村未退休的支边人员，支边时间照算农龄；支边人员的子女按迁入后的时间计算享受。

（4）现村户口在服义务兵役的士兵。

（5）户口迁到学校的在校生，未落实的待业人员。

（6）撤队前历届镇党委、镇政府奖励户口从外村迁到本村的人员，一是迁入后户口转为农转非的人员，其农龄计算回原所在村计算；二是户口在迁入村仍属迁入村户口性质的人员，其农龄在迁入村计算。

（7）原村户口的人婚嫁或做婿离婚后，户口又迁回村的按迁出迁进时间计算（扣除迁出段时间）。

（8）父母户口迁入村，其子女在校读书户口在学校无法迁入的，子女按父母迁入的时间计算。

2. 不享受农龄股的对象

（1）年龄在 16 周岁以下的人员。

（2）婚嫁后户口迁出本村的人员（是否属于婚迁以派出所户籍簿的户口变动原因为依据）。

（3）原城镇人员享受退休金、由子女顶替后其户口迁入本村的人员。

（4）挂靠户口不享受村民待遇的人员。

（5）企业引进、聘用的各类外地人员。

（6）现役军官及在部队提干后转业的人员。

（7）国家机关公务员、事业单位人员，或参照公务员、事业单位人员，以及金融机构、邮电、通信、电力、铁路等企业单位在编在岗及退休的人员。

（8）居民户口人员。

（9）其他原因不享受农龄股的人员，由村民代表大会讨论决定。

3. 农龄股的界定和计算办法

（1）农龄计算标准以法定退休年龄为依据，男劳动者为 60 周岁，女劳动者为 55 周岁。

（2）农龄折算方式：从 1958 年 1 月 1 日起至 1989 年 12 月 31 日止每 2 年折算 1 年农龄；1990 年 1 月 1 日起至 2006 年 12 月 31 日止有 1 年算 1 年农龄。折算后农龄不满半年的按半年计算，超过半年的按一年计算。每 1 年农龄计算 1 股。

（3）婚嫁迁入本村的人员，按正常计算；外地婚迁入的人员从迁入年份算起。其农龄按农龄折算方式计算。

（4）在部队服役由义务兵转为士官的人员，农龄计算到转为士官时止。

（5）被判刑人员，服刑期间不计算农龄。

（6）初婚嫁入人员户口查不到婚入时间的：一是按生育第一个小孩的年龄推算迁入时间；二是按女20周岁、男22周岁推算其迁入时间；特殊情况的经调查核实后由村民代表大会确定。

（7）其他人员由村民代表大会讨论决定。

三、股份的计算办法

个人拥有的股份 = 基本股 + 现金股 + 农龄股

根据以上公式计算出每一个股东所占的股份额度，今后定期按人口的增减变化调整股权。

四、股权的管理

遵循"依法、民主、公正、合理"的原则，对通过折股量化到人的数额，以股权形式明确持股成员（股东）在社区股份合作社所有者权益中所占的份额，由社区股份合作社向股东（以户为单位）统一发给股权证书，作为领取红利的依据。社区股份合作社应建立档案，加强股权和红利分配的管理。本村的股权实施动态管理方式，即"生要增，死要减"根据集体经济组织成员的实际增、减变化而变化，定期对股权进行调整，但该股权不能进行继承与转让。

本办法由××村的农村集体资产股份制改革工作领导小组负责解释。

五、《漳州市龙海区××村股份合作社章程》

第一章　总　则

第一条　为确保本村集体经济组织的正常运作，完善集体经济的实现形式和分配方式，保护集体经济组织及其成员的合法权益。以党的十六大精神和"三个代表"重要思想为指导，以明晰产权主体，理顺分配关系、规范经营管理行为为核心内容来实施社区股份制改革。本次改革，遵循了集体资产所有权不变的原则，采用集体经营性净资产折股量化到人的形式，其最根本的目的是要促进集体经济的发展，使农民享受到集体经济效益的分配。根据国家有关法律、法规和政策，成立股份经济合作社（以下简称本社），特制定本章程。

第二条　本社是以社会主义公有制为主体的社区性合作经济组织，是该行政区域集体经济组织全部资产和其成员的增量扩股资金的所有者代表。实行独立核算、自负盈亏、民主管理、民主监督、利益共享、风险共担，确保社内共同资产保值、增值。

第三条　本社所属的集体财产、土地等经营性、资源性、非经营性资产和股东（社员）入股资金均为本社股东（社员）共同所有，任何单位和个人不得无偿占用、平调。

第四条　本社受党组织领导，接受上级主管部门指导、管理和监督。

第五条　本社所在地。

第二章　社员与股权

第六条　社员。截止于 2006 年 12 月 30 日（以下简称截止日）享受个人分配股和第八条第二款规定的人员，承认本章程，取得股权的，均为本社社员。

第七条　股权。本社设集体股和个人分配股，其所有股权均归本社集体，个人取得的股权只享有分配权，所有股权不得继承、转让、买卖、抵押，不得退股提现。

第八条　股权设置。

一、股权设置比例：

1. 集体股：占总股本的 31%。

2. 个人分配股：占总股本的 55%，持股者为本村集体经济组织社员，并按户为单位发给股权证书。

3. 其他股种：占总股本 14%。

二、个人股权享受及标准：

1. 按本社现有（截止日为 2006 年 12 月 30 日）在册人员，16 周岁以上享受 1 股（含 16 周岁）。

2. 农转非迁出前户口在本村的，在截止日前迁回本社的按年龄条件分别享受股份。

3. 正常婚嫁户口迁入满 5 年的享受 1 股，不满 5 年的不享受本村集体股权（当年满 5 年的当年调整享受全股）。

4. 婚嫁后因离婚，户口迁回本社满 5 年的得 1 股。

5. 对多子女成婚外嫁但其户口未外迁的本人享受得 1 股，其配偶户口迁入本社满 5 年的照顾享得 0.5 股，子女户口报入本社的按年满 16 周岁享受 0.5 股。享受该条款者必须同时具备以下四个条件：①结婚在本社；②扶养本社方父母；③继承本社方父母财产；④子女姓氏跟随本人。

6. 父母双方均为城镇户口，子女出生后户口报在本社的 16 周岁以上得 0.5 股。

7. 现户口已迁出的在校大、中专生，按同等条件享受股权，其毕业后户口不迁回本社的，次年取消股权。

8. 原户口已迁移的大中专生毕业后（迁移前户口属原本村），截止日前户口迁回本社的自谋职业者得 1 股。

9. 现役军人在部队服役期间，按同等条件享受股权（提干或转为二级以上士官的取消股权）。

10. 服刑和劳教人员，可享受股权，但不享受股红分配，刑满和劳教期满后即可享受股权分红待遇。

三、不享受股权的人员：

1. 国家机关工作的公务员和参照公务员执行的机关工作人员及离退休人员。

2. 新生婴儿不满 16 岁之前不享受本社股权。

3. 原城镇户口正常婚嫁后户口未迁入本社。

4. 正常婚嫁户口迁入不满 5 年的不享受本社股权。

5. 婚嫁后因离婚，户口迁回本社不满 5 年的，不享受本社股权。

6. 父母双方均为城镇户口，子女出生后户口报在本社的 16 周岁以下的不享受本社股权。

7. 事业单位在编工作人员及离退休人员。

8. 军队干部、志愿兵及离退休人员。

9. 买房迁入、挂靠户口的挂靠人员。

10. 凡从企事业单位正常退休，月退休金达到 600 元（含 600 元）的，均不享受个人股权。

11. 享受股权后户口迁出本社。

12. 其他不应享受的人员。

四、其他约定事项：

1. 当年涉及迁进迁出而享受股权的，其当年股红分配均按当年度享受股权的实际时间和享受标准计算（包括截止日后出生的人员）。

2. 因多种原因造成部分股民只享受股权，不享受股红，对这些股权仍需参加总股本分红，其所得红利全部转入本社福利基金，用于支付本社福利费和公益事业。

3. 根据户籍准入登记办法，对允许迁入本社户口的原城镇非农人员，符合规定的只享受股权并分红利，但不作安排宅基地和发放征地补偿费的依据，不享受其他一切权利。

第三章 股份与管理

第九条 股份。本社总股份由集体股，个人分配股两部分构成，并以镇经济服务中心对本社区经济合作社评估核实的集体资产净值为基准。基准日为 2006 年 3 月 25 日，净资产总值为 1377.72 万元，其中经营性净资产 1311.59 万元，公益性净资产 66.13 万元，总股份 2500 股，每股为 5246 元。本社采用静态股权管理模式，即将股份合作社集体资产一次性折股量化给本村现有成员后不再调整，且股权固化后不能再次继承或转让。

第十条 本经济合作社所有的集体土地等资源性资产，非经营性资产，文化卫生等福利设施以及无形资产不折股，这些资产仍由集体经济组织统一管理。

第十一条 本社负责经营和管理上述资产、股权，并受国家法律保护，任何单位和个人不得侵犯。

第四章　权利和义务

第十二条　社员有选举权和被选举权。

第十三条　凡拥有本社股权的人员有下列权利:

1. 有权对本社的各项工作提出意见和建议,对财务、资产运行情况进行民主监督;

2. 在同等条件下,有租赁本社经营项目的优先权;

3. 享受本社提供的生产、生活服务和集体福利;

4. 享有对本社工作人员违法违纪行为向上级反映或举报的权利;

5. 享有股红分配权。

第十四条　凡拥有本社股权的人员,应履行下列义务:

1. 执行党和国家的方针、政策和法律、法规,遵守本章程的各项规定;

2. 积极参加社区各项社会公益活动;

3. 按规定缴纳各类税、费;

4. 履行国家法律、法规规定的相应义务;

5. 为促进本社经济发展,确保集体资产成员共有、共同得益,分配公平合理,同时也为了进一步规范社区建设,遏制乱搭乱建现象。在本章程实施开始再搭建的一律作为违章建筑,不拆除不享受股红分配(指一个家庭户所有人员);

6. 以每户为单位,凡年度家庭成员中(指享受全股的人员)有任何一人不参加农村养老保险和大病医疗保险的,其家庭所有人员当年只享受股权,不享受股红分配;

7. 对违反计划生育、征兵服役及各种村规民约的,扣除 5~10 年的股红分配(指一个家庭户所有人员),具体有董事会研究决定。

第五章　组织与机构

第十五条　社员代表大会是本社的最高权力机构。本届社员代表共　名,社员代表由社区党支部提名,公开征求意见后产生。社员代表每届任期 3 年,可连选连任。

社员代表大会每年至少召开一次,遇有特殊情况或三分之二以上社员代表提议，可以召开社员代表临时会议。

社员代表大会行使以下权力：

1. 通过和修改章程；

2. 选举和罢免董事会、监事会成员；

3. 审议和批准本社发展规划、年度计划、财务预（决）算和分配方案；

4. 听取董事会、监事会的工作报告；

5. 讨论和通过董事会提议的其他事项。

第十六条　董事会

董事会是社员代表大会选举产生的常设执行机构。董事会由 5 人组成，每届任期 3 年，可以连选连任。董事长和副董事长由董事会推选。董事长为本社的法定代表人。

董事会在社员代表大会闭会期间行使下列职权：

1. 执行社员代表大会决议；

2. 聘任、辞聘本社所属部门的负责人；

3. 负责召开社员代表大会，并报告工作；

4. 决定发展计划、经营方针和投资方案，制订年度财务预算和决算；

5. 制定本社的管理制度。

第十七条　监事会

监事会由社员代表大会选举产生。监事会由 3 名成员组成，任期 3 年可以连选连任。监事会不得由董事、财务负责人兼任。监事会选举一名监事长（负责人）。

监事会行使下列职权：

1. 决定民主理财小组检查本社财务，并定期公布；

2. 对董事会成员、董事长执行社务进行监督，对董事会成员有违反法律、法规和本章程的行为，要求加以纠正；

3. 提议召开董事会、临时社员代表大会；

4. 列席董事会会议。

第六章　财务与管理

第十八条　本社执行农业部、财政部颁布的村集体经济组织会计制度，实行民主理财和监督。财务收支情况和资产营运情况，向社员公布，实行财务公开。

第十九条 本社的所有财产必须登记造册，建立台账。固定资产必须按规定提取折旧。

第二十条 本社贯彻勤俭办社、民主理财的方针，开支要有预算，严格审批制度，正确处理国家、集体、社员三者关系，严格控制非生产性开支，杜绝铺张浪费。

第七章 收益与分配

第二十一条 本社的收益主要来源资产发包、出租、转让的增值部分和其他相关的经营性收入。本社的可分配收益是指当年的各项收入，减各项支出（包括社务支出），减去应缴纳的税金。对土地等资源性资产的转让、征用等收入，暂以集体积累的形式扩充发展基金，经社员代表大会、董事会商定，也可提取一定份额参加分配。

股红分配顺序。本社当年可分配收益中，提取公积金（发展基金）公益金，其余的按股分红。

第二十二条 本社的股红分配，严格遵循股权平等。同股同利的原则，每年一次。在每年年终结算后兑现，凭股权证领取。股权证书限作领取红利的凭证，不作其他使用。股权证遗失时要向本社报失，申请办理补发手续。

本社为了发展需要，经社员代表大会讨论通过，可适当调整当年提留和分红的比例。

第二十三条 本社遇不可抗拒的自然灾害和不可预料的自然、市场变故而造成减收或亏损，经社员代表大会讨论，可减发或停发当年红利，但第二年不再补发。

第八章 附 则

第二十四条 本章程如与国家法律、法规相抵触时，按国家的法律、法规执行。

第二十五条 本章程于 2006 年 12 月 20 日经第一届第一次社员代表大会通过生效，由董事会负责解释。

六、《漳州市龙海区××村集体资产折股量化方案》

一、个人股权享受及标准：

1. 按本社现有（截止日为 2006 年 12 月 30 日止）在册人员，16 周岁以上享受 1 股（含 16 周岁）。

2. 农转非迁出前户口在本村的，在截止日前迁回本社的按年龄条件分别享受股份。

3. 正常婚嫁户口迁入满 5 年的享受 1 股，不满 5 年的不享受本村集体股权（当年满 5 年的当年调整享受全股）。

4. 婚嫁后因离婚，户口迁回本社满 5 年的得 1 股。

5. 对多子女成婚外嫁但其户口未外迁的本人享受得 1 股，其配偶户口迁入本社满 5 年的照顾享得 0.5 股，子女户口报入本社的按年满 16 周岁享受 0.5 股。享受该条款者必须同时具备以下四个条件：①结婚在本社；②扶养本社方父母；③继承本社方父母财产；④子女姓氏跟随本人。

6. 父母双方均为城镇户口，子女出生后户口报在本社的 16 周岁以上得 0.5 股。

7. 现户口已迁出的在校大、中专生，按同等条件享受股权，其毕业后户口不迁回本社的，次年取消股权。

8. 原户口已迁移的大中专生毕业后（迁移前户口属原本村），截至日前户口迁回本社的自谋职业者得 1 股。

9. 现役军人在部队服役期间，按同等条件享受股权（提干或转为二级以上士官的取消股权）。

10. 服刑和劳教人员，可享受股权，但不享受股红分配，刑满和劳教期满后即可享受股权分红待遇。

二、不享受股权的人员：

1. 国家机关工作的公务员和参照公务员执行的机关工作人员及离退休人员。

2. 新生婴儿不满 16 岁之前不享受本社股权。

3. 原城镇户口正常婚嫁后户口未迁入本社。

4. 正常婚嫁户口迁入不满 5 年的不享受本社股权。

5. 婚嫁后因离婚，户口迁回本社不满 5 年的，不享受本社股权

6. 父母双方均为城镇户口，子女出生后户口报在本社的 16 周岁以下的不享受本社股权。

7. 事业单位在编工作人员及离退休人员。

8. 军队干部、志愿兵及离退休人员。

9. 买房迁入、挂靠户口的挂靠人员，

10. 凡从企事业单位正常退休，月退休金达到 600 元（含 600 元）的，均不享受个人股权。

11. 享受股权后户口迁出本社。

12. 其他不应享受的人员。

附件2 厦漳泉地区农村股份合作社人口情况统计说明

一、《泉州××村人口情况说明》

总造册人数1180人，其中男性598人，占比50.68%，女性582人，占比49.32%。

其中农民605人，占比51.27%；

其中年满18周岁的在校生254人，占比21.53%；

其中在役军人40人，占比3.39%；

其中退役军人30人，占比2.54%；

其中服刑人员4人，占比0.34%；

其中外嫁女、去世、迁出人口（减少）124人，占比10.51%；

其中新生婴儿、迁入人口123人，占比10.42%。

二、《厦门××村人口情况统计说明》

总造册人数1257人，其中男性591人，占比47.02%，女性666人，占比52.98%。

其中农民490人，占比38.98%；

其中年满18周岁的在校生403人，占比32.06%；

其中在役军人62人，占比4.93%；

其中退役军人46人，占比3.66%；

其中服刑人员7人，占比0.56%；

其中外嫁女、去世、迁出人口（减少）114人，占比9.1%；

其中娶入、新生婴儿、迁入人口（新增）129人，占比10.27%。

三、《漳州××村人口情况统计说明》

1. 总造册人口 1085 人，其中男性 575 人，占比 53%，女性 510 人，占比 47%；

2. 其中农民 571 人，占比 52.63%；

3. 其中年满 18 周岁的在校生 228 人，占比 21.01%；

4. 其中在役军人 43 人，占比 3.96%；

5. 其中退役军人 33 人，占比 3.04%；

6. 其中服刑人员 4 人，占比 0.37%；

7. 其中外嫁女、去世、迁出人口（减少）108 人，占比 9.95%；

8. 其中娶入、新生婴儿、迁入人口（新增）98 人，占比 9.04%。

泉州××村、厦门××村、漳州××村人口组成占比　　　　　　单位：%

人口组成	泉州××村	厦门××村	漳州××村
农民	51.27	38.98	51.63
年满 18 周岁的在校生	21.53	32.06	21.01
在役军人	3.39	4.93	3.96
退役军人	2.54	3.66	3.04
服刑人员	0.34	0.56	0.37
外嫁女、去世、迁出（减少）	10.51	9.10	9.95
娶入、新生婴儿、迁入人口（新增）	10.42	10.27	9.04

后　记

　　"农业、农村、农民"，"三农"问题历来是我国经济发展和社会转型过程中的重要主题，也是一个让人充满探求激情的研究领域。虽然中央一直将"三农"问题的解决作为政策制定的重中之重，乡村振兴已上升到国家战略的高度，赋予农民更多财产权利也成为新一轮农村改革的目标之一。但无可否认的是，农业产出遭遇"瓶颈"、农村"空巢"现象蔓延、农民增收亟需提速等困境依然存在，迫切需要我们从政策和立法层面进行深入思考、深度破解。

　　在转变农业生产经营方式、推进农村集体产权改革的进程中，作为农村新型经济组织的主要成员，农民如何在社会治理、生产经营模式发生重大改革的历史变局中共享改革红利，首先需要解决的就是其作为农村集体经济组织成员的权利如何实现的问题。从 2005 年主持该领域第一个省级科研课题开始，我就将研究视角投向了农村新型生产经营主体这一研究领域并保持了长期的关注。

　　十余年间，随着对中国"三农"问题的了解逐渐深入，在此领域也具备了一定的学术积淀，2013 年和 2014 年，两次申报的农村股份合作社主题的课题先后获批教育部人文社科研究和国家社会科学基金项目立项，更加坚定了自己对"三农"法治研究的信心。

　　本书是在国家社会科学基金项目结项报告的基础上，总结自己多年的学术积累修改完成。掩卷之日，有诸多感慨需要表达：

　　一是略感欣慰。最近几年，自己正经历从不惑而到知天命之年的人生重大转折，又兼行政事务之分扰，所幸能顶住科研、学业、事业之多重压力，多线作战，完成了与课题研究完全不同领域的博士学位论文，课题研究也终得以顺利结题，自己负责牵头的学科建设亦取得历史性突破，喜获法学一级学科和法律硕士两个硕士学位授予权。

二是深表谢意！在课题研究过程中，得到了诸多学界良师的帮助和教诲。首先要感谢是中南财经政法大学法学院博士生导师李长健教授、浙江大学中国农村发展研究院丁关良教授，两位教授作为中国农业农村法治研究会副会长，不仅在多次学术会议期间得到他们的指导，更是在百忙中审校书稿并欣然为本书作序，对课题研究成果给予充分肯定，也为课题的后续研究空间指明了方向；其次，感谢我的博士生导师，重庆大学法学院齐爱民教授，不仅在学业上给予答疑解惑，对我深陷多重压力，一再拖延完成学位论文给予了极大的包容、理解和鼓励；感谢重庆大学法学院院长黄锡生教授多年来的持续关照、支持，在课题的申报思路、技巧上给予无私指教。

最后，还要对本书成员们的共同努力表达感谢。在课题研究期间，本书成员俞志方教授、苏小香承担了田野调查的主要工作；我指导的硕士研究生李莞萍、张杨馨等对集体经济组织的设立及成员资格的司法认定等情况进行了文献分析。本书写作过程中，除了对自己个人学术积累进行总结完善外，还吸收了上述田野调查和文献分析的部分成果和资料，在此一并表示感谢！

2020 年 7 月于南昌枫林